아산재단 연구총서 第358집

여성교육투자에 대한 교육경제학적 탐색

백일우 · 임정준

집문당

머리말

최근 지식기반경제사회에서 교육을 받은 여성인력은 새로운 경제성장 동력으로 각광받으면서 국가적 차원의 경쟁력을 제고하기 위한 중요한 국가미래전략으로 다루어지고 있다. 특히, 우리나라와 같이 전통적으로 고학력 여성의 노동시장 참여율이 현저하게 낮은 상황하에서 여성의 교육투자와 경제활동은 비단 학문적 관심뿐만 아니라 여성인적자원을 개발 및 활용하려는 국가정책의 핵심 아젠다로 부상하게 되었다. 여기서 매우 흥미로운 사실은 여성의 고등교육에 대한 투자는 지속적으로 확대되고 있으며 여성 개인도 교육에 대한 투자에서 스스로 합리적인 선택을 하고 있다는 점이다.

여성의 고등교육투자가 확대되는 현상은 이미 국내뿐만 아니라 전 세계적으로 보편화되고 있으며 이에 따른 여성의 경제활동참가는 여성의 경제적 지위향상과 더불어 미래사회를 견인해 가는 리더로서의 사회적 활동반경을 넓혀주고 있다. 국내에서도 전문직 여성인력의 증가비율이 두드러지게 빠른 속도로 증가하고 있는 추세인데 고학력 여성인력은 법조계, 의료계, 학계뿐만 아니라 정치 분야에도 폭넓게 진출하고 있다. 이처럼 여성의 고등교육투자와 경제활동참가는 갈수록 긴밀하게 연결되고 있으며, 더불어 여성의 생애주기에서 발견되는 노동시장 중도이탈현상도 점차 완화되고 있다.

본 저서는 이처럼 우리나라 여성의 고학력화가 급증하고 있는 상황에서 여성 개인이 고등교육에 투자하기로 결정한 선택의 기준은 무엇인지에 대한 근본적인 질문으로 시작되었다. 물론, 국가단위 대용량 패널자료에 기초하여 여성의 교육투자에 대하여 계량경제학적 분석을 실시하고 있지만, 교육경제학적인 관점에 기초하여 여성 스스로 교육투자에 관해 경제적으로 합리적인 의사결정을 하고 있으며 이러한 추세는 앞으로 더욱 강화될 것이라는 전망에 주목하고 있다. 무엇보다, 본 저서는 이러한 여성의 교육투자에 대한 질문으로부터 출발하여 국내외 연구에서 제공하는 다양한 관점과 해석을 통해 구체적인 논의를 진행하고자 하였다.

이 책은 크게 3부로 구성되었다. 제 I 부에서는 우선 여성의 고등교육투자에 대한 교육경제학적 이해를 돕기 위해 이론적 분석틀을 설명하였고(제1장), 국내외 고학력 여성인력에 대한 연구동향을 소개하였다(제2장). 그리고 제 II 부에서는 여성의 고등교육투자에 대한 경제적 효과를 분석하기 위해 계량경제학적 방법을 사용한 연구모형을 설정하였고(제3장), 실제 분석에 사용한 국가단위 청년패널자료와 노동패널자료의 추정결과를 제시하였다(제4장). 마지막으로 제III부에서는 여성의 고등교육투자와 비금전적 수익을 분석하고 정책적 시사점을 모색하였다(제5장).

한 권의 책이 세상에 빛을 보기 전까지 저자 주변의 고마운 인연들에게 말로 갚을 수 없는 빚을 지는 것 같다. 지면이지만 진심에서 비롯한 감사의 말씀을 드리고 싶다. 연구를 시작하면서부터 방대한 자료검색과 정리를 책임 있게 완성해 준 정한나, 김민선 선생님에게 따듯한 격려를 보내고 싶다. 독자 입장에서 내용 교열에 심혈을 기울여 준 박명희, 육권인 선생님의 노고는 이 책의 내용이 조금 더 편하게 전달될 수 있도록 해 주었다. 마지막으로 이 연구를 지원한 아산

사회복지재단 관계자 여러분과 이 책의 출판을 맡아주신 집문당의 임동규 사장님에게 감사드린다. 출판에 앞서 부족한 마음 금할 길 없지만, 이 책을 선택한 독자 여러분의 조언과 지도를 기대한다.

2013년 8월

저자 일동

| 차 례 |

제Ⅱ부 여성의 고등교육투자와 경제적 효과분석

제3장 연구설계와 연구모형

제4장 여성의 교육투자에 대한 기대수익과 임금차별개선 효과

제Ⅲ부 여성의 고등교육투자와 비금전적 수익

제5장 여성의 고등교육투자에 대한 비금전적 수익추정

| 표 차례 |

| 그림 차례 |

제 I 부 여성의 고등교육투자와 교육경제학적 이해

제1장
여성의 교육투자에 대한 교육경제학적 접근

제1장 여성의 교육투자에 대한 교육경제학적 접근

1절. 서 론

1) 연구의 필요성

세계 각국이 전통적인 산업사회에서 지식기반사회로 진입하면서 여성인적자원의 개발과 활용은 국가경쟁력강화를 위한 당면과제로 부각되고 있다. 전통적인 산업사회에서는 육체노동을 중심으로 하는 생산양식이 지배적이었기 때문에 여성의 경제활동에는 제약이 많았고 여성인력 양성도 소극적일 수밖에 없었다. 그러나 21세기 지식기반경제사회에서는 인적자본이나 기술로 인해 체화된 지식이 성장의 원동력이라는 점에서 산업사회에 비해 여성들이 경제활동을 하는 데 비교우위를 가질 수 있다. 즉, 지식기반 산업구조는 단순히 노동력의 성별이 아니라 직업이 요구하는 전문적인 지식과 기술을 갖추는 것이 바로 인적자원의 경쟁력을 결정하게 된다.

이러한 산업구조의 시대적 변화에 적절하게 대처하고 국가경제의 지속적인 성장을 유지하기 위해 그동안 충분히 활용되지 못했던 여성

인적자원을 개발하고 활용하는 것은 국가차원에서 매우 시급한 인적 자원개발 과제인 것이다(김태기, 2000). 이에 따라, 우리나라 최초의 여성 대통령으로 출범하는 박근혜 정부는 우선 공공부문에서 여성 관리자를 확대하여 유리천장을 없애려는 계획을 추진 중에 있다. 관리직(4급 이상) 여성공무원을 확대하고 각급 학교에서 여교장과 여교수의 비율을 제고하고 있으며, 아울러 경제 · 금융, 문화 · 예술, 이공계 분야와 민간 기업 및 지역 인재를 발굴하여 2012년 현재 3만 명에서 2017년 10만 명까지 여성 인재풀을 확충해 나갈 계획이다. 그뿐만 아니라 중소기업과 전문직 여성들도 대기업에 비견되는 경력개발과 리더십을 갖출 수 있도록 전문프로그램인 '여성인재 아카데미'를 2013년 6월 설치하여 2017년까지 3만 명의 준비된 여성리더가 양성될 수 있도록 지원하게 될 것이다.

이러한 여성인적자원개발에 대한 정부의 노력은 고학력 전문 인력을 요구하는 우리나라 노동시장의 수요 측면과 생산가능인구 감소에 대비한 공급 측면을 동시에 반영하고 있다. 우선, 노동시장의 인력공급 측면에서는 저출산 및 고령화의 인구학적 변화로 인해 여성인력활용의 필요성이 더욱 커지고 있다. 이는 최근 저출산 및 인구의 고령화[1] 추세가 급진전됨에 따라 장기적으로 생산가능인구의 부족문제가 매우 심각해질 것으로 예상되기 때문이다. 우리나라의 합계출산율은 2004년 기준 1.14명으로 상당히 낮은 수준일 뿐만 아니라 출산율의 감소 속도도 선진국에 비해 더 빠르게 진행되고 있는 실정이다. 고령

1) 인구의 고령화(aging)단계에서 전체 인구 중 65세 이상 인구인 고령층의 비율이 UN의 기준값인 7%를 초과하는 것을 '고령화 사회(aging society)'라고 지칭한다. 우리나라는 65세 이상 노년인구가 2000년을 기점으로 총인구의 7%를 넘어서 이미 '고령화 사회'에 진입한 상태이고 2018년에는 총인구의 14%를 초과하여 '고령사회(aged society)'가 될 것으로 예상된다.

인구의 비중은 2005년 기준 전체인구 중 5.1%에 해당하지만 2020년에 15.1%, 2050년에는 34.4%까지 꾸준히 증가할 것으로 추정된다(통계청, 2010). 따라서 경제성장의 새로운 동력으로서 저출산·고령화 문제를 해결하는 열쇠가 바로 여성인적자원의 활용[2]이라는 결론에 이르게 된다.

아울러 노동시장의 인력수요 측면에서 살펴보면 산업사회에서 지식기반사회로 전환되는 과정에서 고학력 여성인력에 대한 수요가 크게 확대되고 있다. 2000년대로 진입하면서 청년층 여성의 고학력화가 노동시장의 성과로 이어짐에 따라 대졸여성의 전문직 취업자 비율도 1980년에 32.1%였으나 2008년에는 45.2%로 매년 꾸준히 증가하고 있다(통계청, 2008). 대표적 전문직종인 법조계 분야에서 사법고시 여성 합격자 수가 1996년 36명에서 2012년 211명으로 증가하면서 여성의 합격자 비율도 41.7%로 확대되는 추세이다(법무부, 2012). 대학에서 여성교수의 비율도 연평균 6% 증가하면서 남성 교수 증가율 2.8%를 상회하고 있다(교육통계연보, 2012).

하지만 여성의 고등교육투자[3] 효과와 잠재적 기여에 대한 사회적

---

2) 대부분의 선진국은 장기적으로 경제활동인구의 공급 감소를 우려하여 현실적으로 고령층 인구의 활용보다는 새로운 성장 동력으로 여성인력활용을 극대화하는 전략을 채택하고 있다(최강식·정진화, 1997). 우리나라의 인력공급 측면을 살펴보면 양적·질적인 면에서 여성인력이 이미 상당히 큰 비중을 차지하고 있으며, 또한 그 비중이 지속적으로 증가하는 추세에 있다(이창렬, 2000). 따라서 지식기반사회에서는 여성인력을 효율적으로 활용하는 것이 국가경쟁력 강화의 중요한 요인이 되고 있다(박은미, 2008).

3) 본 연구의 분석틀인 인적자본이론(human capital theory)에 의하면 정규학교교육이 생산성 향상을 가져오고 이로 인해 노동자의 기대소득이 증가하게 된다. 교육을 통한 생산성의 향상과 소득의 증가를 기본구조로 하는 인적자본이론은 노동시장의 공급 측면에서 임금소득을 설명하는 접근방법으로 교육에 대한 투자로 인해 받는 기대수익은 직종에 상관없이 생산성과 일치한다고 가정한다. 이에 고학력 여성의 노동시장 성과를 분석하는 본 연구에서는 여성 개인의 고등교육

공감에도 불구하고 그동안 인적자본투자개념을 적용한 교육에 대한 수익률 연구는 전 세계적으로 대부분 남성노동자를 대상으로 진행되어 왔다. 마찬가지로 우리나라도 여성교육의 투자수익률에 관한 연구가 미진했는데 그 이유를 정리해 보면 다음과 같다. 우선 초창기 임금 관련 데이터가 남성노동자를 중심으로 노동시장 수급구조를 파악하기 위해 구축되는 과정에서 여성의 근로소득을 체계적으로 수집한 미시자료의 접근이 매우 제한적이었기 때문이다(이미정, 1997). 또한, 교육에 대한 투자수익은 노동시장에서 증가된 소득의 형태로 계산되는데 교육받은 여성이 노동시장에서 중도 이탈함에 따라 여성교육에 대한 투자수익을 분석하는 작업이 학문적으로 이목을 끌지 못한 것도 그 이유라고 할 수 있다(Mincer & Polacheck, 1974). 따라서 우리나라 여성교육은 경제적 투자가치를 측정하기 위한 자료의 제약과 여성 스스로 교육투자에 대한 경제적 유인이 적을 수밖에 없다는 인식 등으로 인해 교육투자수익률 분석을 위한 연구 분위기가 조성되기에는 한계가 있었던 것이다.

그러나 1990년대 후반부터 국가차원에서 운영하는 패널자료가 개인 및 가구 단위로 축적되고 동일표본에 대한 시계열 정보가 연구자들에게 제공되었으며 이는 여성교육투자에 대한 수익률 연구가 본격적으로 시작되는 계기를 마련하게 되었다. 또한 고용정보원에서는 2001년부터 2006년까지 6년 동안 청년패널자료(Youth Panel: YP)를 축적함에 따라 최근 급증하는 청년층 고학력 여성의 노동시장으로의 이행과 이에 기초한 교육투자수익률 분석을 가능하게 해주었다. 그뿐

투자가 전문지식과 기술을 요구하는 특정한 일자리에서 비교우위를 제공한다는 점에 주목하고 대학의 계열 및 전공에 따라 더 좋은 직업기회를 획득할 수 있는 가능성이 커지는 것으로 설명한다(Sattinger, 1993).

만 아니라, 노동연구원에서 주관하는 노동패널자료(Korean Labor and Income Panel Study: KLIPS)도 1998년부터 2005년까지 8개 연도에 걸친 패널자료를 구축함으로써 교육받은 여성인력의 노동시장 진출에 관한 다양한 정보를 제공해주고 있다. 따라서 본 연구에서 다루게 될 두 패널자료는 국내에서 다년간 수집된 자료이며 표본유지율[4]이 매우 높다는 장점을 지니고 있다.

더욱이 여성교육에 대한 투자수익률을 추정하는 데에 커다란 걸림돌이었던 여성의 경력단절현상은 산업구조가 변함에 따라 고학력 여성인력의 경제활동참가도 증가함으로써 지금까지 보여준 노동시장 중도이탈과는 다른 새로운 경향을 나타내고 있다. 이는 나이와 노동소득간의 평균적 관계를 보여주는 나이-소득 종단면도를 통하여 확인할 수 있는데, 종단면도에서 연령별 곡선의 추이를 추적해 보면 여성의 경력단절현상이 점차 완화되고 있음을 알 수 있다(권혜자, 2007). 이렇게 청년층 여성들의 혼인, 출산 및 육아로 인하여 노동시장에서 일반적으로 발견되는 퇴출현상이 점차 완화되면서 소득 곡선이 증가추세를 보일 뿐만 아니라 학력별 소득 정점도 보다 늦게(나이가 들어) 나타나고 있음을 알 수 있다. 즉, 여성의 나이-소득 종단면도가 전통적인 여성의 나이-소득 종단면도에서 두드러지게 나타나는 M자형 곡선에서 점차 남성의 나이-소득 종단면도에서 나타나는 역U자형으로 진화하고 있다는 것이다(유옥란, 2004).

한편, 여성교육의 투자수익률을 해석하는 과정에서 제기되는 중요한 문제점은 노동시장에서 임금차별 효과를 분리해내는 것이 쉽지 않다는 점이다. 투자수익률 계산에서는 인적자본이론에 근거하여 임금

---

4) 노동패널의 표본유지율은 8차년도 75%이며 청년패널은 6차년도까지 75.8%의 원표본을 유지하고 있다.

격차가 한계 생산성의 차이를 반영하는 것으로 가정한다. 그러나 여성노동자에 대한 임금차별은 소득과 생산성 간의 관계를 왜곡시키는 요인으로 작용할 수 있다. 평균적으로 남성이 동일한 수준의 교육을 받은 여성보다 더 많은 소득을 올리는 우리나라 노동시장의 경우 임금차별이 존재하는 것으로 보고되고 있다(허식, 2003; 금재호, 2004). 노동시장의 임금차별이 심해질수록 여성 개인적 측면에서 교육투자에 대한 경제적 유인은 떨어지게 되고 사회적 측면에서 고등교육투자에 대한 자원의 배분이 왜곡된다는 점에서 논란이 제기될 수 있다는 것이다(신동균, 2005).

하지만 여성에 대한 임금차별이 모든 여성노동자의 교육투자수익률을 감소시키는 것은 아니다. 예컨대, 여성의 교육수준이 낮고 저소득 직종에 종사할수록 임금 차별로 인한 피해 가능성은 높아져서 동일조건의 남성노동자에 비해 교육투자에 대한 수익률이 낮게 측정될 수 있다(금재호, 2004; 한성신 · 조인숙, 2007). 반면, 여성의 교육수준이 높아지고 전문기술직에 진출할수록 노동시장에서 겪는 임금차별은 상대적으로 감소하게 된다. 이에 따라 대졸 여성의 교육투자수익률을 추정하는 과정에서 간접비용[5]으로 반영되는 고졸 여성의 노동소득이 줄어들고 여성의 학력 간 임금격차는 더 크게 벌어짐에 따라 결과적으로 대졸 여성인력의 투자수익률[6]은 동일조건의 대졸 남성인력보다

5) 교육투자수익률을 추정하는 과정에서 사용하는 간접비용은 학교 재학기간 중 취업을 하지 못함으로써 유실되는 소득(earnings forgone)으로 기회비용을 의미한다. 예를 들면, 대학입학을 선택함으로써 포기해야 하는 대학 재학기간 중의 고졸 취업자 소득을 가리키며 이러한 유실소득이 작아질수록 대학교육의 투자수익률은 오르게 된다.

6) 사카로폴로스와 패트리노스(Psacharopoulos & Patrinos, 2002)의 연구결과에 의하면 49개 국가의 교육투자수익률을 각각 다른 시기에 조사하여 총 89개의 추정결과를 제시하고 있다. 이중 63개의 결과에서 여성의 교육투자수익률이 더 높은

더 높게 추정될 수 있는 것이다.

이에 본 연구가 고학력 여성에 주목하는 이유는 여성의 교육수준이 높아지고 고학력 노동자에 대한 노동시장의 수요가 지속적으로 증가할수록 노동시장에서 여성이라는 이유로 경험하는 임금상의 불이익을 극복할 가능성이 높기 때문이다. 다시 말해, 동일조건의 남성 임금을 기준으로 하여 비교해 본다면 고학력 여성노동자가 저학력 비숙련 여성노동자보다 동등한 임금을 받을 가능성이 더욱 높아지므로 교육투자수익률 분석이 훨씬 더 타당하다는 것이다(Dougherty, 2003). 따라서 고학력 여성인력을 중심으로 교육투자수익률을 추정하고 성별 임금격차를 분석하는 것은 향후 여성의 고등교육 투자로 인한 노동시장의 변화 방향을 예측하고 정책적 대안을 모색할 수 있다는 점에서 의미 있는 작업이 될 것이다.

나아가 본 연구는 여성의 고등교육투자에 대한 경제적 효과를 분석하는 과정에서 교육의 비금전적 수익을 분석하고자 하였다. 국내에서는 교육의 투자수익률을 추정하는 금전적 측면 이외에 교육투자의 다양한 효과를 분석하는 연구가 그동안 소홀하게 다루어진 면도 없지 않았다. 외국도 우리나라와 마찬가지로 1960년대 초에는 베커(Becker), 민서(Mincer), 슐츠(Shultz)를 중심으로 교육투자수익률에 대한 연구가 주를 이루었다(Elias, 2003). 그러나 교육투자수익률만 분석하는 것은 교육의 전반적인 효과를 과소 추정하는 것이라고 판단한 많은 연구자들은 소득증대 이외의 다양한 교육수익의 유형을 열거함으로써 잠재적인 교육의 수익이 존재한다는 것을 보여주었고, 특히 그중 비금전적

것으로 나타났고 3개는 동등하며 나머지 23개에서 남성이 여성보다 투자수익률이 더 높은 것으로 밝혀졌다. 이러한 결과는 미국뿐만 아니라 전 세계적으로 여성의 교육투자수익률이 남성의 수익률보다 높은 경향을 뒷받침해주고 있다.

수익의 중요성을 강조하였다(Schultz, 1977; Bowen, 1977; 1985; Solmon, 1987; Solmon & Fagnano, 1995; Riddell, 2006).

이러한 비금전적 수익에 대한 논의는 교육의 수익을 노동시장에서 발생하는 금전적 수익으로만 인식하던 기존의 관념에서 벗어나 그 개념을 비노동시장으로까지 확대하는 데 기여하였고, 많은 연구자들은 비노동시장에서 발생하는 비금전적 수익에 대한 연구를 수행하기 시작하였다(Michael, 1973; 1975; 1982; Bowen, 1977). 나아가 전 세계적으로 교육을 받은 여성인력의 비율이 증가함에 따라 여성들의 교육수익에 대하여 더욱 관심이 집중되었다.

앞서 논의했듯이, 우리나라도 고학력 여성의 비율이 증가하고 이에 대한 관심이 고조되면서 여성고등교육의 수익을 분석해야 하는 필요성이 증대되고 있다. 여성교육의 비금전적 수익에 대한 연구는 여성 개인에게 발생하는 수익보다는 주로 가사노동에 초점이 맞춰져 왔다(김선희, 1990; 김정희, 1993; 문숙재 외, 2002; 권태희, 2006). 그러나 고등교육을 받은 여성들은 가사활동 외에도 여가활동이나 학습 및 자기계발 등 개인영역에서 다양한 활동을 통해 삶의 질을 향상시키고 있기 때문에 고학력 여성 개인에게 발생하는 수익을 분석하는 것도 큰 의미가 있을 것이다. 따라서 본 연구는 비노동시장에서 고학력 여성에게 발생하는 사적 비금전적 수익 중에서 가정에서 발생하는 수익과 더불어 여성 개인에게 발생하는 수익을 함께 분석하고자 한다.

이와 같은 연구의 필요성에 기초하여 고등교육에 대한 여성의 사적투자가 노동소득 및 비금전적 소득에 미치는 진정한 효과를 실증적으로 분석하고자 한다. 따라서 본 연구는 다음과 같은 이유에서 중요한 의미를 가진다.

첫째, 본 연구는 경제성장의 새로운 동력으로서의 여성인력을 개발하고 활용하려는 세계 여러 나라에게 인적자본투자개념으로 교육정책을 수립하는 과정에서 중요한 참고자료를 제공할 것이다. 여성인력에 대한 국가적 관심은 이미 경제활동참가율과 노동소득의 성별격차가 거의 존재하지 않는 북유럽국가[7]들에게만 국한되지 않는다(Asplund, 2000; Harmon et al., 2001). 최근에는 선진국 진입을 목표로 하는 아시아, 중남미, 아프리카 등지의 신흥개발국가를 중심으로 여성의 고등교육기회 확대를 통한 노동소득 증대와 관련하여 국가차원의 관심이 매우 크다. 이 국가들의 연구물들을 살펴보면 여성의 교육수준이 높아짐에 따라 교육투자수익률은 남성에 비해 가파른 증가를 보이고 있는데, 이러한 특징은 북유럽 국가와 신흥개발 국가에서 공통적으로 발견되기 때문이다(Wambugu, 2003: Shah, 2007; IESALC, 2007).

둘째, 본 연구는 지식정보화시대에 국가경제의 경쟁력 유지와 지속적인 성장을 위해 여성인적자원개발에 정책적으로 투자하려는 정부정책 담당자에게 실질적인 판단근거로 준용될 것이다. 고등교육을 통한 여성의 사회경제적 지위 향상은 여성 개인의 소득증대뿐만 아니라 국가경제성장에도 긍정적인 영향을 미치는 것으로 보고되고 있다(OECD, 2006). 따라서 선진국 진입을 목표로 국가경쟁력 강화에 주력하는 우리나라의 경우 고학력 여성인력의 개발과 활용은 국가인적자원개발정책의 취지와 부합한다고 볼 수 있다. 반면에 고학력 여성인력개발의 실패는 결과적으로 국가자원의 낭비와 국가경쟁력 약화로 직결된다는 점에서 정책적 관심이 더욱 고조되고 있는 상황이다.

7) 핵심연령층(15-64세)의 여성 경제활동참가율은 스웨덴이 75.6%, 노르웨이는 76.8%의 높은 수준이며 우리나라의 경우 지난 20여 년 동안 꾸준히 증가하여 여성의 경제활동참가율이 1985년 44.7%에서 2007년 현재 54.7%로 증가추세를 나타내고 있다.

셋째, 본 연구는 대학진학을 앞두고 있는 여성 개인과 고학력 여성 인력양성을 책임지는 개별대학 모두에게 효율적인 인적자본투자를 위한 지침을 제공할 수 있을 것이다. 일반적으로 대졸여성이 고소득 전문 직종을 선호하는 현상은 고등학교를 졸업한 여성이 추가적으로 대학교육을 받음으로써 기대하는 소득이 커지고 있음을 반영한다(황수경, 2003). 이에 본 연구에서는 비용과 수익을 고려하여 수익률을 추정함으로써 고등교육에 투자하려는 개별여성의 합리적인 의사결정을 위한 판단근거를 제공할 수 있을 것이다. 동시에, 교육투자수익률 추정결과를 바탕으로 개별대학은 고학력·고숙련 노동자에 대한 노동시장의 높은 수요를 파악하고 전문지식과 기술을 갖춘 여성인력양성에 노력을 집중하게 될 것이다.

넷째, 본 연구는 여성정규교육에 초점을 맞추어 여성임금근로자를 대상으로 교육투자수익률을 추정하는 과정에서 제기되는 계량경제학적 문제점들을 해결함으로써 여성교육의 투자수익률을 보다 정확하게 추정할 것이다. 정규교육에 대한 투자수익률 추정과정에서 계량경제학적으로 제기되는 문제점을 극복하기 위해 그동안 다양한 연구방법이 소개되어 왔다(Buchinsky, 2001; Card, 2001; Dougherty, 2003; Carnoy, 2005). 본 연구는 여성교육투자수익률 추정과정에서 제기되는 표본선택편의(sample selection bias) 문제와 변수누락으로 인한 내생성(endogeneity) 문제, 그리고 여성표본의 이질성(heterogeneity) 문제를 다양한 추정방법을 적용하여 통제함으로써 여성교육의 투자수익률을 분석하는 후속 연구에 현실적인 대안을 제시할 수 있을 것이다.

다섯째, 본 연구는 여성의 고등교육투자가 노동시장의 성별 임금격차에 미치는 영향을 분석함으로써 건전한 노동시장의 청사진을 모색할 것이다. 또한 이렇게 임금격차분해 방법을 사용하여 개인 및 직업특성으로 인해 설명되는 남녀 간의 생산성 차이와 관찰되지 않는 잔여임금격차를 차별로 분리하여 각각의 크기를 측정하는 작업은 인적자본이론과 이중노동시장이론의 관점을 동시에 고려함으로써 우리나라 노동시장을 보다 균형 있게 조망할 수 있도록 할 것이다. 이는 결과적으로, 여성의 고등교육투자가 노동소득에 미치는 임금차별감소효과를 확인함으로써 한계생산성만큼 노동소득으로 보상받는 인적자본이론의 정당성을 검증하고, 나아가 관련 연구들이 활발히 전개될 수 있도록 하는 데 기여할 것이다.

2) 연구의 내용

본 연구는 3부로 이루어져 있고 제Ⅰ부에서는 여성의 고등교육투자와 교육경제학적인 접근방식을 소개하였으며 제Ⅱ부에서는 구체적인 데이터를 분석하여 노동시장에서 여성의 고등교육투자에 대한 기대소득과 임금차별의 크기를 추정하고자 하였다. 그리고 Ⅲ부에서는 여성의 고등교육투자에 대한 비금전적 수익을 다양한 관점에서 바라보게 될 것이다.

우선, 제Ⅰ부는 제1장과 제2장으로 구성되어 있고 여성의 고등교육투자와 노동소득의 관계를 이론적으로 살펴본 다음, 본 연구에서 사용하는 계량경제학적 방법을 소개하였으며 국내외 선행연구를 정리하였다. 제1장 제2절에서는 여성의 교육투자와 관련하여 인적자본이론과 직무경쟁이론을 소개하고 두 이론을 접목시킨 배치이론에 대하여 논의했으며 임금차별과 관련하여 임금차별이론을 설명하였다. 제1장 제3절에서는 본 연구에서 다루게 될 여성교육투자수익률 추정 및 임금차별 추정을 위해 사용된 계량적 방법론의 전개과정을 논의하였다. 제

2장의 제1절과 제2절에서는 여성인적자원개발과 관련한 국내외 선행 연구를 정리하여 교육투자수익률과 임금차별 추정기법의 연구동향을 살펴보고 세계 각국의 연구결과를 각각 비교 · 분석하였다.

다음으로 제2부는 제3장과 제4장으로 구성되어 있고 여성의 고등교육투자에 대한 계량적 분석을 시도하였다. 이에 따라, 제II부 제3장에서는 본 연구의 개괄적인 연구설계와 더불어 분석에 사용되는 자료를 제시하고 연구모형 및 연구방법을 설명하였다. 제3장 제1절에서는 여성의 고등교육투자가 생산성 향상과 임금차별 개선을 통하여 노동소득증가에 미치는 영향을 규명하기 위해 설정한 연구모형을 개괄적으로 제시하였다. 제3장 제2절에서는 본 연구에서 사용하는 분석자료인 청년패널(YP)과 노동패널(KLIPS)을 소개하고 연구모형에 사용된 변인에 대하여 선행연구를 정리하였으며 구체적으로 분석에 사용한 모형을 패널자료별로 제시하였다.

제II부 제4장에서는 청년패널자료와 노동패널자료를 대상으로 연구결과를 제시하였다. 제4장 제1절에서는 청년패널자료와 관련된 분석결과를 제시하였다. 먼저 인적자본이론에 기초하여 2001년부터 2006년까지 개별 연도의 교육투자에 따른 수익률 추정의 횡단자료 분석결과를 통상최소자승법(Ordinary Least Squares: OLS), Heckman의 2단계 추정법(HECKIT), 분위회귀분석(Quantile Regression: QR), 도구변수(IV)를 활용한 2단계 최소자승(2 Stage Least Squares: 2SLS) 추정방식으로 나누어 분석하였다. 그리고 상기에 제시된 6개 연도의 자료를 하나로 통합하여 구성된 패널자료의 분석결과를 POLS(Pooled OLS), 평균추정, 고정 및 임의효과 방법으로 나누어 제시하였다. 또한 임금차별이론을 바탕으로 개별 연도의 소득함수를 이용하여 OLS, HECKIT, 도구변수(IV)를 활용한 2SLS 추정방식으로 임금격차를 분해하고 임금차별의 추정결과를 제시하였다. 제4장 제2절에서는 노동패널자료와 관련된 분석결과를 제시하였다. 1998년부터 2005년까지 개별 연도의 교육투자에 따른 수익률 추정의 횡단자료 분석결과를 통상최소자승법(OLS), Heckman의 2단계 추정법(HECKIT), 분위회귀분석(QR), 도구변수(IV)를 활용한 2단계 최소자승(2SLS) 추정방식으로 나누어 제시하였다. 그리고 상기에 제시된 8개 연도의 자료를 하나로 통합하여 구성된 패널자료의 분석결과를 POLS(Pooled OLS), 평균추정, 임의효과 방법으로 나누어 제시하였다. 그리고 임금차별추정과 관련해서도 개별 연도의 소득함수를 이용한 횡단자료 분석결과를 바탕으로 OLS, HECKIT, 도구변수(IV)를 활용한 2SLS 추정방식으로 각각 나누어 제시하였다. 제4장 제3절에서는 청년패널자료와 노동패널자료를 사용하여 다양한 방법으로 교육투자에 대한 수익률을 추정하고 임금차별의 크기를 측정한 결과를 비교·분석하여 종합적으로 논의하였다. 제4장 제4절에서는 이러한 연구결과에 기초하여 연구시사점 및 제언을 기술하였다.

마지막으로 제Ⅲ부에서는 여성의 고등교육투자에 대한 비금전적 수익을 분석하게 될 것이다. 이를 위해 제Ⅲ부 제5장 제1절에서는 우선 교육수익의 개념을 설명하고 교육수익의 성격을 기준으로 교육수익의 유형을 제시하며 국내외 선행연구에 근거하여 비금전적 수익의 종류를 재분류하였다. 특히, 비금전적 수익 중에서도 여성의 고등교육과 관련된 비금전적 수익을 중심으로 재구성하였다. 제5장 제2절에서는 변수선정을 위한 선행연구를 탐색하고 분석방법으로 사용한 선형회귀모형, 이항로짓모형, 순서로짓모형에 대해 소개하였다. 또한, 노동패널자료를 사용하여 비금전적 수익 추정 결과를 제시하고 마지막으로 제5장 제3절에서는 연구결과를 통해 얻은 결론을 바탕으로 시사점 및 후속연구를 위한 제언을 하였다. 본 연구의 기본구조를 도식으로 정리하면 〈그림 1-1〉과 같다.

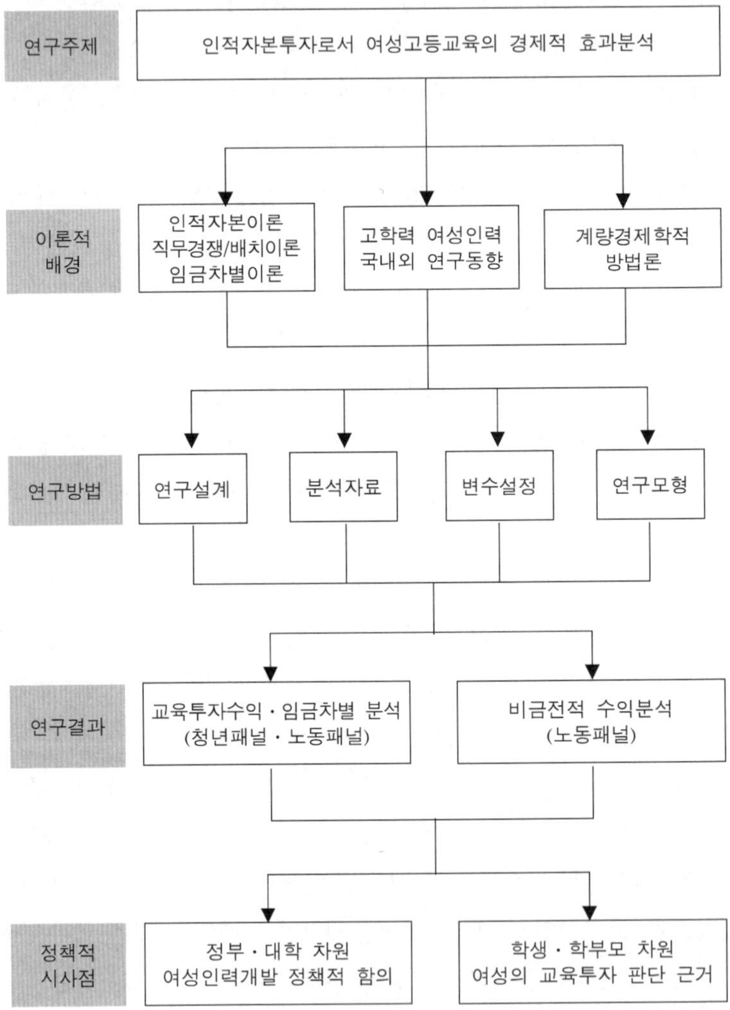

〈그림 1-1〉 연구의 기본구조

2절. 여성의 교육투자수익과 임금차별의 이론적 배경

1) 여성의 교육투자수익률 추정의 이론적 배경

본 연구는 여성의 고등교육투자[8]가 소득에 미치는 영향을 분석하는 과정에서 여성교육투자수익률을 추정하고 남녀 임금격차를 분해하여 임금차별의 크기를 추정하려고 한다. 이와 관련하여 본 연구의 이론적 분석틀로는 우선 교육과 소득의 관계를 합리적으로 설명하는 인적자본이론을 도입하고 있다. 나아가 인적자본투자 이외에 노동소득의 결정요인으로 직업적 특성을 중시하는 직무경쟁이론도 함께 고려할 필요가 있다. 결과적으로 인적자본의 투자와 직업적 특성을 동시에 고려한 배치이론이 우리나라 여성교육투자의 성과분석에 어떻게 적용되는지를 점검할 것이다. 또한, 생산성의 차이로 설명할 수 없는 남녀 임금격차를 차별로 간주하는 임금차별이론의 관점에 대하여서도 논의할 것이다.

---

8) 여성의 고등교육(higher education for women)은 고등교육에 대한 여성의 참여를 의미하는 것으로 최근 고등교육 단계에서 여성의 교육투자가 증가하는 현상을 반영하는 것이다. 여성의 고등교육을 바탕으로 노동시장에 진출한 고학력 여성인력은 본 연구의 주요 분석대상으로 특히 4년제 대학교 졸업 이상의 학력을 보유하고 노동시장에 참가한 여성임금근로자에 초점을 맞추었다. 또한, 고학력 전문직 여성인력은 제5차 표준직업분류에 전문·관리직으로 분류한 직업군에 종사하는 여성 임금 근로자를 의미한다. 이러한 정의는 청년층 여성의 대학 진학률이 급증하면서 고학력 여성의 경제활동참가가 늘어나고 전문직 진출이 확대되는 추세를 고려하였다.

가. 인적자본이론

인적자본이라는 개념을 처음 소개하고 본격적으로 경제학적 분석에 도입한 슐츠(Schultz, 1960)는 교육을 통한 생산성의 향상과 소득의 증가를 기본구조로 하는 논리적 체계를 이론으로 전개하였다. 다시 말해, 인적자본의 개념을 이용하여 교육훈련과 소득 간의 관계를 합리적으로 설명하려는 이론적 체계를 인적자본이론(human capital theory)이라고 정의할 수 있다(백일우, 2007). 이러한 인적자본이론은 노동시장의 공급 측면에서 임금소득을 설명하는 접근방법으로 교육투자로 인해 받는 기대수익은 직종에 상관없이 생산성과 일치한다고 설명한다.

이렇게 인적자본 개념으로 생산성 향상을 설명한 인적자본이론이 소개된 이후, 교육계획 및 정책수립을 위하여 교육투자수익률에 대한 분석이 지속적으로 진행되어 왔다. 초창기 교육에 대한 수익률 연구[9]는 주로 남성 노동자를 대상으로 분석이 이루어졌다. 그 주된 이유는 여성의 경우 결혼과 함께 출산 및 육아 등으로 인해 노동시장에서 탈퇴할 뿐만 아니라 교육에 대한 투자유인이 상대적으로 낮아 상당수 여성이 저숙련의 단순기능직에 속해 있었기 때문이다. 그러나 고등교육에 대한 여성의 투자가 확대되고 여성의 경제활동참가가 활발해지면서 최근에는 인적자본투자의 관점에서 여성교육에 대한 수익률 연구가 전 세계적으로 활발하게 진행되고 있다(Trostel & Woolley, 2002;

---

9) 슐츠(Schultz, 1970)는 인적자본을 남성노동자의 고유한 특징으로 간주하였으며 이에 따라 여성의 교육투자는 인적자본의 추정과정에서 비중 있게 다루지 않았다. 실제로 초창기 인적자본 개념은 여성노동자를 제외한 남성노동자에게만 사용되어 왔다. 이에 따라, 초기 인적자본에 대한 투자분석에서 교육받은 여성의 숫자를 늘리는 것은 노동시장의 수요 측면에서 볼 때 이득이 되지 못한다고 보았다(Walsh, 1968).

Psacharopoulos & Patrinos, 2004).

특히 우리나라 여성의 고등교육투자를 인적자본투자관점에서 접근하기위해 성별 대학진학률을 시기별로 나누어 정리해보면 〈표 1-1〉에 제시된 바와 같다. 1970년대 중반 이후 대학진학률의 남녀격차는 꾸준히 감소하다가 2010년 현재 여성의 대학진학률이 남성의 대학진학률을 역전하여 오히려 더 높은(2.9%p) 것으로 나타났다.

현재 우리나라 여성의 대학진학률은 남성과 동등한 수준으로 상승[10]했지만 고학력 여성의 경제활동참여율은 고학력 남성과 비교했을 때 상대적으로 소극적인 편이다. 또한 2006년 OECD 조사에 따르면 우리나라 여성의 대학진학률은 OECD 국가 중에서 상위권에

〈표 1-1〉 성별 대학진학률 (단위: %, %p)

연도	대학진학률			
	여성	남성	남녀격차	비고
1975	22.9	25.2	2.3	
1981	28.4	40.2	11.8	졸업정원제 및 대학정원 확대정책(1981) 남녀고용평등법(1987)
1985	34.1	38.3	4.2	
1990	32.4	33.9	1.5	
1995	49.8	52.8	3.0	여성고용할당제(1996)
2000	65.4	70.4	5.0	
2005	80.8	83.3	2.5	
2010	80.5	77.6	(2.9)	

주. 전문대학, 4년제 일반대학교, 교육대학 포함.
출처: 교육과학기술부, 「교육통계연보」 각 연도
통계청, 「한국의 사회지표」

10) 우리나라 여성의 대학진학률이 급증한 배경은 1981년부터 시행된 졸업정원제와 대학정원 확대정책의 기여에 있는 것으로 판단된다. 1981년과 1985년도를 비교했을 때 여성의 대학진학률은 5.7% 상승한 반면 남성의 대학진학률은 오히려 1.9% 떨어진 것으로 미루어볼 때, 정부의 고등교육 정책이 남성보다는 여성의 대학진학률 향상에 긍정적인 영향을 미친 것으로 보이기 때문이다.

속하지만 고학력 여성의 경제 활동 참여율은 62.4%로 OECD 평균(82.5%)에 미치지 못하는 것으로 나타났다(여성가족부, 2007). 이러한 통계 결과가 시사하는 바는 먼저 우리나라가 현재 고학력 여성인력을 제대로 활용하지 못하고 있으며 국가경쟁력 차원에서도 고학력 여성 인력 활용에 대한 정책적 처방이 요구되는 것으로 파악할 수 있다.

한편, OECD 국가 중에서 우리나라 고학력 여성의 경제활동참여율은 비교적 낮은 수준이지만 다행스럽게도 고학력 여성의 경제활동 참여의 증가율은 해마다 꾸준히 높아지고 있다. 한국여성정책연구원(2007)의 조사에 따르면 전체적인 여성경제활동참여율이 증가추세에 있으며 특히 대졸 이상 고학력 여성 취업률이 1985년 31.7%(남성 취업률 67.6%)에서 2006년 64.4%(남성 취업률 69.8%)로 남성에 비해 현저히 늘어난 것으로 나타났다. 이러한 현상은 우리나라 여성의 고등교육투자가 노동시장에서 경제적 수익으로 반영되고 있음을 입증할 뿐 아니라 인적자본이론의 관점에서도 여성교육에 대한 투자수익률 추정이 가능하다는 것을 의미한다.

나아가 인적자본의 개념과 이론을 더욱 정교하게 발전시킨 민서(Mincer, 1974)는 여성의 나이-소득 종단면도(age-earning profile)를 작성하여 종축의 노동소득과 횡축의 나이 간의 평균적 회귀관계를 보여줌으로써 여성의 인적자본 축적과정을 설명하였다. 그는 여성의 생애주기에 일반적으로 발생하는 결혼, 출산 및 육아활동으로 인해 노동시장에서 이탈하기 시작하면서 나이-소득 종단면도에서 최소한 두 개의 봉우리(M자 모형)가 나타난다고 지적하였다. 1990년 임금구조 기본통계조사자료를 기초로 작성된 대졸 여성임금근로자의 나이-소득 종단면도를 추정하면 〈그림 1-2〉와 같다. 우리나라의 경우 1990년까지 상당수 대졸여성들이 20대 중후반부터 연령별 평균소득이 점차 감소하다가 30세 이후부터 40대 후반까지 평균소득이 다시 증가함으로써 전체적으로 전형적인 M자형 곡선을 보여주고 있다.

한편, 2000년도 이후부터는 여성의 고학력화가 본격화되고 전문인력에 대한 사회적 수요가 증가함에 따라 노동시장 탈퇴가 점차 줄어드는 추세이다. 2005년 임금구조 기본통계조사자료를 기초로 작성된 대졸 여성의 나이-소득 종단면도는 〈그림 1-3〉과 같다. 〈그림 1-2〉의 1990년 종단면도와 〈그림 1-3〉의 2005년 종단면도를 비교해 보면 이미 상당한 변화가 진행되고 있음을 알 수 있다. 무엇보다, 중요한 변화는 여성의 생애주기 중에서 〈그림 1-2〉에서는 20대 중후반부터 뚜렷하게 나타났던 변곡점이 〈그림 1-3〉에서는 점차 사라지고 있다는 데 있다. 이러한 변화에 대한 주요 원인을 살펴보면 연

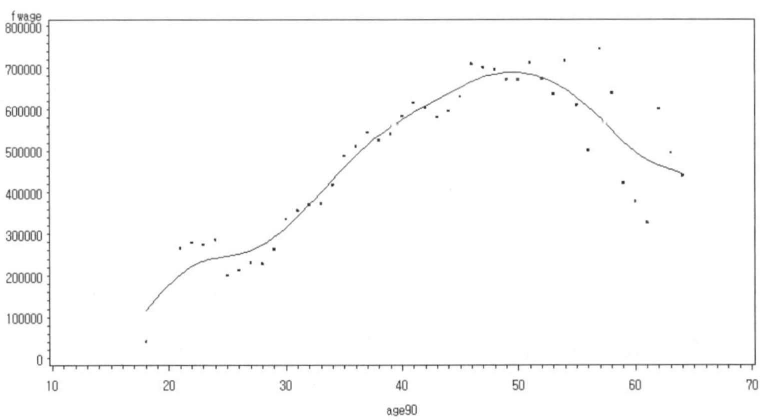

〈그림 1-2〉 1990년 대졸 여성임금근로자의 나이-소득 종단면도[11)]

---

11) 횡단자료의 문제점을 보완하기 위해 해당연도 나이와 성별에 따른 경제활동참가율, 취업률, 생존율을 고려하여 조정된 기대임금으로 나이-소득 종단면도를 나타낸 것이다(Psacharopoulos et. al., 2004).

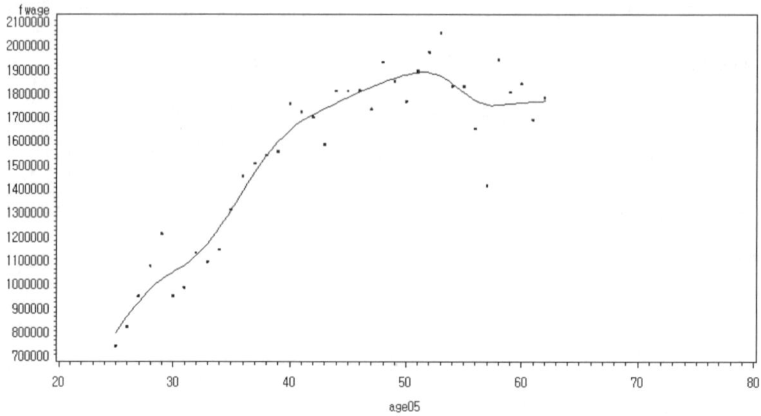

〈그림 1-3〉 2005년 대졸 여성임금근로자의 나이-소득 종단면도

령 면에서는 30대 여성의 노동시장 진입확대를 들 수 있으며 학력 면에서는 4년제 대졸 여성의 취업률 향상이 크게 기여했다고 추론할 수 있다.[12)]

또한, 2005년 대졸여성의 나이-소득 종단면도에서는 인적자본이론에 입각하여 인적자본축적과정에서 나타나는 전형적인 특징을 반영하고 있다. 1990년 결과와 비교했을 때, 더욱 가파른 기울기로 소득 증가폭이 월등히 커지고 있고 50대 중반까지 소득정점이 좀 더 늦게 (더 나이가 들어) 나타났으며 대졸여성의 평균소득이 지속적으로 증가하다가 소득 정점 이후 서서히 감소하는 형태를 보여주었다. 이처럼

12) 통계청(2005) 취업률 결과보고서에 의하면 2005년 30-39세의 취업자 중에서 여성은 224만 1,000명으로 2004년 213만 8,000명보다 4.8% 증가한 반면, 남성은 390만 명에서 382만 6,000명으로 1.9%가 줄었다. 또한, 2005년 4년제 대졸 여성 취업자는 164만 5,000명으로 2004년 150만 명에 비해 9.7% 늘었으나 남성 취업자는 349만 9,000명에서 364만 2,000명으로 4.1% 증가하는 데 그쳤다.

노동시장에서 고학력 여성인력의 공급단절현상에 기인한 M자형 곡선의 형태가 점차 개선됨으로써 장기적으로는 선진국형인 역U자형태에 수렴할 것으로 예상된다. 특히 북유럽 선진국의 경우 노동시장에서 양성평등 의식이 우리나라보다 훨씬 일찍 보편화됨에 따라 여성의 경제활동참가곡선이 역U자형을 보이고 있으며 경제활동 참가율과 임금률 상승에서도 빠른 수준으로 남성에 접근하고 있다.

나. 써로우(Thurow)의 직무경쟁이론

인적자본이론이 임금소득이 노동시장의 공급 측면에서 교육투자를 통한 인적자본의 축적에 의해 결정된다는 관점에 초점을 맞추고 있다면, 써로우(Thurow, 1975)의 직무경쟁이론(job competition theory)은 임금소득이 주로 노동시장의 수요 측면에 의해서 결정된다는 관점을 견지하고 있다. 따라서 직무경쟁이론은 인적자본이론과는 다른 시각을 제공하며 노동시장의 수요 측면에 중점을 두고 개별 근로자가 속해 있는 직업의 특성에 의해 임금소득이 결정된다고 설명한다. 즉, 노동시장의 가격 조절기능에 의해서 균형임금과 균형노동량이 결정되기보다는 제도적으로 결정되어 있는 일정 수의 직무를 놓고 서로 경쟁하게 된다는 것이다. 왜냐하면 이러한 개별 직무에는 직무에 해당하는 임금 수준이 이미 결정되어 있기 때문이다.

한편 직무경쟁이론에 따르면 개인의 생산성은 교육수준에 의해 영향을 받기보다는 오히려 직업의 속성에 의해 달라질 수 있다고 가정한다. 노동시장에서 고소득 임금근로자들이 취업할 수 있는 직무의 수와 종류는 특정 시점에서 미리 결정되었다고 할 수 있으며, 근로자들의 교육 혹은 경험 등 노동공급의 인적자본 측면은 기존의 일자리에 거의 영향을 주지 않는 것으로 본다(박천수, 2005). 이는 임금격차 보고서(2006)에 의해서도 확인할 수 있는데 2000년대 이후 고학력 여성인력이 남성이 대부분 주도하던 고소득 전문 관리직으로 진출하는 현상이 확대됨에 따라 남녀 임금격차가 점차 감소하는 것으로 보고되고 있다. 이에 따라 여성의 고등교육투자에 대한 수익률을 추정하는 인적자본 소득함수 모형에서 인적자본과 관련된 교육년수와 경험년수를 통제하는 것 외에도 여성 개인이 속해 있는 직종의 직업적 특성을 추가로 통제해야 한다는 논리가 도출된다.

보다 구체적으로 임금구조기본통계조사를 이용하여 우리나라 남녀 임금근로자의 성별 직종분리(occupational segregation) 정도를 시기별로 점검해 보면 〈표 1-2〉와 같다. 〈표 1-2〉는 연도별 표준직업분류법에 기초하여 던컨지수(Duncan index)[13]로 추정한 결과인데 대졸 이상 고학력 여성일수록 직종분리 현상이 완화되고 있음을 알 수 있다.

우리나라 노동시장에서 여성인력은 수출주도형 국가경제성장정책에 따라 저소득·저숙련 직종에 편중되는 경향을 보여 왔고 이러한 원인으로 인해 여성교육에 대한 수익률이 낮게 추정된다는 지적도 있었다(이옥지, 2001). 하지만 〈표 1-2〉에 제시된 성별 직종분리 정도를 보면

---

13) 존슨과 스태포드(Johnson & Stafford, 1998)에 의해 개발된 던컨지수는 다음과 같이 구할 수 있다.

$$D_t = \sum_j |s_{jt}^m - s_{jt}^f|/2$$

위 식에서 s_{jt}^m와 s_{jt}^f는 각각 t기의 남성근로자 또는 여성근로자 중 직종에 종사하는 성별근로자 비율을 나타낸다. 만일 $\sum_j s_{jt}^m = \sum_j s_{jt}^f = 1$이 성립하면 $D_t = 0$이 되어 성별 직종분리가 없는 상태를 의미한다. 반대로 $D_t = 1$이면 남성근로자와 여성근로자의 직종이 완전분리(occupational exclusion)되어 있는 상태를 의미한다. 만일 전체 노동자 중 여성노동이 차지하는 비율을 ω라 하면 $2\omega(1-\omega)D$는 성별 직종분리를 완전히 해소하기 위해 전직하여야 하는 노동자의 비율을 나타낸다.

〈표 1-2〉 성별 직종분리 정도

	4차 표준직업분류			5차 표준직업분류		
	1993	1995	1997	2001	2003	2005
대졸 이상	0.449	0.423	0.373	0.440	0.433	0.377
대졸 미만	0.447	0.446	0.457	0.504	0.476	0.468

출처: 노동부, 임금구조기본통계조사

연도별로 던컨지수가 점차 하락하고 있으며 학력별로 구분한 경우에도 일반적인 추세와 다름없이 나타났다. 특히, 5차 표준직업분류방식이 적용된 2000년 이후의 던컨지수의 변화를 보면 대졸학력 이상 근로자의 던컨지수는 2001년 0.440에서 2005년 0.377로 크게 감소하였다.

이렇게 대졸 이상 학력계층의 던컨지수가 대졸 미만 계층의 던컨지수보다 낮게 나타나는 현상은 고학력을 중심으로 성별 직종분리가 완화되고 직종혼재현상이 두드러짐을 의미한다(김용성, 2007). 이러한 추세는 직무경쟁이론에서 설명하는 바와 같이 특정시점에서 미리 결정된 고소득 일자리가 남성뿐만 아니라 여성에게도 경쟁적으로 제공되고 있으며, 고학력 여성인력이 속해 있는 직무의 특성이 임금소득에 직접적인 영향을 미치고 있다는 분석을 가능하게 하는 것이다.

다. 새팅거(Sattinger)의 배치이론

인적자본이론과 직무경쟁이론은 노동시장의 수요와 공급 양측면을 균형 있게 반영하지 못한다는 한계가 있기 때문에 수요와 공급의 상호작용을 함께 고려할 수 있는 이론에 대한 필요성이 제기된다. 새팅거(Sattinger, 1993)의 배치이론(assignment theory)에 따르면 완전정보의

가정하에 개별근로자는 교육을 통해 축적한 지식과 기술에 기초하여 그러한 자격을 요구하는 직업에 배치된다고 설명한다. 다시 말해, 개인의 인적자본이 특정한 일자리에서 비교우위를 제공하기 때문에 계열 및 전공에 따라 더 좋은 직업기회를 획득할 수 있는지의 여부가 결정된다는 것이다.

한편 이러한 새팅거(1993)의 배치이론에 근거하여 성별 대학생 수와 전문직 취업자 수 추이를 비교해 보면 〈표 1-3〉에 제시된 바와 같이 우리나라 여성의 고등교육투자와 고학력 여성의 전문직 진출확대가 유기적으로 연관되어 있음을 보여준다.

1980년에 전체 대학생 중 여성이 차지하는 비율은 약 24%에 불과했으나 2005년에는 40%에 육박하는 급증세를 보여주었다. 대졸여성의 노동시장 진출도 활발해지면서 전문직에 취업한 고학력 여성 비율이 1980년에 32.1%였으나 매년 꾸준히 증가하면서 2005년에는 46.7%에 이르게 됨으로써 성별 격차가 크게 완화되었다. 향후 대졸

〈표 1-3〉 성별 대학생 수와 전문직 취업자 수 추이 (단위: 천 명, %)

		1980	1985	1990	1995	2000	2005	2008
대학생 수	여성	144	362	525	841	1,285	1,373	1,455
	남성	453	897	1,141	1,484	2,073	2,117	2,106
대학생 중 여성 비율(%)		24.1	28.8	31.5	36.1	38.2	39.3	40.8
전문직 취업자 수	여성	176	309	555	350	615	860	999
	남성	373	563	752	626	787	979	1,208
전문직 취업자 중 여성 비율(%)		32.1	35.4	42.5	35.9	43.8	46.7	45.2

주. 1. 대학생 수는 2, 3, 4년제 대학과 대학원 학생 수가 모두 포함된 숫자임.
2. 전문직 취업자 수는 한국표준산업분류(2008)에 근거하여 작성됨. 단 1980, 1985, 1990년은 전문직 취업자와 기술직 취업자를 모두 포함한 숫자임.

출처: 통계청(2008), 「교육통계연보」 각 연도

이상 여성 고학력자의 비약적인 증가추세를 감안한다면 전문직에서 남성이 차지하던 우위는 점차 사라질 것으로 예상된다.

한편 고졸 이상 여성의 학력현황과 취업분포 추이를 연도별로 제시한 〈표 1-4〉를 보면 우리나라 여성의 취업구조가 교육수준 향상에 힘입어 배치이론에서 제시하는 바람직한 방향으로 개선되었다고 평가할 수 있다.

〈표 1-4〉에서 여성인력의 교육수준을 나타내는 학력현황을 살펴보면 고졸 이상 여성인력 중 대졸 이상이 차지하는 비율이 1990년 19.5%에서 2006년에는 52%로 증가한 것으로 나타난다. 최종학력이 고졸인 여성은 2000년 이후 계속 감소하고 있으며 전문대졸은

〈표 1-4〉 여성의 학력현황 및 직종별 취업분포 연도별 추이 (단위: 천 명, %)

		1990	1998	2000	2002	2004	2006
학력현황	고졸	239 (67.5)	136 (39.8)	127 (34.2)	89 (24.2)	52 (15.2)	48 (14.5)
	전문대졸	46 (13.0)	111 (32.4)	124 (33.3)	135 (36.7)	122 (35.7)	111 (33.5)
	대졸 이상	69 (19.5)	95 (27.8)	121 (32.5)	144 (39.1)	168 (49.1)	172 (52.0)
취업분포	전문 기술직	555 (7.5)	1053 (13.1)	1202 (13.7)	1339 (14.6)	1624 (17.1)	1851 (18.9)
	사무직	939 (12.7)	1183 (14.7)	1285 (14.7)	1476 (16.1)	1654 (17.4)	1723 (17.6)
	서비스 판매직	2477 (33.6)	2806 (34.8)	3364 (38.4)	3578 (38.9)	3517 (37.1)	3485 (35.6)
	단순 기능직	1904 (25.8)	1939 (24.1)	1911 (21.8)	1894 (20.6)	1920 (20.2)	1981 (20.2)
	농림 어업직	1490 (20.2)	1083 (13.4)	984 (11.2)	907 (9.8)	765 (8.1)	735 (7.5)

주. 1. 고졸은 일반계와 실업계 고등학교 졸업자 중에서 진학자를 제외한 숫자임.
2. 대졸 이상은 4년제 대학과 대학원 졸업자를 포함한 숫자임.
3. 괄호 안의 값은 개별연도 전체에서 각 항목이 차지하는 비율임.
출처: 통계청(2006)

30%대 비율을 유지하고 있다. 무엇보다, 여성의 고등교육투자가 확대되면서 직종별 취업분포에서 화이트컬러직의 여성 비율이 상대적으로 커지고 있다. 대졸 이상의 학력을 요구하는 전문기술직과 사무직의 취업비율이 1990년에 7.5%, 12.7%에서 2006년 18.9%, 17.6%로 각각 증가함에 따라 고학력 여성의 인적자본 활용수준이 꾸준히 높아지고 있다. 즉, 고등교육을 통해 축적한 지식과 기술에 기초하여 그러한 자격을 요구하는 직업에 배치된다는 배치이론으로 설명이 가능하다고 할 수 있다. 반면에 저학력 여성노동자로 대거 충원되는 농림어업직 등의 생산직 취업비율은 해마다 감소하고 있으며 단순기능직에 종사하는 여성노동자의 비율도 20%선을 유지하면서 완만한 감소추세로 전환되고 있다.

이와 같이 여성의 고학력화와 취업구조 개선의 이론적 분석틀을 제공하는 새팅거(1993)의 배치이론은 산업구조가 농업중심에서 공업중심으로, 공업중심에서 지식산업중심으로 탈바꿈하는 세계경제의 지각변동에 대한 국가차원의 대응전략과 접목하여 설명할 수 있을 것이다. 즉, 인종과 국경을 넘어선 세계화(globalization)의 큰 흐름에 동요하지 않고 기업 및 국가의 경쟁력을 지속적으로 강화하기 위해서는 여성인력을 남성이 주도하던 사회경제적 틀 안에 가두어서는 안 된다는 메시지를 주고 있는 셈이다. 따라서 고급인재풀(pool) 구축이 매우 시급한 현실에서 급변하는 국제환경 변화에 시의적절하게 대처하려면 고등교육투자를 통한 경쟁력 있는 여성인력 양성과 적극적인 활용은 더 이상 선택의 문제일 수 없다. 이는 여성의 사회경제적 위상은 여성 개인의 문제에 국한되지 않고 국가차원의 발전전략과 직결되기 때문이기도 하다.

2) 여성의 교육투자와 임금차별의 이론적 배경

인적자본이론에서는 노동시장을 완전경쟁의 단일 노동시장으로 가정하고 있다. 그러나 현실적으로 여성인력은 취업단계에서부터 동일한 취업조건과 기회를 갖고 경쟁하지 못하고 있다는 비판이 제기되었다. 한편 베커(Becker, 1971)는 특히 노동시장에서 발견되는 남녀임금격차에 주목하면서 차별에 대한 경제학적 이해를 바탕으로 임금차별의 존재여부에 대하여 이론적으로 접근하였다. 따라서, 남녀 임금격차의 요인을 분석하면 인적자본이론에서 설명하는 생산성 요인 외에도 베커(1971)의 임금차별이론에서 지적하는 차별요인도 포함된다는 것이다.

가. 베커(Becker)의 임금차별이론

먼저 남녀 임금격차를 인적자본이론의 분석틀에 입각하여 설명하자면 인적자본축적 과정에서 소요되는 비용측면과 인적자본축적으로 인한 생산성 증대 측면으로 구분하여 논의할 수 있다. 이러한 논의에는 여성보다 교육을 더 받은 남성에 대해서는 교육기간에 발생한 비용을 높은 임금으로 보상해준다는 측면이 존재한다. 즉, 교육을 많이 받을수록 기회비용이 커지게 되므로 고학력일수록 노동의 가격인 임금이 상승한다는 것이다. 또한 교육을 통해 축적한 인적자본 저량(貯量, stock)이 남녀 간에 차이가 존재하므로 이로 인한 생산성의 차이를 보상해주기 위해 남녀 임금격차가 발생한다고 설명한다. 그러므로 인적자본이론에 따르면 노동시장의 남녀 임금격차는 남성과 여성의 노동생산성 차이가 그대로 반영된 당연한 결과라고 할 수 있다.

한편 베커(1971)의 임금차별이론에 따르면 편견을 가진 고용주는 차별주(discriminator)로서 여성의 한계수입생산(marginal revenue product)을 동등한 생산성을 가진 남성과 비교하여 평가절하하게 된다. 따라서 남성 노동의 한계수입생산은 남성의 임금과 같은 반면, 여성의 임금은 여성노동의 한계수입생산과 차별주가 여성고용에 대해 주관적으로 갖게 되는 차별계수(d)의 차이[14]와 같게 된다는 것이다. 다시 말해, 차별주는 여성 노동의 한계수입생산을 차별계수(d)만큼 주관적으로 평가절하함으로써 여성의 임금을 낮게 지불하는 것이다. 이어 베커(1971)는 전체 임금격차 중에서 차별로 기인한 임금격차가 차지하는 비율을 통상 차별화 정도라고 규정하고 차별계수(discrimination coefficient)로 설명하였다.

우리나라 노동시장에서 남녀의 성별 임금격차는 감소하는 반면 고학력 노동자와 저학력 노동자의 학력 간 임금격차는 증가하며 이러한 현상은 갈수록 심화되고 있다. 이는 〈표 1-5〉를 통하여 확인할 수 있는데 노동부가 발표한 2011년 임금구조기본통계조사 보고서에 따르면 남성근로자의 급여를 100으로 했을 때 여성근로자의 급여는 1999년 63.8에서 조금씩 증가해 2005년 66.2를 기록하면서 남녀 간 임금격차는 꾸준히 줄어드는 추세를 보여주었다. 반면, 같은 보고서에서 학력별 임금격차는 점차 커지는 것으로 나타났다. 고졸 임금근로자 월급여를 100으로 했을 때 대졸자의 급여는 1999년부터 2002년까지 줄어드는 추세를 보이다가 2004년부터 학력 간 임금격

14) 남성의 한계수입생산(MRP_M)과 임금(W_M), 여성의 한계수입생산(MRP_F)과 임금(W_F) 그리고 차별계수(d)를 사용하여 표현한 수식은 아래와 같다.

$$MRP_M = W_M \quad MRP_F - d = W_F$$

만약 남녀 사이에 생산성의 차이가 없다면 다음과 같은 식이 성립하게 된다.

$$W_M - W_F = d$$

〈표 1-5〉 성별 · 학력별 임금격차 추이

	1994	1996	1998	2000	2002	2004	2006	2008	2010	2011
남성	100	100	100	100	100	100	100	100	100	100
여성	58.6	61.5	63.1	64.8	64.8	65.7	66.5	66.5	66.9	67.7
중졸 이하	90.5	89.4	87.5	87.8	85.1	81.6	84.5	85.2	86.0	83.2
고졸	100	100	100	100	100	100	100	100	100	100
전문대졸	108.0	107.7	106.6	103.4	101.7	102.4	101.9	104.6	106.3	108.3
대졸 이상	148.4	147.2	149.0	150.9	149.4	152.3	152.2	155.7	154.4	154.0

주. 1. 기준=100(월급여액=정액급여+초과급여, 즉 상여금 및 성과급 제외)
2. 시간급(월급여액/총 근로시간) 기준
3. 경력년수 기준

출처: 임금구조기본통계보고서(2011)

차가 지속적으로 확대되고 있다.

본 연구에서는 여성의 교육수준이 높아질수록 차별의 크기가 상대적으로 감소하는 임금차별개선(anti-wage discrimination) 효과를 입증함으로써 교육과 노동 분야에서 여성정책의 실마리를 찾게 될 것이다. 일반적으로 인적자본투자와 차별해소의 효과는 (직종별로 다소 차이가 있지만) 대체로 교육수준이 높아짐에 따라 소득은 증가하고 차별은 감소한다고 가정할 수 있다. 인적자본이론에 근거하여 남녀의 소득 불균형을 해소하고 경제적 형평성을 복원하는 키워드를 교육이라고 할 수 있다면 자원의 효율적 배분이라는 경제학적 틀 속에서 차별은 자원배분의 왜곡을 낳게 된다는 점에서 두 이론의 교육경제학적 지향점은 서로 깊이 관련되어 있다고 할 수 있을 것이다.

3절. 계량적 추정방법의 전개과정

1) 여성교육투자에 대한 수익률추정법의 도입과 전개과정

구미 선진국을 중심으로 여성의 교육수준이 높아지고 고학력 여성 인력의 노동시장 참가가 활발해짐에 따라 남성과 함께 여성교육투자에 대한 수익률 연구가 본격적으로 진행되었다. 대표적으로 사카로폴로스(Psacharopoulos)는 1973년부터 전 세계 다양한 국가를 대상으로 남성뿐만 아니라 여성의 교육투자수익률 분석결과를 주기적으로 발표하고 있다. 각각 다른 시기에 49개 국가의 교육투자수익률을 조사한 사카로폴로스와 패트리노스(Psacharopoulos & Patrinos, 2004)의 연구는 총 89개의 추정결과를 제시하고 있다. 이러한 연구결과를 종합해 보면 추정결과 중에서 63개는 여성의 교육투자수익률이 더 높은 것으로 나타났고 3개는 동등하며 나머지 23개에서는 남성의 교육투자수익률이 여성보다 더 높은 것으로 밝혀졌다. 이러한 추정결과는 〈표 1-6〉에서도 나타난 바와 같이 여성의 교육투자수익률이 비단 미국뿐만 아니라 전 세계적으로 남성의 수익률보다 평균적으로 높다는 경향을 뒷받침해주고 있다.

특히 〈표 1-6〉에서 주목할 점은 여성의 경우 남성보다 교육에 대한 평균기대수익률이 높게 추정되고 있다는 것이다. 성별로 비교해보면 여성의 평균기대수익률은 9.8%로서 남성의 수익률 8.7%보다 약 1% 이상 높았다. 또한, 학교급별로 비교해 보면 초등교육의 경우 남성의 교육투자수익률(20.1%)이 여성의 수익률(12.8%)에 비해 높은 것으로 나타났다. 그러나 중등교육에 대한 여성의 투자수익률(18.4%)은

〈표 1-6〉 교육수준에 따른 성별 교육투자수익률 국제평균 비교 (단위: %)

교육수준	여성교육의 투자수익률	남성교육의 투자수익률
초등교육	12.8	20.1
중등교육	18.4	13.9
고등교육	10.8	11.0
전체 평균	9.8	8.7

출처: 사카로폴로스와 패트리노스(2004)의 연구결과를 재구성함.

남성의 수익률(13.9%)보다 높은 것으로 밝혀졌으며 고등교육분야에서는 여성과 남성의 교육투자수익률이 각각 10.8%, 11.0%로 거의 비슷하게 추정되었다.15)

한편, 민서(Mincer, 1974)의 인적자본 소득함수모형은 미국은 물론 세계 대부분 나라의 학자들에 의해서 교육투자수익률 추정을 위한 계량적 분석 모형으로 광범위하게 사용되어 왔다. 여성교육에 대한 투자수익률을 추정하는 연구에서도 민서(1974)의 인적자본 소득함수 모형은 교육의 투자적 효과를 평가하는 기준이 되고 있다. 다만, 교육을 받은 여성이 노동시장에 참가하는 과정에서 관찰되는 여성 근로자 집단의 고유한 특성에 주목하면서 기존의 모형을 수정·보완하는 연구들이 발표되고 있다. 이렇게 여성의 교육투자수익률을 추정하는 과정에서 제기되는 대표적인 계량경제학적 문제로는 표본선택편의(sample selection bias), 설명변수의 내생성(endogeneity), 표본의 이질성(heterogeneity) 문제 등을 들 수 있으며 이러한 문제를 해결하기 위해 개발된 다양한 연구모형을 시기적으로 나누어 정리해 보면 〈표 1-7〉과

15) 여성교육투자수익률을 추정한 선행연구를 종합해 보면 고등교육분야에서도 여성의 교육투자수익률이 남성의 수익률보다 평균 2% 이상 높은 것으로 보고되고 있다. 이는 여성의 고학력화 현상과 노동시장 참여확대가 반영된 결과라는 해석이 지배적이다(Trostel & Woolley, 2002; Dougherty, 2003).

같다.

우선, 헤크만(Heckman, 1979)은 기혼여성의 노동시장 참가에 따른 자기선택(self selection)이 존재함을 입증하면서 선택편의를 극복하기 위한 해결책으로 프로빗 모형을 사용한 2단계 추정기법을 제안하였다. 나아가 1990년대에는 소득함수의 회귀식에서 능력과 같은 누락변수로 인해 발생하는 내생성이 투자수익률 관련연구의 주요 관심이었다. 따라서 내생성으로 인한 편의를 극복하기 위해 횡단자료에서는 도구변수 추정방법이 시도되었으며 패널자료에서는 고정 및 임의효과 방법이 각각 소개되었다. 그리고 2000년대부터는 교육투자수익률

〈표 1-7〉 여성교육투자수익률 추정방법의 발전과정과 대표적 연구

추정방법	OLS	HECKIT	IV / PANEL	QR
연구 시기	1970년대	1980년대	1990년대	2000년대
계량적 문제		표본선택편의	교육변수의 내생성	표본의 이질성
해결 방법		프로빗을 이용한 2단계 추정방법	도구변수(IV)를 이용한 2단계 최소자승추정법 (2SLS)	소득분위별 회귀분석
대표 연구	Mincer (1974)	Heckman (1979)	Angrist & Krueger (1995)	Koenker (2001)
주요 연구물	Psacharopolous (1973)	Kenny et al. (1979)	Hausman et al. (1981)	Schultz (1996)
	Psacharopolous (1985)	Heckman (1980)	Angrist & Newey (1991)	Buchinsky (2001)
	Willis (1986)	Garen (1984)	Butcher & Case (1994)	Pereira et al. (2002)
	Psacharopolous (1994)	Blau & Beller (1988)	Card (1995)	Martins (2004)
	Psacharopolous (2002)	Wellington (1993)	Salas-Velasco (2006)	Pham & Reilly (2007)
	Psacharopolous (2004)	Dougherty (2003)	Arabsheibani (2007)	Coelho et al. (2008)

연구에서 임금격차 혹은 임금불평등이 학문적 화두로 대두되었다. 특히 여성근로자집단의 경우 소득분포가 매우 이질적이고 특히 저학력 여성과 고학력 여성의 소득편차가 매우 크다는 점에서 전통적인 회귀분석방법으로 추정하기보다는 소득분위별로 여성교육에 대한 투자수익률을 측정해야 한다는 필요성이 논의되고 있다.

가. 여성의 노동시장 진입과 자기선택: 1980년대 연구

1980년대 들어오면서 헤크만(Heckman, 1979)은 민서(Mincer, 1974)가 소개한 인적자본소득함수를 통상최소자승(OLS)방법으로 추정하는 과정에서 발생하는 표본의 선택편의(sample selection)문제를 지적하였다. 무엇보다, 여성 임금근로자를 대상으로 표본을 사용하는 경우 자기선택(self selection)으로 인해 교육투자수익률의 추정에 오류가 발생할 수 있다는 것이다. 왜냐하면 남성은 대부분 정규교육을 마치고 노동시장에 참가하고 있으나 여성의 경우 노동시장에서 제시하는 임금(시장임금)과 본인이 받고자 하는 임금(의중임금)을 비교하여 노동시장 참가를 결정하기 때문이다. 따라서 노동시장 참가여부에 영향을 미치는 관찰되지 않는 개인의 특성이 체계적으로 이루어지는 경우 수집된 표본의 대표성이 상실되어 모수의 추정치가 편의(bias)될 가능성이 있다는 설명이다.

이에 헤크만(1979)은 노동시장참가에 따른 자기선택편의를 해결하기 위해 2단계 추정기법을 소개하였다. 우선 1단계에서 추정하는 노동참여방정식은 노동시장 참여여부를 종속변수로 하고 임금함수에서 사용한 교육년수, 연령, 혼인여부, 거주지 변수 외에 타가구원의 소득[16], 자녀 수를 각각 독립변수로 포함시켰다. 2단계에서는 1단계에서 계산된 IMR($\hat{\lambda}$)[17]을 회귀식의 독립변수로 추가시키게 되는데 여기서 주의할 점은 추정치의 정확성이 IMR($\hat{\lambda}$)의 분산, 설명변수 및 IMR($\hat{\lambda}$) 사이의 다중공선성(multicollinearity)에 민감하게 반응한다는 것이다. 따라서 임금참여방정식의 독립변수들은 인적자본 소득함수에서 사용한 설명변수들을 동일하게 사용할 수 있으나 적어도 하나 이상의 변수는 중복되지 않는 새로운 변수를 포함시켜야 하며 통계적으로 유의미해야 한다(남춘호, 1997).

한편 위머와 체즘(Wimmer & Chezum, 2003)은 IMR($\hat{\lambda}$) 계수의 부호가 임금함수의 오차항과 노동시장 참여방정식의 오차항 간에 공분산을 의미한다고 지적하였다. 따라서 여성 집단의 IMR($\hat{\lambda}$) 계수가 양(+)의 값을 갖는 경우는 여성의 노동시장 참여여부와 임금소득 간에 양의 상관(positive correlation)이 있음을 의미한다. 다시 말해, 동일한 교육수준에서 노동시장에 참여한 여성은 노동시장에 참여하지 않은 여성보다 더 높은 임금을 받을 가능성이 존재하는 것으로 추론할 수 있다.

또한, 헤크만과 포라첵(Heckman & Polachek, 1974)의 연구에 의하면 미국여성의 노동시장참가에 따른 표본선택을 고려하여 투자수익률을 추정한 결과 여성노동시장참가에 따른 자기선택(self selection)이 통계적으로 유의미한 수준에서 존재하는 것으로 밝혀졌다. 그러나 선택편

---

16) 타 가구원의 소득은 가구의 총소득에서 본인의 임금소득을 차감한 금액이다.

17) IMR= $\lambda_i(\frac{\hat{\beta}}{\sigma_{u_{i2}}}) \equiv \frac{\phi_i(-x_i\frac{\hat{\beta}}{\sigma_{u_{i2}}})}{1-\Phi_i(-x_i\frac{\hat{\beta}}{\sigma_{u_{i2}}})}$

x는 독립변수이고 $\hat{\beta}$은 회귀계수이며 $\sigma_{u_{i2}}$는 $\widehat{u_{i2}}$의 분산이다. ϕ는 표준정규 확률밀도함수(standard normal density function)이고 Φ는 표준정규 누적분포함수(standard normal cumulative distribution function)이다.

〈표 1-8〉 선택편의를 고려한 여성교육투자수익률 분석연구

연구자	분석자료	IMR($\hat{\lambda}$)	여성교육수익률		선택편의 수정결과
			OLS	HECKIT	
Heckman et al. (1974)	영국 FRS	유의함	.109	.109	여성교육 투자수익률 동일함
Kenny et al. (1979)	미국 PT	유의함	.041	.038	대졸여성 투자수익률 감소함
Heckman (1980)	미국 NLS	유의함	.076	.078	기혼여성 투자수익률 증가함
Blau & Beller (1988)	미국 CPS	유의함	.054	.054	여성교육 투자수익률 동일함
Wellington (1993)	미국 PSID	유의하지 않음	.060	.060	여성교육 투자수익률 동일함
Dougherty (2003)	미국 NLSY	유의함	.069	.071	청년여성 투자수익률 증가함

의문제를 해결하기 위해 헤크만의 2단계 추정기법으로 추정한 교육투자수익률 추정치는 OLS이 추정결과와 별다른 차이가 없는 것으로 나타났다. 표본선택편의를 해결하기 위해 HECKIT 모형을 사용하여 교육투자수익률을 추정한 주요연구를 정리해 보면 〈표 1-8〉과 같다.

특히, 도티(Dougherty, 2003)의 연구에 의하면 미국 청년층 임금근로자를 대상으로 종단 자료를 사용하여 대학교육의 투자수익률을 추정한 결과 여성의 수익률이 남성의 수익률보다 2% 정도 더 높은 것으로 밝혀졌다. 이에 노동시장 참가여부에 따른 표본선택편의를 수정하기 위해 헤크만(1979) 2단계 추정기법을 사용한 결과, 관찰되지 않는 개인의 특성을 반영하는 IMR이 통계적으로 유의미한 것으로 나타나 선택편의가 존재하는 것으로 밝혀졌다. 한편, 선택편의를 고려한 교육투자수익률 추정치는 남성 근로자 5.53%, 여성근로자 7.08%로 각각 측정되어 여성교육에 대한 투자수익률이 남성의 수익률보다 높게 나타났다.

이렇게 선택편의를 수정하기 위해 헤크만의 1단계에서 추정한 IMR($\hat{\lambda}$)이 통계적으로 유의미한 값을 나타냈음에도 불구하고 편의로 인해 수정된 회귀계수의 크기는 OLS의 추정치와 큰 차이가 없는 경우도 발생하였다(Blau & Beller, 1988; Bagheri & Kara, 2005). 이와 같이, 헤크만의 2단계 추정기법을 사용하여 선택편의를 수정한 교육투자수익률이 OLS의 값과 큰 차이가 없다는 것은 결과적으로 다음과 같은 해석을 도출할 수 있다. 즉, 이는 임금함수에서 누락되었던 IMR($\hat{\lambda}$)이 노동소득에 유의미한 영향을 미치고 있다는 것을 통계적으로 검증해 주는 동시에 임금함수에서 개인의 특성을 반영하는 IMR($\hat{\lambda}$)과 교육수준 간의 상관은 낮다는 것을 의미하는 것이다.

나. 여성교육과 내생성: 1990년대 연구

교육투자가 소득에 미치는 영향을 분석하는 과정에서 1990년대 교육투자수익률 추정의 중요한 화두는 개인의 능력과 같이 교육투자에 영향을 미치면서 관찰되지 않는 변수의 통제여부에 있었다. 왜냐하면 개인의 능력이 많을수록 교육투자를 늘리려는 유인이 작용하지만 개인의 능력을 관찰하거나 측정하기는 현실적으로 거의 불가능하기 때문이다. 결국 소득함수식에서 능력변수를 누락시킴으로써 발생하는 내생성(endogeneity)문제를 해결하기 위해 개발된 계량경제학적 모형이 도구변수(IV)를 사용한 2단계 최소자승추정(2SLS) 방법이다.

이러한 도구변수를 사용하기에 앞서 교육변수의 잠재적 내생성 여부를 진단하고 내생성 수정의 필요성을 판단하기 위한 검정방법으로 하우스만(Hausman, 1978) 검정방법이 도입되었다. 이 검정법은 1단계 교육함수에서 추정된 잔차(residual)를 2단계 소득함수식에 포함하여 추정하는 방법으로서 귀무가설은 교육년수와 오차항 간에 상관이 없다는 것으로 교육변수가 외생적이라는 것이다. 이에 부모학력을 도구변수로 사용한 선행연구에서 남성의 경우 검정통계량이 5% 유의수준에서 귀무가설을 기각할 수 없는 것으로 나타났다(Salas-Velasco, 2006). 하지만 여성의 경우 하우스만의 검정통계량이 귀무가설을 기각하여 내생성이 존재하는 것으로 밝혀졌다(Arabsheibani et al., 2007). 결과적으로 남성보다 여성의 경우에 교육변수가 내생성을 가질 확률이 높다는 점에서 전통적인 OLS 추정방법보다는 도구변수를 이용한 수익률 추정방법이 여성의 투자수익률 추정에서는 더 적절하다는 설명이다.

이와 같이 교육변수의 내생성 문제를 해결하기 위해 사용하는 도구변수는 다음의 두 가지 조건을 만족시켜야 한다. 첫 번째 조건은 개인의 교육투자결정과 상관관계가 높은 변수이어야 하며, 두 번째 조건은 인적자본소득함수의 피설명변수인 노동소득과 도구변수와는 상관이 존재하지 않아야 한다는 것이다. 즉 도구변수를 활용한 교육투자수익률 추정법의 핵심은 전술한 두 가지 조건을 충족시키는 도구변수를 이용하여 2단계 최소자승법으로 계산함으로써 교육에 대한 진정한 투자수익률을 추정하는 데 있다. 따라서 도구변수 추정법의 성패는 내생성이 존재하는 회귀모형에서 적절한 도구변수를 사용하고 있는지 여부에 달려 있다고 볼 수 있다. 도구변수를 사용하여 교육투자수익률을 분석한 국외 주요연구는 〈표 1-9〉와 같다.

먼저 〈표 1-9〉에서 버처와 케이스(Butcher & Case, 1994)는 여성의 경우 자매의 수가 증가할수록 교육의 기회가 감소하는 현상에 착안하여 자매의 수를 도구변수로 사용하였다. 1단계 추정결과, 여성 자매의 수는 교육투자에 음(−)의 유의미한 영향을 미치는 것으로 나타났다. 2단계 수익률 추정결과에서는 도구변수로 추정한 여성교육에 대

〈표 1-9〉 도구변수를 사용한 교육투자수익률 분석연구

연구자	분석자료	성별	교육투자수익률		도구변수
			OLS	IV	
Angrist & Krueger (1991)	미국 Census 1980	전체	.063 (.000)	.081 (.033)	출생년도
Butcher & Case (1994)	미국 PSID 1985	여성	.091 (.007)	.185 (.113)	자매의 수
Card(1995)	미국 NLS 1976	전체	.073 (.004)	.132 (.049)	대학근접성
Harmon & Walker (1999)	영국 GHS 1992	남성	.049 (.000)	.140 (.005)	졸업연령
Denny & Harmon (2000)	아일랜드 ESRI 1987	남성	.080 (.006)	.136 (.025)	학교정책
Salas-Velasco (2006)	스페인 청년	여성	.077 (.004)	.131 (.010)	부모학력
Arabsheibani et al. (2007)	카자흐스탄 KHBS 2001	여성	.119 (.006)	.167 (.013)	배우자학력

주. 괄호 안의 값은 표준오차임.

한 투자수익률(18.5%)이 OLS의 추정치(9.1%)보다 두 배 이상 증가하는 것으로 밝혀졌다. 다음으로, 카드(Card, 1995)는 대학의 근접성(proximity)을 도구변수로 활용하여 교육에 대한 투자수익률을 계산한 결과 OLS와 IV의 추정치가 각각 7.3%, 13.2%로 측정되어 OLS가 실제보다 하향 추정되어 있다고 보고했다.

또한 살라스 벨라스코(Salas-Velasco, 2006)의 연구에서는 스페인 청년층 여성을 대상으로 교육의 투자수익률을 OLS로 측정한 결과 평균기대수익률이 7.7%인 것으로 나타났다. 부모의 학력과 직업을 도구변수로 사용하여 추정한 기대수익률은 13.1%로 증가함으로써 OLS의 추정치가 과소추정된 것으로 밝혀졌다. 또한, 아랍세바니와 무서로브(Arabsheibani & Mussurov, 2007)는 배우자의 학력을 도구변수로 구축하여 카자흐스탄의 교육투자수익률을 분석한 결과 도구변수

를 사용한 IV의 추정치가 OLS보다 더 높은 것으로 밝혀졌다. 남성의 경우 OLS에서는 교육투자수익률이 7.8%였으나 IV에서는 11.3%로 증가하였고 여성교육의 투자수익률은 OLS와 IV의 추정치가 각각 11.9%, 16.7%로 나타나 남성의 투자수익률보다 모두 높게 추정되었다.

이렇게 도구변수를 활용하여 교육투자수익률을 추정한 해외 선행연구를 종합해보면 IV 추정치의 경우 OLS의 추정치보다 평균적으로 20% 이상 증가하는 것으로 보고됨에 따라 그동안 OLS로 추정한 교육투자수익률이 과소추정(underestimation)된 것으로 밝혀졌다(Gorodnichenko & Sabirianova, 2005). 더욱이 국가별 교육투자수익률 비교연구에서도 도구변수방법으로 추정한 여성의 교육투자수익률이 남성의 교육투자수익률보다 더 높은 것으로 나타났다(Trostel et al., 2002; Heckman & Li, 2004).

한편, 누락변수로 인한 내생성 문제를 해결하기 위해 도입된 도구변수(IV) 추정결과가 기존의 OLS보다 오히려 더 높게 추정된 이유에 대해 논란이 제기되었다. 이러한 도구변수 추정결과에 대한 연구자들의 견해를 요약하면 우선 능력(ability)변수의 누락으로 인한 내생성문제가 그다지 심각하지 않아 추정치에 별다른 영향을 주지 않았다는 것이다. 이는 누락변수로 인한 내생성 문제보다는 오히려 자료를 수집하는 과정에서 발생하는 측정오차(measurement error)로 인해 내생성[18]의 문제가 발생할 수 있고 여기서 도구변수 추정방법은 측정오

18) 측정오차(measurement error)로 인해 내생성 문제가 일어나는 상황은 다음과 같다. 설명변수 X^*가 종속변수에 미치는 영향력을 규명하고자 할 때 연구자는 X^*를 측정하려 하지만 실제적으로는 X^*가 아닌 불완전한 측정치인 X만을 관찰할 수 있다. 여기에서 발생된 측정 오차는 필연적으로 오차 U에 포함된다. 여기서 X와 U의 상관여부는 X^*와 X가 어떻게 연관되어 있는가에 따라 결정된다.

차로 인한 내생성을 극복하고 있다는 지적이다. 다시 말해, 도구변수가 실제 교육년수 측정값과 상관이 높은 반면 교육년수의 측정오차와는 상관이 없기 때문이라고 설명한다(Harmon et al., 2003). 왜냐하면 교육년수 측정에 오차(measurement error)가 존재하는 경우 OLS의 추정치는 과대 추정되는 것이 아니라 오히려 과소 추정될 수도 있기 때문이다(Griliches, 1977). 아센펠터와 크루거(Ashenfelter & Krueger, 1994)의 연구에 의하면 미국의 경우 교육년수의 총 분산(total variance) 중에서 측정오차가 차지하는 비중은 약 10% 정도로 나타났다는 점을 고려할 때, 본 연구에서 사용된 KLPS는 행정통계가 아닌 설문조사라는 점에서 측정오차는 이보다 더욱 클 것으로 예상된다.[19)]

이렇게 횡단자료에서 도구변수방법을 사용하여 개인의 능력과 같이 관찰되지 않는 변수의 누락으로 발생한 편의문제를 해결했다면 패널자료에서는 관찰되지 않는 개인의 특성을 고정효과(fixed effect)로 간주하여 통제할 수 있는 장점이 있다. 다시 말해, 시간의 흐름에 따라 변하지 않는 개인의 고유한 특성을 차감기법으로 제거함으로써 누락변수편의문제를 극복할 수 있다는 것이다. 하지만 교육투자수익률 추정과정에서 사용하는 임금자료는 대부분 학교교육을 마치고 노동시장에 진입하여 발생한 데이터라는 점에서 교육변수가 개인의 고유한 특성과 마찬가지로 차감되어 교육투자가 임금에 미치는 영향력을 추정하기가 어렵게 된다.[20)] 이러한 제한점으로 인해 패널자료의 평균

---

19) 노동패널자료는 교육(EDU)변수의 측정오차(measurement error)가 심할 가능성이 존재하는 것으로 지적되고 있다. 이에 따라, 인적자본 소득함수에서 교육변수와 오차항 간의 상관이 발생하게 되어 내생성의 문제를 고려해야 한다는 것이다. 이에 본 연구에서는 이러한 계량적인 문제를 극복하기 위해 도구변수(IV)를 사용하여 교육투자수익률과 임금차별의 추정을 시도하였으나 더욱 근본적인 해결방법이 요구되고 있다.

20) 앵리스트와 뉴이(Angrist & Newey, 1991)는 미국청년층을 대상으로 수집된 패

추정치(between estimator)를 활용하여 교육투자수익률을 추정하는 방법이 소개되었다(Baum, 2006).

다. 여성교육과 임금불평등: 2000년대 연구

1990년대 교육투자수익률 분석 연구는 능력(ability)과 같은 관찰되지 않는 변수의 누락으로 인해 발생하는 추정치의 편의를 해결하기 위해 도구변수를 사용한 추정법이 주류를 이루었다. 하지만 종속변수인 노동소득과 상관이 없으면서 동시에 교육변수와는 상관이 높은 적절한 도구변수를 선정하는 과정에서 적잖은 논란이 이어졌다. 특히 2000년대에 접어들면서 여성교육투자 관련연구의 새로운 화두로 임금격차(wage differential) 혹은 임금불평등(wage inequality) 문제가 부상하면서 학문적 관심이 집중되고 있다.

구체적으로 여성임금근로자의 경우 남성근로자에 비해 소득의 분산이 더 크고 개인의 특성이 더욱 이질적인 집단이라는 점에서 고전적인 통상최소자승법(OLS)을 이용한 교육투자수익률추정에 대한 문제점이 거론되었다. 즉, 인적자본 소득함수에서 종속변수인 임금의 조건부 분포를 기준으로 했을 때 만일 이러한 분포가 각 소득분위별로 종속변수에 영향을 미치는 결정요인이 다를 가능성이 있다면 OLS의 평균적 결정요인만을 추정하는 고전적 회귀분석으로는 분위별 결정요인을 식별할 수 없다는 지적이다.

이러한 지적을 극복하기 위해서 부친스키(Buchinsky, 2001)는 1968년부터 1990년까지 수집된 임금자료를 사용하여 미국 여성임금근로

널자료(NLSY) 중에서 노동시장 진입 이후에 교육년수가 증가하는 근로자를 대상으로 고정효과분석을 시도하였다.

자에 대한 교육투자수익률을 추정하기 위해 분위회귀분석방법을 실시하였다. 〈표 1-10〉에 제시된 바와 같이 연구결과를 보면 교육투자수익률은 청년층 코호트에서 높게 추정되었으며 중장년층으로 갈수록 수익률이 감소하는 것으로 나타났다. 또한 시기별 추정결과를 살펴보면 1967년 초기임금자료에서는 소득분위가 낮은 여성근로자집단의 교육투자수익률이 높게 측정되었으나 시간이 경과할수록 소득분위가 높은 여성근로자집단의 교육투자수익률이 월등히 증가하는 추세를 보여주었다.

이렇게 미국 여성근로자의 투자수익률을 소득분위별로 분석한 부친스키(2001)의 연구결과는 다음과 같은 추론을 가능하게 한다. 무엇보다, 1960년대 미국사회에서 고등교육 기회와 고학력·고소득 일자리가 대부분 남성에게 편중됨에 따라 인적자본 축적이 제한적이었던 여성은 주로 가사노동에 흡수되면서 노동시장에는 저학력·저숙련 단순직종을 중심으로 여성의 노동활동이 이루어졌다고 볼 수 있다. 이에 따라 소득분위가 낮은 여성($\tau=0.10$)이 소득분위가 높은 여성($\tau=0.90$)에 비해 교육투자수익률이 상대적으로 높게 추정될 수 있었다는 분석이다.

〈표 1-10〉 분위회귀분석으로 추정한 미국여성의 교육투자수익률

소득분위	연도	연령별 교육투자수익률								
		20-24	25-29	30-34	35-39	40-44	45-49	50-54	55-59	60-64
$\tau=0.10$	1967	15.4	8.4	9.1	7.7	6.0	14.6	16.1	10.6	0.2
	1989	6.4	8.8	14.2	11.7	3.2	3.4	15.7	8.9	-17.6
$\tau=0.90$	1967	4.9	6.4	4.2	5.0	5.1	6.0	6.4	6.4	5.4
	1989	9.9	9.4	10.4	9.2	9.7	9.5	11.3	10.3	5.0

출처: 부친스키(2001)의 연구결과를 재구성함.

그러나 1980년대 이후 청년층 여성을 중심으로 고등교육의 수요가 증가하고 고학력 여성의 노동시장진입이 활발해지면서 점차 소득분위별 투자수익률의 역전현상이 시작되었다는 설명이다. 〈표 1-10〉의 1989년 소득분위별 추정결과를 1967년과 비교해 보면 청장년층 여성의 교육투자수익률은 소득분위가 높을수록 교육투자수익률이 상대적으로 높게 추정된 것을 알 수 있다. 블라우와 칸(Blau & Kahn, 2004)은 1990년대 미국 노동시장의 주목할 만한 변화로 대졸여성근로자의 역할증대를 지적하고 있으며 이에 따라 청장년층에서 남녀 임금격차가 크게 감소한 것으로 보고하였다. 즉, 고등교육을 통해 새로운 기술과 전문지식을 축적한 청년층 여성인력이 노동시장의 수요에 신속하게 대응함으로써 청년층 대졸여성의 높은 교육투자수익률로 반영되고 있다는 것이다.

또한, 분위회귀분석에 학문적 관심이 집중되는 또 다른 이유로는 개인의 능력(ability)이 임금에 미치는 영향을 평가할 수 있다는 점이다. 만일 인적자본 소득함수의 잔차항(residual)이 관찰되지 않는 개인의 능력(ability)을 반영한다고 가정하자. 이에 마부와 슐츠(Mwabu & Schultz, 1996)는 이러한 능력은 종속변수인 자연대수를 취한 로그임금에 영향을 미칠 수 있으나 동일한 교육수준에서 소득분위별로 미치는 영향의 크기는 각각 다르다고 한다. 따라서 동일한 교육수준임에도 불구하고 소득격차가 존재하는 이유는 개인의 관찰되지 않는 능력의 차이 때문에 발생하는 것이라고 설명한다.

더욱이 인적자본 소득함수에서 사용한 교육변수가 교육에 투자한 양(quantity)으로 측정되었다면 교육에 영향을 미치는 질(quality)적인 부분도 고려될 필요가 있다. 즉, 교육과 능력의 보완적 관계 이외에도 관찰되지 않은 교육의 질(quality)과 전공계열의 차이가 잔차항에 반영됨에 따라 투자수익률의 차이가 발생했을 가능성도 존재한다는 것이다(Martins & Pereira, 2004). 이는 대학의 전공계열별 투자수익률을 추정한 본 연구의 결과에서도 확인할 수 있었는데, 여성의 경우 계열선택에 따라 소득에 미치는 영향력의 차이가 큰 것으로 나타났다. 다시 말해, 분위회귀분석으로 여성의 교육투자수익률을 추정하는 경우에는 이와 같이 잔차항에 포함되어 관찰되지 않는 여성 개인의 능력, 교육의 질 그리고 전공계열이 소득분위별로 미치는 영향을 분석할 필요가 있는 것이다.

2) 임금차별 추정법의 도입과 전개과정

옥사카(Oaxaca, 1973)와 블라인더(Blinder, 1973)에 의해 처음으로 개발된 분해모형은 두 집단 간의 임금격차 중에서 차별이 차지하는 비중을 분해하기 위해 사용되었다. 이를 위해 앞서 교육투자수익률 분석에 사용되었던 인적자본소득함수를 집단별로 추정하여 두 집단의 임금격차를 분해하였다. 특히, 임금격차 중에서 인적자본으로 설명되는 부분을 제외하고 설명되지 않는 잔여임금격차를 차별로 간주하였다. 또한, 옥사카-블라인더 분해모형은 노동시장에서 우월한 집단의 임금을 차별받지 않는 기준임금으로 계산하여 상대적으로 열등한 집단의 임금을 기준임금과 비교하여 분해를 시도하였다. 왜냐하면 노동시장에서 관찰되는 임금차별은 우월한 집단에게 임금을 더 지불(overpayment)하기보다 열등한 집단에게 임금을 덜 지불(underpayment)해서 발생하는 것이라고 가정했기 때문이다.

이에 1970년대 옥사카-블라인더 임금분해모형을 사용한 국외선행연구결과를 종합해 보면 임금 불평등 혹은 임금 차별의 정도가 주로 인종(race)보다는 성(gender)에 의해 더 심하게 벌어지는 것으로 나타났다. 남녀 총임금격차 중에서 생산성의 차이로 설명되는 비율이 상대적으로 낮게 추정됨에 따라 여성근로자가 노동시장에서 경험하는 임금차별의 정도가 심한 것으로 밝혀졌다. 미국 근로자의 성별 임금격차분해 연구를 실시한 블라인더(1973)는 남녀의 임금격차 중에서 생산성의 차이로 설명될 수 있는 부분이 전체 임금격차의 34%를 차지하는 반면 나머지 66%는 임금차별에 인해 기인하는 것으로 간주했다. 이후 남녀 임금격차의 후속연구에서 임금차별의 크기(56%)가 약간 감소하였으나 여전히 생산성의 차이(44%)에 비해 높은 비율을 차지하고 있었다(Cocoran & Duncan, 1979).

나아가 1980년대 임금분해 연구는 여성 생애주기에 나타나는 혼인 및 출산이 남녀 임금격차에 미치는 영향을 주로 분석하였다. 이 시기의 선행연구를 정리해 보면 남녀 근로자의 시간당 평균임금을 기준으로 비교했을 때 미혼여성이 기혼여성에 비해 남성의 시간당 평균임금에 근접해 있음을 보여주었다. 민서와 오펙(Mincer & Ofek, 1982)이 회고적(retrospective) 질문을 바탕으로 구성된 패널자료를 이용하여 노동시장 중도이탈이 장기적으로 임금에 미치는 영향을 분석한 결과, 노동시장을 1년 이탈할 때마다 약 1.5-2.0%의 임금이 감소하는 것으로 밝혀졌다. 이러한 연구결과는 기혼여성의 경우 출산과 자녀양육 등으로 인한 노동시장 이탈이 남녀 임금근로자의 소득격차에 직접적인 영향을 미치고 있다는 시사점을 제공해 주었다.

또한, 1990년대에는 인적자본축적량의 차이로 발생하는 소득격차 이외에 직무경쟁이론에서 지지하는 직업의 특성이 소득격차에 미치는 영향에 관심을 갖게 되었다(Reilly, 1991; Hirsch, 1994; Macpherson, 1995). 직종별 여성근로자의 비율과 함께 직업특성과 관련된 변수를

〈표 1-11〉 남녀 임금격차분해연구의 시기별 전개과정

	1970년대	1980년대	1990년대	2000년대
연구관심	성별 · 인종별 임금격차	노동시장 이탈에 따른 임금격차	직업특성에 의한 임금격차	선택편의와 내생성을 고려한 임금격차
대표연구	Blinder(1973) Cocoran(1979)	Mincer & Ofek(1982)	Reilly(1991) Hirsch(1994) Macpherson(1995)	Hansen(1999) Oaxaca(2004) Neuman(2005)
핵심 연구결과	인종별 임금격차가 더 심함	노동시장 이탈로 인해 임금격차가 더 벌어짐	직업특성변수 투입으로 임금격차가 더 커짐	선택편의를 고려했을 때 임금격차가 더 커짐

남녀 인적자본소득함수에 각각 포함시킨 다음 임금격차분해를 시도하였다. 그리고 2000년대에는 선택편의와 내생성을 고려하여 임금격차를 분해하는 연구물들이 각각 발표되었다(Hansen, 1999; Oaxaca, 2004; Newman 2005). 〈표 1-11〉은 임금격차분해연구의 시기별 전개과정을 요약하였다.

제2장

국내외 고학력 여성인력 연구동향

제 2 장 국내외 고학력 여성인력 연구동향

1절. 국내 고학력 여성인력 연구동향

20세기 중반부터 서구 선진사회의 발전과정에서 나타난 가장 두드러진 특징으로 여성의 고학력화 추세와 적극적인 노동시장 진출 현상을 들 수 있다. 지난 10년간 국민소득 2만 불로 성장했던 주요 선진국을 대상으로 분석한 결과, 같은 시기에 성별 교육격차가 거의 사라졌으며 여성의 경제활동참가율도 평균 9% 이상 증가한 것으로 조사되었다(여성부, 2004). 특히, 최근에는 아시아와 중남미 신흥개발국가를 중심으로 고학력 여성인력활용에 대한 관심이 집중되면서 여성의 대학진학기회가 확대되고 있으며 동시에 고학력 여성의 경제활동참가율도 가파르게 증가하는 추세이다(Carnoy, 2005).

한편 우리나라의 여성인적자원개발은 이러한 세계적인 흐름과 다소 거리가 있지만 국가차원의 여성인력개발정책이 본격화되면서 관련연구도 활발하게 진행 중이다. 이에 본 절에서는 먼저 우리나라 여성인적자원개발에 대한 시기별 연구동향을 살펴보고 다음으로 여성인력의 투자효과를 입증하는 투자수익률 연구와 여성인력의 임금차별정도를 분석한 국내 선행연구를 정리할 것이다. 더욱이 고학력 여성인력이 고급인재시장에서 점차 비중이 커짐에 따라 여성의 경제적 지위 향상에 기여할 뿐만 아니라 더 나아가 우리사회 각 분야에서 리더계층으로 편입되고 있는 현황을 점검함으로써 향후 여성인력의 역할과 위상에 대해 진단할 것이다.

1) 국내 고학력 여성인력 노동시장 진출현황

여성은 이제 단순히 인구의 절반이 아니라 인재시장의 절반이라는 인식이 사회 전 분야로 확산되고 있다. 〈그림 2-1〉에 제시된 것처럼, 최근 10여 년간 주요 국가고시의 여성합격자 비율이 큰 폭으로 증가하는 경향은 같은 기간 여성이 고등교육투자를 지속적으로 늘리는 추세와 유사한 패턴을 보이고 있다.

특히, 2010년 현재 학사학위 과정의 전체 학생 가운데 여성 비율이 50%에 육박하고 있다. 최근 10년 사이에는 최고 수준의 고등교

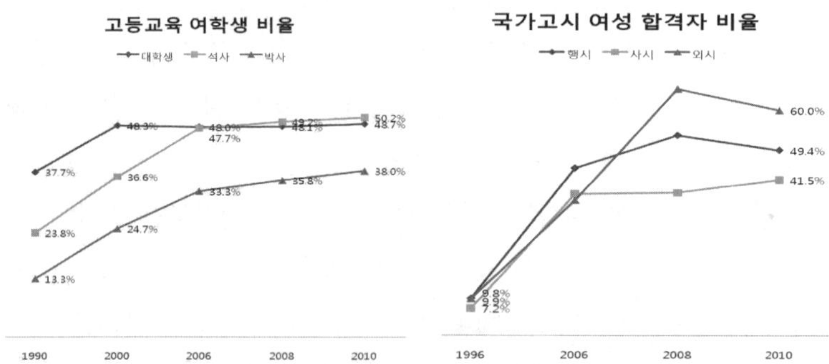

〈그림 2-1〉 고등교육 여학생 비율 및 국가고시 여성 합격자 비율 추이

출처: 법무부, 교육통계연보, 중앙인사위원회 국가고시센터, 각 연도

육 과정인 대학원의 전체 학생 중 여학생 비율이 10% 이상 크게 증가하였는데, 특히 석사학위 과정의 여성 비율은 이미 50%를 넘어선 상태이다. 이러한 추세에 맞추어 행정고시 합격자의 경우 1996년 19명으로 전체에서 여성이 차지하는 비율이 겨우 9.9%에 불과했으나 2010년에 114명이 합격함으로써 여성 비율이 49.4%로 증가하여 남성과 거의 대등한 수준으로 향상되었다.

한편 고시계에서도 외무고시 여성 합격자(비율)의 경우 1996년 4명(9.8%)에서 2010년 21명(60%)로 증가하여 오히려 남성 합격자보다 더 많은 비중을 차지하고 있다. 그리고 사법고시 여성 합격자(비율)는 2004년 246명(24.4%), 2006년 377명(37.7%), 2008년 382명(38%), 2010년 338명(41.5%) 등으로 해마다 증가해 오고 있으며 특히 1996년 36명(7.2%)을 기준으로 비교해 보면 약 15년간 여성 합격자 수가 10배 이상 늘어난 것으로 나타났다. 더욱이 사법연수원 수료시 예비 판·검사 임용에서도 여성이 두각을 드러내고 있다. 2007년 사법 연수원 수료자 중 여성은 24.8%(242명)를 차지하고 있으며 예비 판·검사 임용에서는 전체 190명 중에서 102명이 임용되어 53.7%의 높은 비율을 점유하고 있다. 이미 여성 법무장관과 헌법재판관이 배출된 바 있으며 12명의 현직 대법관 중에서도 2명의 여성이 활동 중이다.[1)]

그리고 정치계에서도 여성인력이 진출하고 있음을 〈그림 2-2〉를 통하여 확인할 수 있다. 일반적으로 사회리더계층 내 여성 비율이 10% 후반에 접근하면 단순히 상징적인 단계에서 벗어나 실질적 역할을 담당하게 되고 고학력 여성 참여가 폭넓게 확대되는 선순환의

1) 현직 여성판사는 전체 2,237명 중에서 376명으로 16.8%를 차지하고 있으며 현직 여성검사의 비율은 전체 1,620명 중에 220명으로 13.6%이다(대법원 인사심의 관리관실(판사), 법무부(검사), 2007).

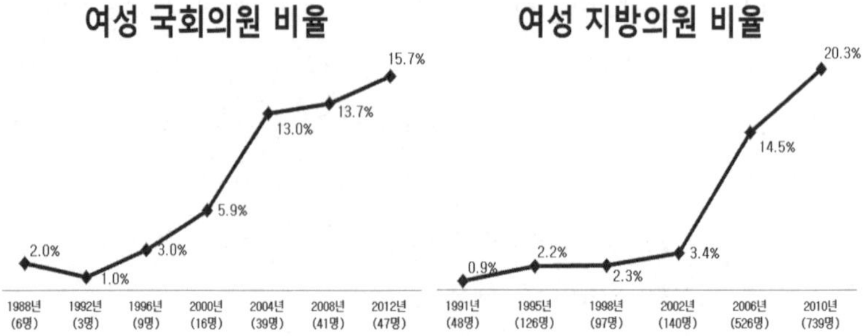

〈그림 2-2〉 여성 국회(지방)의원 비율 추이

출처: 중앙선거관리위원회, 선거정보시스템

고용구조가 성립하는 것으로 보고되고 있다(강우란, 2007). 우리나라의 경우 여성공천할당제에 힘입어 여성 국회의원 비율이 14대 국회(1992)의 1%에서 19대 국회(2012년)에서는 15.7%로 증가하였다. 또한, 여성 지방의원 비율도 1991년 0.9%에서 2010년 20.3%로 늘어나면서 향후 고학력 여성인재들이 구체적인 입법활동을 통해 상징적인 단계에 머물러 있지 않고 실질적인 영향력을 확대해 나갈 것으로 예상된다.

한편, 〈표 2-1〉을 살펴보면 5급 이상 고위직 공무원의 여성 비율은 타 부문에 비해 상대적으로 낮은 수준이지만 교육과 외무 분야의 고위직 여성 비율은 6개 부문 중에서 가장 높은 비율을 점유하고 있는 것으로 나타났다. 이렇게 고학력 여성의 고위직 공무원 진입이 꾸준히 증가하고 있지만 공무원 전체규모가 방대하여 여성 비율의 증가세는 단기간에 반영되지 않는 것으로 보인다. 하지만 향후 정부의 여성관리자 임용확대 5개년 계획에 준하여 고학력 여성인력의 고위직 진출은 크게 증가할 전망이다.

또한, 국내외 박사학위 취득자 중 여성이 차지하는 비율을 살펴보

〈표 2-1〉 5급 이상 여성 고위공무원 현황 (단위: 명)

구분	정무직	외무	교육	일반직	별정직	경찰
총원	118	579	18,499	16,282	633	2,052
여성수	9	104	2,441	1,059	60	19
여성 비율	7.6%	18.0%	13.2%	6.5%	9.5%	0.9%
비고	차관급 이상	5등급 이상	교감 이상	5급 이상	5급 이상	경정 이상

출처: 중앙인사위원회, 2005. 12.

〈표 2-2〉 여성 박사학위자 및 여성 대학교수 증가 추이 (단위: 명)

		1996	1998	2000	2002	2004	2006	2008	2010	2011
박사학위자	총원	4,462	4,999	6,141	6,757	8,008	8,929	9,369	10,542	11,645
	여성 (비율)	739 (16.5%)	991 (19.8%)	1,264 (20.5%)	1,569 (23.2%)	1,952 (24.4%)	2,432 (27.3%)	2,763 (29.5%)	3,370 (32.0%)	3,687 (31.6%)
대학교수	총원	48,341	54,185	56,903	59,750	62,334	66,846	69,975	77,697	82,190
	여성 (비율)	6,951 (14.4%)	8,188 (15.1%)	8,902 (15.6%)	9,804 (16.4%)	10,702 (17.2%)	12.528 (18.7%)	13,878 (19.8%)	16,458 (21.1%)	17,863 (21.7%)

주. 대학교수의 총원은 전임강사 이상의 합.
출처: 교육과학기술부 · 한국교육계발원, 교육통계연보, 각 연도. 한국고용평가원, 박사학위정보(2012)

면 그 비율이 증가함에 따라 학계에서도 여성의 역할과 비중이 커지고 있다. 〈표 2-2〉에 제시된 여성 박사학위자 및 여성 대학교수 증가 추이를 살펴보면 대학교수 후보군인 박사학위 취득자 중 여성 비율이 꾸준히 증가하여 2011년 현재에는 국내외 박사학위 취득자 3명 중 1명이 여성인 것으로 밝혀졌다. 최근 대학교수 중 여성 규모 및 여성 비율의 증가추세는 이러한 여성박사학위자의 증가추세를 그대로 반영하고 있다. 1996년 이후 여성교수 규모는 연평균 6% 이상 증가하여 남성교수 증가율 2.8%를 상회하고 있고 이에 따라 여성 교수 임용비율도 1996년의 14.4%에서 2011년에는 21.7%로 증가하였다. 특히, 2003년부터 정부의 교육 공무원 양성평등을 위한 임용조치가 실시되면서 여성교수 비율의 증가폭이 두드러지게 확대되는 추세이다.

그렇다고 볼 때, 2000년대 이후 고학력 여성의 사회경제적 위상의 근본적인 변화를 주도하는 연령층은 20-30대 청년층 여성이라고 할 수 있을 것이다. 특히 청년층 고학력 여성을 중심으로 전문직을 선호하는 현상은 여성의사 비율의 급증현상에서도 쉽게 확인할 수 있다. 〈그림 2-3〉을 보면 여성의사의 증가추세는 연령대별 성비에서 더욱 확연히 입증되고 있다. 80대와 70대에서 각각 5.5%, 15.3%에 그치던 여성의사의 비율은 30대(25.3%)와 20대(38.7%)에서 훨씬 높게 나타나 젊은 의사들을 주축으로 여성의사의 비율이 증가하고 있음을 보여주었다.

이러한 여성의사의 전반적인 증가추이를 보여주는 대한의사협의회 조사보고서(2007)에 의하면 의사협의회 전체 신고회원 중 79.6%인 6

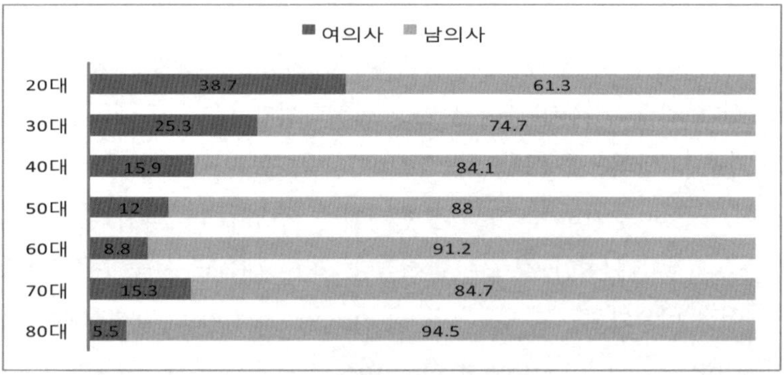

〈그림 2-3〉 여성의사 연령별 비율

주. 2007년 12월 현재 대한민국 의사면허를 소지하고 의협에 회원신고를 마친 75,476명을 대상으로 분석한 결과임.
출처: 의사협의회(2007)

만 100명이 남성회원이고 여성회원은 1만 5,376명으로 20.4%를 차지하는 것으로 나타났다. 한편, 신고회원을 연도별로 분석해 보면 1980년 12.4%에 그치던 여성의사 비율은 2007년에는 20.4%로 늘어나 무려 65%나 증가했음을 알 수 있다. 여기서 주목할 점은 대한의사협의회에 회원신고를 마친 남성 회원 수는 매년 비슷한 수준을 유지하는 반면 여성 회원 수는 지속적인 증가추세를 보인다는 것이다. 이는 장기적으로 성비(性比)가 균등해지거나 역전될 가능성도 존재한다는 것을 의미한다.

나아가 고학력 여성의 전문직 진출 확대를 반영하는 세무사, 공인회계사, 변리사 합격현황은 〈표 2-3〉에 나타난 바와 같다. 금융감독원에서 발표하는 공인회계사 합격추이를 살펴보면 여성 합격자(비율)가 매년 꾸준히 증가하여 2002년 173명(17.2%)에서 2005년에는 최고 280명(27.9%)까지 여성합격자를 배출하였다. 특히, 여성 세무사 합격자(비율)의 경우에도 2002년 63명(9.0%)에서 2005년 142명(20.1%)으로 증가하였다. 비록 2006-2008년에 여성 합격률의 상승기조가 다소 주춤했으나 최근 2010년을 기준으로 다시 뚜렷한 회복세를 나타내고 있다. 이와 더불어 상경계열을 지원하는 여학생 수도 꾸준히

〈표 2-3〉 세무사, 공인회계사, 변리사 여성합격자 수와 여성 비율 추이 (단위: 명, %)

연도	세무사			공인회계사			변리사		
	합격자	여성	비율	합격자	여성	비율	합격자	여성	비율
2002	699	63	9.0	1,006	173	17.2	202	63	31.2
2004	702	104	14.9	1,001	241	24.1	200	64	32.0
2006	704	136	19.3	1,007	235	23.3	225	57	25.3
2008	633	113	17.9	1,040	244	23.5	219	55	25.1
2010	640	179	38.8	953	238	24.97	244	70	28.7

출처: 금융감독원, 기획재정부 각 연도

늘어나는 추세를 감안한다면 앞으로 이러한 전문 직종을 목표로 하는 고학력 여성인력의 도전과 진출은 보다 광범위하게 확대될 것으로 판단된다.

그러나 1990년대 후반 이후 직업 선택에서 전문직과 사무직의 화이트 컬러 직종을 중심으로 고학력 여성근로자의 비중이 비약적으로 증가한 반면, 저임금 직종에 종사하는 여성근로자의 비중도 여전히 높은 편이라고 지적하는 황수경(2003)의 연구도 있다. 그렇다고 해서 이와 같은 여성근로자 내부에서의 소득격차 확대를 부정적으로만 평가할 필요는 없다. 오히려 이는 고학력 여성인적자원의 양성과 활용 측면에서 바라본다면 국가인적자원개발의 구체적인 성과인 것이다. 더욱이 전통적으로 남성근로자에 의해 주도되었던 고숙련·경력직종에 고학력 여성인력이 본격적으로 진출함으로써 이루어진 결과라는 점에서 여성노동시장의 새로운 가능성과 도전을 제시하였다고 볼 수 있다.

지금까지 살펴보았듯이 우리나라 여성의 사회경제적 위상이 분명 과거에 비해 상당히 높아지고 있으나 좀 더 객관적인 평가를 위해서는 국제적인 지표를 반영하여 비교·분석할 필요성이 제기된다. 이러한 취지에 부합하는 자료를 반영하여 세계경제포럼에서 발표하는 세계 성(性) 격차(Global Gender Gap) 보고서[2]가 널리 인용되고 있다. 2010년 보고서에 의하면 4대 지표(경제, 교육, 정치, 건강)에 기초하여

2) 성(性) 격차보고서는 세계 여러 국가(2010년, 134개국)를 대상으로 다음의 4대 지표(경제, 교육, 정치, 건강)에 기초하여 국가별 순위를 결정한다. 여성 경제활동참가율, 전문관리직 여성 비율, 남녀 임금격차 등(economy); 여성 문맹률, 학교급별 여성등록률 등(education); 국회의원 및 장관의 여성 비율 등(politics); 여아 출생비율, 여성 평균수명 등(health). 지표값은 1.00에 근접할수록 평등하며 0.00에 수렴할수록 불평등하다는 것을 의미한다.

매긴 국가별 순위에서 우리나라는 134개 국가 중에서 104위로 판정되었으며 그 근거로는 상대적으로 남녀 소득격차가 상당히 심하고 고위 관리직 여성 비율이 낮으며 여성의 취학률과 정치참여율이 저조하다는 평가결과를 들 수 있다.

매우 흥미로운 사실은 여성의 사회경제적 지위를 남성과 비교했을 때 서구유럽의 선진국일수록 그 격차가 상대적으로 적어 남녀평등이 실현되고 있었다. 특히 국가별 순위 1위에 평가된 유럽의 아이슬란드는 〈그림 2-4〉에 나타난 것처럼 사회 각 영역에서 남녀평등이 상당부분 실현되고 있음을 보여주었다. 성(性) 격차에 대한 척도를 국가별로 평가한 보고서 결과는 우리나라를 포함한 신흥개발국가의 여성인력정책 수립과정에 의미심장한 화두가 될 것이다. 또한, 보고서의 결

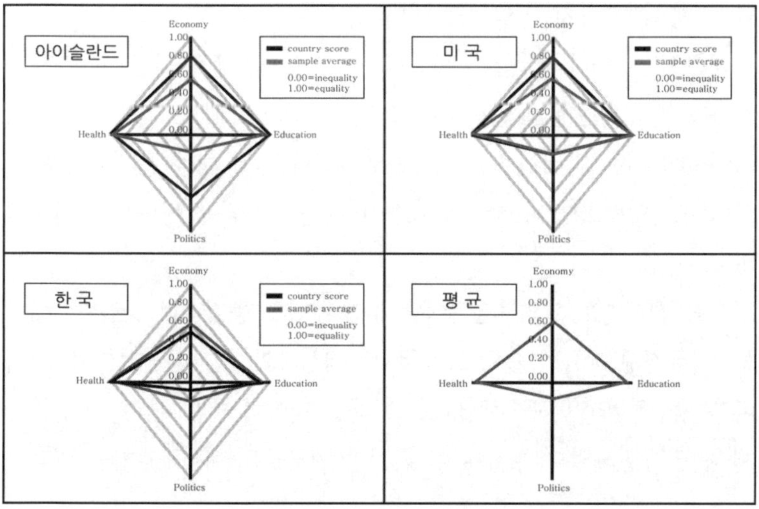

〈그림 2-4〉 국가별 성(性)격차 비교

출처: The Global Gender Gap Report(World Economic Forum, 2010)

론에서는 여성의 사회경제적 권한과 지위 상승은 고등교육투자로 양성된 고학력 여성의 경제활동참가 확대와 사회적 리더역할 강화에 의해 좌우된다고 강조하고 있다.

2) 국내 여성인력 시기별 연구동향

우리나라 여성인력의 교육수준은 단기간에 이룩한 경제성장을 반영하듯이 대졸 이상 고학력화 현상이 급진전되고 있다. 산업화 초기에는 국가경제성장의 시대적 요청에 부응하여 여성노동력이 저임금・저숙련 직종에 대거 투입됨으로써 저렴한 노동력 확보에 일조하였다. 그러나 국가산업구조가 노동집약적인 산업시대에서 지식기반 산업시대로 전환되면서 고학력 전문 인력에 대한 노동시장의 수요가 급증하였고 여성인력의 고학력화가 여성 개인뿐만 아니라 국가의 미래 경쟁력으로까지 논의되고 있다.

따라서, 우리나라 여성노동정책은 〈표 2-4〉에 정리된 바와 같이 국가적 경제현안에 초점을 맞추어 전개되었다고 할 수 있다. 또한 여성인력에 대한 국내연구는 시기별로 노동환경에 대한 문제제기와 더불어 여성인력 양성과 활용에 대한 비전을 모색하는 방향으로 진행되었다.

이를 시기별로 살펴보면 우선 60-70년대 노동집약적 산업기반에서는 임금경쟁력이 수출주도형 국가경제성장의 밑거름이었으며 이에 따라 저렴한 인건비를 경쟁력으로 하는 저학력 미혼여성이 산업현장에 대거 동원되었다.[3] 이에 이 시기의 연구들은 여성근로자의 열악한

3) 이 시기에 산업현장에서 일하던 제조업 전체 노동자의 다수(93%)가 29세 미만의 고졸 이하 저학력 미혼여성으로 구성되었다(이옥지, 2001).

〈표 2-4〉 시기별 여성노동정책 및 여성인력 연구동향

	1970년대	1980년대	1990년대	2000년대
주요 경제현안	수출제일주의 (경공업 중심)	중화학공업 집중육성	IMF 경제위기	정보 · IT 산업의 성장
여성 노동정책	저학력 미혼여성 산업 노동력화	기혼여성 노동력 이용책의 본격적 대두	남녀고용평등을 통한 여성인력의 광범위한 활용	고학력 · 고숙련 여성인력의 적극적인 활용
여성 행정기구	보건사회복지부 내 부녀아동국 설치(1963)	한국여성개발원 개원(1983) 정무 제2장관실 신설(1988)	여성특별위원회 설치(1998)	여성부 설치(2001) 여성가족부로 변경(2007)
여성인력 연구동향	저학력 여성인력의 노동환경과 임금차별 논의	기혼여성인력 노동시장 이탈 및 재진입 유형 분석	여성교육투자와 인적자본축적의 필요성 논의	고학력 여성인력 양성과 활용가능성 탐색
관련논문	이옥지(2001) 김미숙(2006)	양승주(1993) 김미숙(1995) 최강식 외(1997)	김태홍(1991) 이미정(1997) 박수미(2002)	조영복 외(2000) 김영옥(2001) 유옥란(2004) 강우란(2007)

노동환경과 심각한 임금차별을 지적하였으며 국가산업의 구조적 모순과 저학력 여성근로자의 한계를 대변하였다(이옥지, 2001).

다음으로 1980년 이후 인구학적 요인 등으로 인해 미혼 여성노동자 집단이 감소하였고 이에 대한 현실적인 대안으로 기혼여성의 노동시장 진입확대를 통한 새로운 노동력 창출에 정책적 관심이 집중되었다(김미숙, 1995). 그렇게 하여 기혼여성의 취업과 육아지원을 담은 사회 지원제도가 공식적으로 마련되었으며 1991년 영육아 보육법 제정을 계기로 보육 상황이 제도적으로 개선되었다. 이러한 제도적 개선으로 인하여 결과적으로 전체 여성 경제활동참가율은 42.8%(80년)에서 47.3%(92년)로 증가하였고 이는 기혼여성의 적극적인 노동시장 진출에 힘입은 것으로 보고되었다(한국여성개발원, 1992).

마침내 1990년대는 우리사회 각 분야에서 지적되는 여성인력의

차별에 대한 반작용으로 '평등'의 개념을 구현하려는 분위기가 본격적으로 활성화되었다. 이 시기에 여성인력의 위상제고를 위한 상징적 노력의 일환으로 정부 고위직과 기업의 직원 채용에 여성 비율을 검토하기 시작했다. 1999년 최초의 여성정책기구인 정무 제2장관실을 시작으로 하여 2001년에는 독립된 행정부처로 여성부가 출범하였고, 이어 여성정책책임관제(2003), 여성정책조정회의(2003) 등 다양한 조직과 협의체들이 생겨나면서 법률 및 정책적 측면의 진전에 힘입어 남녀차별금지 및 양성평등의 실현을 위한 법률이 제정되었다. 또한, 학계에서는 인적자본 축적을 통한 여성인력의 실질적 지위 향상을 도모하는 연구물이 발표되었다(김태홍, 1991; 이미정, 1997; 박수미, 2002). 우선, 정책적으로 남녀고용평등법에 의거한 모성보호책과 보육시설 확대를 통하여 여성의 경제활동을 지원하는 제도적 기틀이 마련되었으며 여성고용할당제[4]를 도입하여 여성인력풀(pool) 확대를 도모하였다. 이 시기에 여성인력과 관련한 연구는 평등과 보호의 관점에서 국가차원의 사회 안전망 구축을 전제하면서도 고등교육을 통한 인적자본 축적의 필요성을 강력하게 제기하였다(이미정, 1997).

이러한 여성인력에 대한 사회경제적 위상의 획기적인 변화는 2000년대에 진입하면서 본격적으로 시작되었다. 아울러 지식정보화 산업사회가 도래하면서 고학력 · 고숙련 노동력을 요구하는 일자리[5]가 증가

4) 여성고용할당제(gender quota system)는 여성에 대한 차별을 없애고 남녀평등을 실현하기 위한 적극적 조치로서 정치, 경제, 교육, 고용 등 각 부문에서 채용이나 승진 시 일정한 비율을 여성에게 할당하는 제도이다. 우리나라는 2010년까지 사회 각 부문에서 여성의 참여를 30%에 이르도록 하는 것을 목표로 추진하였다.

5) 과거에는 단순노동이 전통적인 여성 직종에 편중되었으나 정보화의 확산으로 IT 관련 산업의 여성고용창출효과가 증대되면서 성별 직종 분리현상(job segregation)이 완화되고 남성이 주도하던 고소득 고숙련 직종에 여성의 비율이 점차

하였고 대졸 이상 여성인력의 노동시장 진출 및 사회리더계층 진입을 안착시키고자 하는 여건이 조성되었다(조영복 외, 2000). 또한, 이 시기에 우리나라 고등교육의 팽창으로 인해 고학력 여성인력의 양성과 활용에 대한 국가차원의 정책적 관심[6]이 학문적 연구로 발전하였다.

특히, 2000년 이후 여성의 고학력화 현상은 고숙련 인력에 대한 노동수요 확대와 연계하여 여성의 경제적 지위 향상에 결정적인 역할을 한 것으로 평가되고 있다(김영옥, 2001; 유옥란, 2004; 강우란, 2007). 이렇게 고학력 여성인력이 전문·관리직을 중심으로 사회 리더계층으로 부상하고 있다는 것은 결국 고학력 여성인력이 우리사회를 견인하는 새로운 성장 동력으로 각광받고 있다는 것을 의미하는 것이다.

3) 국내 여성 교육투자수익률 추정 연구

우리나라의 교육투자 수익률 추정 연구는 주로 남성을 대상으로 진행되어 왔으나 1990년대에 들어오면서 여성의 교육수준이 향상됨에 따라 일부 연구에서 성별 교육투자에 대한 수익률 추정연구가 시도되었다. 아울러 우리나라 교육투자수익률의 전반적인 흐름을 살펴보기 위해 1960년대 말 이후의 교육 투자 수익률의 특징을 여성에

늘어나고 있다(김영옥, 2001).

6) 정부는 여성인력을 적극적으로 활용하기 위한 방안으로 여성발전기본법에 근거하여 '여성정책기본계획'을 수립하였으며, 2008년부터 현재까지 제3차 여성정책기본계획을 시행하여 여성인적자원개발의 중요성을 강조하고 있다. 더 나아가 고학력 여성을 활용하기 위한 '차세대여성지도자육성여대생캠프지원사업(2001-2004년)', '여대생커리어개발센터운영(2003년-현재)', '맞춤형취업지원사업(2003년-현재)'을 운영하고 있다. 더불어 여성인적자원의 개발과 활용을 극대화하기 위해 범정부 차원의 '여성인력개발 종합계획(2006-2010년)'을 시행하고 있다(김복규, 2006; 이갑숙·손진현, 2009).

국한하지 않고 살펴보면 다음과 같다.

먼저 전반적으로 교육수준이 높을수록 수익률이 높은 경향을 보이고 있으며, 그중 고등교육에 대한 투자수익률이 매우 높은 것으로 나타나고 있다.[7] 특히 1960년대는 중학교, 1970년대는 고등학교, 1980년대 이후에는 고등교육의 수익률이 높게 나타나는 경향을 보이고 있다.[8] 그리고 1990년대 이후의 대표적인 연구로는 류재경(1992), 공은배 · 백성준(1994), 최강식(2002), 신경수 · 최두식(2006), 이경희 · 김태일(2007), 한성신 · 조인숙(2007), 이정미 · 한유경 · 최정윤 · 김병주(2009) 등의 연구가 있다.

그리고 1990년대의 류재경(1992)은 내부수익률법과 민서(Mincer)의 임금함수 방법을 사용하여 교육투자수익률이 시간적 변화에 따라 어떻게 변화하는지를 상호 비교하였다. 연구결과 교육투자 수익률 추정치는 추정방법에 따른 차이가 거의 없었고 학교급별 한계수익률이 모두 시간에 따라 감소하는 추세를 보였지만 대체로 대졸의 수익률이 높으며 감소세 또한 완만하다고 하였다. 공은배 · 백성준(1994)은 학교급별 교육투자의 사적 수익률을 내부수익률법으로 산출한 결과, 남자(여자)의 경우 고졸, 전문대졸, 대졸의 사적 한계수익률은 각각 8.1%(11.6%), 5.1%(9.4%), 6.9%(7.0%)로 추정되었다.

다음으로 최강식(2002)은 KLIPS 1차년도(1998년)와 2차년도(1999

7) 김희진(2010)은 한국노동패널자료(2004-2007)를 사용하여 민서(Mincer, 1974)의 소득함수 모형으로 교육투자수익률을 추정한 결과, 고학력화로 인해 고등교육의 상대적 희소성이 떨어져 교육투자수익률은 전반적으로 하락하는 추세이지만 교육수준이 높아질수록 여전히 수익률이 높게 나타났으며 고등교육이 누리는 임금 프리미엄은 여전히 높다고 지적하였다.

8) 우리나라 대졸자의 수익률이 높은 수준을 유지해 온 것은 대졸 노동자의 공급이 지속적으로 증가하였음에도 불구하고 대졸자의 노동생산성이 고졸자보다 더 향상되었다는 것을 의미할 수 있다(최강식, 2002).

년) 자료를 사용하여 교육수준이 개인의 소득에 미치는 효과를 확인하였다. 특히 전통적인 민서(Mincer)류의 임금함수에서 생략되고 있는 능력변수 누락으로 인한 편의(ability bias) 문제를 해결하고자 하였다. 이에 관찰 불가능한 능력 대신 부(父) 및 배우자의 교육년수를 도구변수로 사용한 결과, 여성교육투자에 대한 평균기대수익률(6.85-7.24%)이 남성의 수익률(4.87-5.04%)보다 높게 추정되었다.

신경수, 최두식(2006)은 1995-2002년의 각 연도 임금구조 기본통계 조사보고서 자료를 사용하여 민서의 임금함수 모형을 통해 교육투자의 평균수익률을 분석하였다. 연구 결과, 시간의 흐름에 따른 변화를 살펴보면 고졸자의 평균수익률은 1995년 이후 지속적으로 하락해온 반면, 큰 변화 없이 유지되었던 대졸자의 평균수익률은 2002년을 기준으로 다시 큰 증가폭을 보였다. 또한 학교급들 간의 평균수익률을 비교했을 때 대졸자의 평균수익률이 가장 높세 측정되었으며, 성별에 따른 비교에서는 모든 교육단계에서 여성의 평균수익률이 남성보다 높게 나타났다.

이경희 · 김태일(2007)은 한국노동패널의 1-8차년도(1998-2005년) 자료를 이용하여 회귀분석을 통해 대학교육이 임금에 미치는 효과를 연구하였다. 특히, 대학교육의 효과를 대학명성 효과와 전공효과로 분리하여 분석하고 그 효과가 성별에 따라 어떻게 다른가를 비교하였다. 분석결과, 남성의 경우 상위 30위, 여성의 경우 상위 10위까지의 대학졸업자들이 타 대학 졸업자들에 비해 상당한 임금 프리미엄을 갖는 것으로 나타났다. 나아가 대학명성과 전공 모두를 반영한 프리미엄정도에서는 성별에 따라 다르게 나타났다.

한성신 · 조인숙(2007)은 2001년도 KLIPS 자료를 이용하여 연령대별로 인구를 구분하여 교육투자수익률을 추정해 본 결과, 34세 이하

인구에서는 여성의 수익률이 남성보다 높으며 35세 이상 인구에서는 남성의 수익률이 여성의 수익률보다 높은 것으로 나타났다. 또한 대학입학시험 성적을 개인 능력의 대변수(proxy)로 사용한 결과 여성의 교육투자 수익률이 남성에 비해 높게 추정되었다.

이정미 · 한유경 · 최정윤 · 김병주(2009)는 2008년도 경제활동인구조사 자료를 활용하여 내부수익률법을 통해 대학의 전공계열별 수익률을 산출하였다. 연구 결과, 남성과 여성 대졸자의 전반적인 수익률은 각각 6.65, 7.38%로서 여성의 수익률이 남성보다 높은 수치를 보

〈표 2-5〉 1990년대 이후 국내 교육투자수익률에 대한 주요 연구결과

연구자	분석자료		수익률 추정결과(단위: %)			비고
			OLS	Proxy	IV	
류재경 (1992)	직종별 임금 실태조사 제조업 분야	1974년	중졸: 7.99 고졸: 14.79 4년대졸: 16.46			▪ 4년대졸 비교대상은 고졸자임
		1979년	중졸: 6.14 고졸: 11.71 4년대졸: 17.83			
		1986년	중졸: 4.15 고졸: 10.02 4년대졸: 17.79			
장오현, 송재숙 (1993)	직종별 임금 실태조사	1989년	중졸: 10.43 고졸: 12.91 4년대졸: 16.28			▪ 4년대졸 비교대상은 2년대졸자임
공은배, 백성준 (1994)	임금구조 기본 통계조사 보고서, 사교육비 설문결과	1994년 남성	고졸: 8.1 2년대졸: 5.1 4년대졸: 6.9			▪ 내부수익률 (Internal Rate of Return) 방법으로 추정된 결과임
		1994년 여성	고졸: 11.6 2년대졸: 9.4 4년대졸: 7.0			
최강식 (2002)	KLIPS	1998년 남성	9.25	7.03	5.04	▪ Proxy: 부(父) 및 배우자교육년수 ▪ IV: 부(父) 교육년수
		1998년 여성	11.74	8.36	7.24	

<table>
<thead>
<tr><th rowspan="2">연구자</th><th rowspan="2" colspan="3">분석자료</th><th colspan="3">수익률 추정결과(단위: %)</th><th rowspan="2">비고</th></tr>
<tr><th>OLS</th><th>Proxy</th><th>IV</th></tr>
</thead>
<tbody>
<tr><td rowspan="2">최강식
(2002)</td><td rowspan="2">KLIPS</td><td colspan="2">1999년
남성</td><td>8.20</td><td>6.35</td><td>4.87</td><td rowspan="2">▪ Proxy: 부(父) 및 배우자교육년수
▪ IV: 부(父) 교육년수</td></tr>
<tr><td colspan="2">1999년
여성</td><td>10.69</td><td>6.40</td><td>6.85</td></tr>
<tr><td rowspan="2">한성신,
조인숙
(2007)</td><td rowspan="2">KLIPS</td><td colspan="2">2001년
남성</td><td>5.50</td><td>5.20</td><td></td><td rowspan="2">▪ Proxy: 부모 학력 및 직업, 도시지역 출생 및 성장 여부</td></tr>
<tr><td colspan="2">2001년
여성</td><td>4.50</td><td>4.20</td><td></td></tr>
<tr><td rowspan="2">신경수,
최두식
(2006)</td><td rowspan="2">임금구조
기본
통계조사
보고서</td><td rowspan="2">2002년</td><td>남성</td><td>중졸: 1.52
고졸: 1.34
2년대졸: 3.02
4년대졸: 3.81</td><td></td><td></td><td rowspan="2">▪ 학교급별 평균수익률의 비교대상은 초등학교 졸업자 이하 그룹임</td></tr>
<tr><td>여성</td><td>중졸: 1.92
고졸: 1.55
2년대졸: 3.86
4년대졸: 4.95</td><td></td><td></td></tr>
<tr><td rowspan="2">이경희,
김태일
(2007)</td><td rowspan="2">한국노동
패널</td><td rowspan="2">1998-
2005년</td><td>남성</td><td>상위 5: 0.128
상위 10: 0.103
상위 30: 0.047</td><td></td><td></td><td rowspan="2">▪ 여성의 상위 30위의 경우에만 유의확률이 0.384로서 통계적으로 유의하지 않음</td></tr>
<tr><td>여성</td><td>상위 5: 0.170
상위 10: 0.085
상위 30: 0.026</td><td></td><td></td></tr>
<tr><td rowspan="2">이정미,
한유경,
최정윤,
김병주
(2009)</td><td rowspan="2">경제활동
인구조사:
근로
형태별
부가조사</td><td rowspan="2">2008년</td><td>남성</td><td>전체평균: 6.65
인문계열: 6.54
사회계열: 6.56
사범계열: 8.95
공학계열: 7.29
자연계열: 5.70
의학계열: 11.05
예체능계열: 3.89</td><td></td><td></td><td rowspan="2">▪ 내부수익률 (Internal Rate of Return) 방법으로 추정된 결과임</td></tr>
<tr><td>여성</td><td>전체평균: 7.38
인문계열: 6.34
사회계열: 6.41
사범계열: 10.53
공학계열: 6.88
자연계열: 6.77
의학계열: 11.79
예체능계열: 2.12</td><td></td><td></td></tr>
</tbody>
</table>

였다. 또한 계열별로는 남성과 여성 모두 의약, 사범, 공학 계열이 각각 1-3위를 차지하면서 공통적으로 높은 수익률을 보인 반면, 그 밖의 계열의 수익률 순위는 성별에 따라 차이를 나타냈다.

이와 같이 국내 교육투자수익률 관련 연구를 살펴보면 전반적으로 아직까지 여성교육에 대한 성과를 규명하는 투자수익률 분석이 체계적으로 이루어지지 못했으며 일부 연구에서도 남성에 대비하여 참고 수준으로 파악되는 정도에 머무르고 있다. 〈표 2-5〉는 1990년대 이후 교육투자수익률에 대한 국내연구의 주요 연구결과를 요약해서 제시해 주고 있다.

4) 국내 남녀 임금차별 추정 연구

성별 임금격차를 분석하기 위해 옥사카(Oaxaca, 1973) 분해방법을 사용한 기존의 국내연구들은 주로 총임금격차를 생산성 요인과 가격 요인으로 분해하고 관찰된 생산성 차이에 의해 설명되지 않는 잔여 임금격차를 차별의 크기로 추정해왔다(금재호, 2001; 서병선 외, 2002; 허식, 2003). 이러한 성별 임금격차에 대한 2000년대 주요 국내연구결과들을 살펴보면 〈표 2-6〉에 정리된 바와 같다.

이렇게 설명되지 않는 임금격차를 차별에 의한 차이라고 정의함에 따라 노동시장에서 발생하는 여성의 임금차별에 대한 정확한 추계문제가 제기되면서 보다 보완된 방법론이 활용되었다. 이에 따라, 옥사카(1973)의 임금분해방법과 이를 좀 더 보완한 옥사카와 랜섬(1994)의 분해방법을 사용하여 성별 임금격차를 생산성 차이에 의한 임금격차와 잔여임금격차로 분해한 결과, 우리나라 노동시장에서 여성에 대한 임금차별이 고질적이고 심각한 정도인 것으로 보고되고 있다. 즉, 국

〈표 2-6〉 2000년대 성별 임금격차를 분석한 주요 국내연구

연구자	분석자료	분해모형	잔여임금 격차비율	주요 연구결과
금재호 (2001)	KLIPS 3차년도	옥사카 (1973)	61.9%	성별임금격차의 완화에도 불구하고 성차별적인 임금격차의 상대적 비중은 개선되지 않음.
서병선 임찬영 (2002)	KLIPS 2차년도	옥사카 (1973)	50.6%	상위직종(전문직)일수록 생산성 차이에 의한 임금격차가 증가하고 하위직종(생산직)일수록 차별에 의한 임금격차가 증가함.
허식 (2003)	KLIPS 2차년도	옥사카 (1973)	64%	여성의 임금차별은 산업보다는 직종에서 더욱 두드러짐.
안주엽 외 (2007)	KLIPS 1-6차년도	옥사카와 랜섬 (1994)	47.2-47.9%	임금근로자와 자영업자 모두 성별 임금격차에서 차별이 차지하는 비중은 유사하게 나타남.
정진화 (2007)	임금구조 기본조사 (1985-2004)	옥사카와 랜섬 (1994)	15-40%	미혼여성보다 기혼여성이 주로 남성 집중직종에서 여성페널티에 의한 임금격차가 크게 벌어짐.

주. 잔여임금격차비율은 총 임금격차에서 생산성 차이를 제외한 나머지 설명되지 않는 임금의 차이(차별의 크기)가 차지하는 비중을 의미함.

내연구를 종합해 보면 성별 임금격차의 상당 부분이 차별적 요인에 기인한다는 결론을 내리고 있다.

더불어 노동패널(KLIPS)자료를 대상으로 성별 임금격차를 분석한 결과를 살펴보면 총임금격차에서 차별의 크기를 보여주는 잔여임금격차의 비율은 작게는 15% 수준에서 크게는 50% 혹은 그 이상으로 추정되었다. 특히, 주목할 점은 옥사카(1973)의 임금분해 방법을 사용한 경우에 추정한 잔여임금격차의 비율(50.4-64%)과 옥사카와 랜섬(1994)의 임금분해 방법을 사용한 연구에서 제시한 잔여임금격차의 비율(15-47.9%)을 비교해 보면 옥사카(1973)의 결과에서 잔여임금격차의 비율이 더 크다는 사실을 알 수 있다. 물론, 연구자에 따라 잔여임금격차의 추정치가 큰 편차를 보이는 것은 추정방법과 사용 자료

〈표 2-7〉 임금차별원인별 해소정책과 시장에 미치는 영향

임금차별원인	임금차별해소정책		정책이 시장에 미치는 영향	
	남성임금	여성임금	노동시장	교육시장
남성프리미엄증가	삭감	고정	남성근로자 반발 여성근로자 반대유인 없음	남성의 교육투자 위축
여성페널티증가	고정	인상	남성근로자 반대유인 없음	여성의 교육투자 확대
프리미엄 · 페널티 동시증가	삭감	인상	남성근로자 반발 여성근로자 반대유인 없음	여성의 고등교육투자 급증

및 시기 등이 다르기 때문일 것이다. 이에 임금차별원인별 해소정책과 시장에 미치는 영향을 정리하면 〈표 2-7〉과 같다.

2절. 국외 고학력 여성인력 연구동향과 국제비교

여성의 고등교육을 인적자본투자관점에서 논의하고 본격적으로 계량경제학적 분석을 시작한 미국은 초창기부터 여성교육투자수익률 추정과 관련한 연구를 주도해 왔다. 특히, 민서(1974)가 소개한 인적자본소득함수 모형을 바탕으로 여성교육투자의 경제적 효과를 분석하는 연구들이 발표되었으며 이후 기존모형의 계량경제학적 문제점을 해결하기 위해 새로운 모형들이 소개되었다. 더불어 여성교육투자에 대한 학문적 관심과 탁월한 연구 성과의 배경[9]으로는 2차 세계대

9) 여성의 교육투자수익률 추정연구가 미국에서 활발하게 진행되었던 다른 이유는 국가가 지원하는 대용량 미시자료의 축적이 있었기 때문이다. 충분한 표본 수를 확보하여 정기적으로 수집된 종단자료(CPS, NLS72, PSID, SIPP 등)는 교육과

전 이후 미국여성의 대학진학이 꾸준히 증가하면서 여성의 노동시장 진출이 활발해졌던 시대적 상황을 들 수 있다(Hoffer, 1973).

한편 2000년대 진입하면서 구미선진국뿐만 아니라 신흥개발국가를 중심으로 여성의 고등교육 수요가 폭발적으로 급증하는 추세를 보였다. 이는 전 세계적으로 여성의 고등교육이 점차 보편화됨에 따라 노동시장에서 여성 인적자본을 적극 활용하여 기대수익을 향상시킴으로써 결과적으로 여성의 사회경제적 지위가 상승하는 선순환구조가 확대되고 있는 것을 의미한다. 선진국에서는 이미 지식산업시대에 경쟁력 있는 고학력 여성인력들이 배출되어 경제적 부가가치 창출에 크게 기여하고 있으며 신흥개발국가의 경우에도 청년층 여성의 고학력화 추세에 맞추어 교육에 대한 경제적 투자가치가 남성을 추월하는 것으로 보고되었다(Ryoo et al., 1993; Psacharopoulos & Patrinos, 2004). 이에 본 절에서는 미국을 중심으로 여성교육투자수익률 및 임금차별 추정과 관련하여 시기별 연구동향을 조망한 다음, OECD 선진국과 신흥개발국가의 여성교육정책 및 투자수익률에 관한 연구결과를 정리할 것이다. 그리고 여성교육투자에 대한 수익률 연구결과를 국제적으로 비교·분석하게 될 것이다.

1) OECD 국가 고학력 여성인력 연구동향

1990년대 들어오면서 OECD 국가를 중심으로 여성들에게 교육의 기회가 확대되고 고학력 여성인력이 경제활동에 활발하게 참여함에 따라 개인소득의 증가와 더불어 국가경제성장에 대한 기여도가 점차

노동관련 정보를 포함하고 있어 남성과 여성의 교육투자수익률 추정연구에 커다란 원동력이 되었다고 볼 수 있다.

커지고 있다.[10] 다시 말해, 여성과 남성의 교육기회가 거의 동등해지면서 경쟁력을 갖춘 여성이 적극적으로 노동시장에 진출하게 되자, 기업은 남성보다 저렴한 인건비에 직업기술과 전문지식까지 고루 갖춘 여성인력을 선호하게 되는데, 이는 향후 고학력 여성인적자본이 경제성장에 기여하는 바가 크게 증대될 것임을 시사해주는 대목인 것이다(Klasen, 2002). 이에 OECD 국가들은 지식기반 산업을 선도하는 과정에서 고급여성인력 양성이 국가경쟁력 강화에 기여하고 있음을 인정하고 여성에 대한 고등교육기회 확대에 꾸준한 관심을 기울여 왔다.

가. OECD 국가 여성의 고등교육투자관련 주요연구

OECD 국가여성의 고등교육투자관련 주요연구 중 오레어리와 슬로안(O'Leary & Sloane, 2004)의 연구는 영국여성의 고등교육진학이 확대되는 추세를 교육투자관점에서 분석하고 있다. 인적자본 소득함수를 이용하여 고등교육의 투자수익률을 추정한 결과 노동시장에서 대졸여성의 경제적 투자효과가 매우 높다는 것을 실증적으로 보여주었다. 무엇보다, 대학전공에 따라 투자수익률의 크기가 성별로 다르다는 점에 주목하면서 여성의 경우 의학계열(27.52%), 법학계열(23.97%), 교육계열(22.40%), 컴퓨터관련 공학계열(18.10%) 분야의 수익률이 참조집단인 인문계열에 비해 각각 높은 것으로 보고하였다. 이렇게 전공계열별로 교육투자수익률의 편차가 존재함에도 불구하고 대졸여성의 수익률은 전공과 상관없이 고졸여성의 수익률보다 높게 추정되었다.

---

10) OECD 국가를 포함한 전 세계 208개 국가를 대상으로 국가단위 패널자료를 구축하여 교육의 경제성장 기여도를 분석한 백일우 · 임정준(2007)의 연구에서도 여성경제활동인구의 증가는 개별국가의 경제성장에 긍정적인 영향을 미치는 것으로 입증되었다.

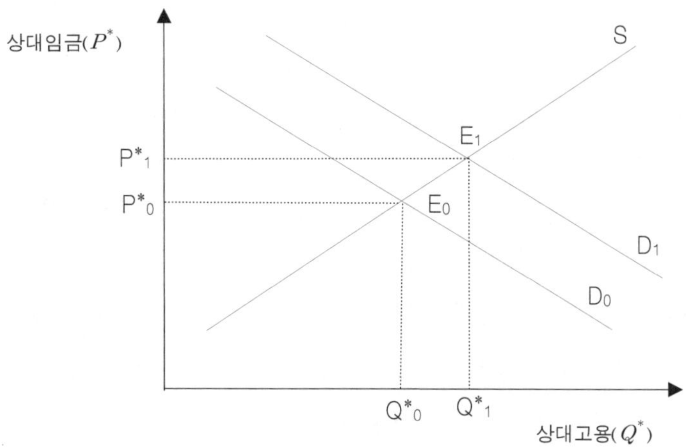

〈그림 2-5〉 수요곡선 이동에 따른 고학력 여성인력의 임금 및 고용의 변화

또한, 머친과 비그놀(Machin & Vignoles, 2005)은 고등교육투자에 대한 경제학적 수요공급의 분석틀을 사용하여 영국의 노동시장에서 고학력 여성이 저학력 여성에 비해 더 높은 상대임금을 받는 과정을 〈그림 2-5〉와 같이 설명하고 있다. 〈그림 2-5〉에서 가로축의 상대고용(Q^*)은 저학력 여성 고용량에 대한 고학력 여성 고용량의 상대적 비율(ratio)을 가리키고 세로축의 상대가격(P^*)은 저학력 여성 임금에 대한 고학력 여성 임금의 상대적 비율(ratio)[11]을 의미한다. 여기서 최초 균형은 저학력 여성에 비해 고학력 여성에 대한 노동시장의 상대적 수요(D_0)와 상대적 공급(S)이 만나는 E_0에서 이루어지고 이때

11) 저학력 여성의 임금을 W_L로 표기하고 고학력 여성의 임금을 W_H로 표기했을 때 상대가격(혹은 상대임금)은 $\frac{W_H}{W_L}$로 나타낼 수 있다. 마찬가지로 저학력 여성과 고학력 여성의 고용량을 각각 N_H, N_L로 표기한다면 상대고용량은 $\frac{N_H}{N_L}$로 제시할 수 있다.

상대임금(P_0^*)과 상대고용량(Q_0^*)이 결정될 것이다.

상대임금(혹은 상대가격) 이외에 노동시장의 수요에 영향을 미치는 다른 요소에 의해 수요 곡선 자체가 이동(shift of demand curve)할 수 있다. 〈그림 2-5〉에 나타난 바와 같이 노동시장에서 고학력 전문지식과 기술을 갖춘 고학력 인력에 대한 수요가 증가하면 수요곡선상의 이동이 아니라 수요곡선 자체가 D_0에서 D_1으로 이동하게 된다. 이러한 수요곡선의 이동으로 균형점이 E_0에서 E_1으로 옮겨가게 되고 고학력 여성인력의 상대임금(relative wage)은 P_0^*에서 P_1^*로 상승한다.[12)]

또한, 저학력 여성에 비해 고학력 여성의 상대고용(relative employment)은 Q_0^*에서 Q_1^*으로 증가하게 된다. 즉, 경제학적 수요공급의 분석틀을 이용하면 숙련전문 인력에 대한 노동시장의 수요가 확대되면서 고학력 여성의 임금(P)과 고용(Q)이 저학력 여성에 비해 상대적으로 증가하는 과정을 설명할 수 있을 뿐만 아니라 여성의 고등교육 진학과 경제활동참가는 향후 지속적으로 활발해질 것이라는 예측이 가능하다.

이러한 영국여성의 고등교육 성장배경에는 대학전공의 선택과 노동시장의 고용 및 임금구조가 서로 밀접하게 연관되어 있다는 점이 주목할 만하다. 영국 여성은 전통적으로 인문계열에 지원이 몰리는 경향을 보여 왔으나 1990년 이후부터 남성이 주류였던 이공계분야에도 여성의 진출이 증가세를 나타내고 있다. 이러한 추세는 컴퓨터 관련 공학계열을 중심으로 노동시장의 수요가 지속적으로 상승함에 따라 IT 산업분야에서 성별 임금격차가 크게 감소했기 때문이라고 볼 수

---

12) 고학력 여성이 노동시장에서 평가받는 상대가격(relative price)이 상승하는 근거와 정당성을 규명하기 위해 저학력 여성과 고학력 여성의 교육투자에 대한 수익률을 비교·분석하는 연구가 요청되는 것이다.

있다. 이와 같이, 영국의 노동소득 자료를 사용하여 전공별 교육투자 수익률을 추정한 결과는 대학교육이 단순히 소비(consumption)가 아니라 수익성을 고려한 경제적 투자(investment)의 개념으로 전환되면서 고등교육진학에 대한 여성 개인의 의사결정이 투자관점으로 전환하는 데에 직접적인 영향을 미치고 있다는 추론을 뒷받침하는 것이다.

한편, 미국 청년층 임금근로자를 대상으로 종단 자료를 사용하여 대학교육의 투자수익률을 추정한 도티(Dougherty, 2003)의 연구에 의하면 여성의 수익률이 남성의 수익률보다 2% 정도 더 높은 것으로 밝혀졌다. 미국의 경우 성별 노동임금을 비교해 보면, 교육을 포함한 개인특성을 통제했을 때, 여성의 임금이 남성에 비해 상대적으로 낮은 편이다. 그럼에도 불구하고 여성의 교육수준이 높아질수록 전문기술과 지식을 요구하는 직종에서 남성과 대등하게 경쟁함으로써 임금격차를 줄여나가고 있다는 것이다. 따라서 임금격차가 심한 저학력 저소득 직종의 여성에 비해 고등교육을 받은 여성이 교육투자에 대한 평균기대수익률은 동일학력의 남성과 비교했을 때 더 높게 추정된다는 논리이다. 또한, 이러한 교육투자에 대한 전공・직종별 수익률 추정결과가 여성의 대학전공 및 직업선택에 미치는 효과는 매우 큰 것으로 보고하였다.

그리고 민서의 인적자본소득함수 방법을 사용하여 교육수준에 따른 성별 투자수익률을 측정한 결과 독일 대졸여성의 평균기대수익률은 10.4%로 동일조건의 대졸 남성 평균기대수익률 9.7%보다 높은 것으로 추정되었다(Lauer & Steiner, 2000). 전공별로 살펴보면 의약, 상경, 법학계열을 중심으로 교육투자수익률이 높게 추정되었으나, 인문과 예체능 계열의 투자수익률은 상대적으로 낮았다. 워렌버그와 웰디(Wahrenburg & Weldi, 2007)는 독일의 경우 이러한 전공별 투자수익률은 노동수요와 노동공급의 변화와 같은 노동시장의 상황에 따라 유동적이라고 설명한다. 하지만 독일여성의 경우 노동시장의 기대수익이 남성에 비해 상대적으로 강한 비교우위를 나타내는 전공과목을 주로 선택한다고 지적하였다. 예를 들면 남성은 공학계열에 대한 투자수익률(7.5%)이 여성(6.7%)에 비해 높은 반면 여성은 외국어계열의 투자수익률(8.6%)이 남성(4.2%)에 비해 높은 것으로 나타났다. 이러한 결과를 바탕으로 독일여성은 경제적으로 투자수익이 높은 전공에 집중적으로 교육투자를 늘리고 있다고 분석하였다.

핀란드 노동소득자료를 사용하여 교육투자수익률을 분석한 아스플런드(Asplund, 2000)의 연구에서는 여성교육에 대한 평균기대수익률(9.5%)이 남성의 수익률(8.9%)보다 높게 추정되었다. 연구결과에서 특히 주목할 점은 핀란드 남성 근로자의 경우 1984년부터 1995년까지 12년간 교육투자에 대한 기대수익률이 거의 일정한 수준을 유지하고 있으나 여성근로자의 교육투자수익률은 1980년대의 매우 낮은 수준(7.93-8.15%)에서 90년대 이후 지속적으로 상승(8.82-9.50%)하여 동일한 수준의 교육을 받은 남성근로자의 투자수익률을 추월하고 있다는 사실이다. 한편, 초등학력 근로자를 참조집단으로 하여 교육수준별 투자수익률을 추정한 결과를 살펴보면 중등교육수준에서는 남성의 수익률(22.9%)이 여성의 수익률(15.4%)보다 높았지만 4년제 대졸여성의 교육투자수익률은 47.5%로 대졸남성의 수익률인 40.9%보다 높게 추정되었다. 이러한 결과는 핀란드의 경우 여성의 고등교육투자에 대한 학교급별 한계수익률이 감소하기보다는 오히려 꾸준히 증가하고 있음을 보여준다. 핀란드 산업구조의 개편으로 저숙련 · 저임금 직종의 일자리 감소가 교육수준별 임금격차를 심화시키면서 고등교육투자에 대한 여성의 수익률을 높여주고 있다는 분석이다.

한편 핀란드의 경우와는 대조적으로 스페인 청년여성을 대상으로 실시한 살라스 벨라스코(Salas-Velasco, 2006)의 수익률 연구에서는 여성의 기대수익률이 남성의 수익률보다 낮은 것으로 나타났다. 스페인의 경우 직무경쟁이론에서 지적하듯이 교육수준보다는 종사하는 직업에 따라 임금의 격차가 크게 발생하기 때문에 고수익 전문직종의 진입기회가 제한된 스페인 고학력 여성에게 크게 불리하다고 지적하였다. 하지만 전공별 수익률 분석에서는 의학계열을 중심으로 여성의 고등교육에 대한 투자수익률이 남성을 추월하는 것으로 나타났다.

다음으로 아시아 중에서 일본의 경우를 살펴보면 1990년대부터 일본여성의 대학진학률이 증가함에 따라 여성의 고등교육투자에 대한 수익률 분석연구가 활발해지기 시작했음을 알 수 있다. 구체적으로 아라이(Arai, 2001)의 연구에서는 일본 청년층 대졸여성의 노동시장 참여확대는 고등교육의 높은 투자수익률에 근거하고 있다고 설명한다. 특히, 1980년대 중반까지 일본 노동시장의 교육수준별 임금격차는 OECD의 다른 국가들에 비해 그다지 크지 않았기 때문에 대졸여성의 교육투자수익률도 세계평균과 비교하면 낮은 편이었다. 그럼에도 불구하고 일본시중은행의 실질이자율이 매우 낮은 것을 감안한다면 여성의 교육투자에 대한 수익률은 여전히 투자가치가 있는 것으로 평가되고 있다.

더욱이 1990년대 중반부터 고졸 및 전문대졸 여성으로 대체할 수 없는 고임금 전문직에 대졸여성의 진출이 대거 확대됨에 따라 일본에서도 학력 간 임금격차가 갈수록 심화되는 현상이 나타났다. 특히, 노동시장 진입 후 중도이탈하지 않는 경우 4년제 대졸여성의 교육투자수익률(6.42%)이 전문대졸 여성의 교육투자수익률(4.13%)보다 2% 이상 높은 것으로 밝혀졌다. 지난 수십 년간 일본여성의 고등교육투자는 매우 소극적이었으며 일반적으로 전문대학 진학에 집중되는 경향을 보여주었다. 흥미로운 사실은 1995년을 기점으로 일본여성의 전문대학 진학률은 정체하거나 감소한 반면 4년제 대학의 여성 진학률은 오히려 큰 폭으로 증가하였다는 점이다.[13] 이렇게 시기적으로 일본여성의 고등교육에 대한 수요가 증가한 유인을 설명하기 위해서는 교육의 효율적인 투자측면에서 바라본 교육경제학적 접근이 필요하다. 왜냐하면 대졸여성의 교육투자에 대한 수익률 추정결과에서 알 수 있듯이 일본 여성의 대학진학 선택에 경제적 의사결정과정이 직접적으로 반영되고 있기 때문이다(Arai, 2001).

2) 신흥개발국가 고학력 여성인력 연구동향[14]

신흥개발국가의 대표격인 중국, 인도, 러시아는 개혁과 개방을 통한 시장경제체제의 도입으로 국가경제구조가 새롭게 전환됨에 따라 인적자본을 축적한 노동인력의 수요가 급증하게 되었다. 그뿐만 아니라 정치적인 민주화 개혁은 시장경제체제의 도입과 더불어 고학력 전문 인력의 충분한 공급을 전제로 했던 것이다. 더욱이, 전 세계적으로 무한경쟁시대가 개막되면서 이들 국가의 지속적인 국가경쟁력 강화를 확보하기 위해서 무엇보다 교육을 통한 인적자본의 생산과 활용이 절실히 요청되었다. 이러한 과정에서 남성뿐만 아니라 여성에게도

---

13) 1970년대 일본여성의 대학진학률은 10%를 밑도는 수준이었으나 1995년에 이르러 급증하기 시작하면서 25% 이상의 수준으로 육박하였다. 하지만 일본 전문대학의 여성 진학률은 20%에서 정체하고 있는 실정이다(Arai, 2001).

14) 우리나라는 현재 OECD에 가입되어 있으나 동시에 신흥개발국가로 분류되고 있기도 하다. 따라서 신흥개발국가 여성인적자원개발의 연구동향을 파악하는 것은 우리나라 여성인력정책수립에 균형 있는 시각을 제공하면서 아울러 시사점도 찾을 수 있을 것이다.

고등교육의 기회가 확대될 수 있었으며 노동시장에서 고부가가치를 창출하는 고학력 전문 인력양성에 국가적 관심이 집중되었다.[15)]

특히, 1990년 중반 이후 라틴아메리카 고등교육의 특징 중의 하나는 여성의 고등교육참여확대로 요약될 수 있다. 라틴아메리카는 전통적으로 고등교육의 대상에서 여성을 제외시켜 왔으나, 최근 10년 동안 여성의 고등교육 등록률이 매년 증가함으로써 상황은 역전되었다. 또한 라틴아메리카 전체 평균도 54.3%로 고등교육에서 여성의 비율이 남성의 비율보다 높게 나타나고 있다. 이런 점에서 볼 때 고등교육의 팽창는 라틴아메리카의 성별 불평등을 줄이는 데 크게 기여하였다고 평가할 수 있다.

또한 무한한 개발 잠재력을 보유한 아프리카 국가들도 최근 교육받은 여성인력의 활용에 정책적 노력을 기울이고 있다. 최근 아프리카의 케냐는 여성의 교육수준이 큰 폭으로 상승하면서 여성의 교육투자에 대한 수익률이 매우 높게 추정되고 있다. 그뿐만 아니라 남아프리카 공화국은 여성교육에 대한 긍정적 외부효과[16)]를 바탕으로 여성교육투자가 괄목할 만큼 증가하여 평균 교육년수에서는 성별격차가 거의 존재하지 않고 있다. 반면 가나, 나이지리아, 코트디부아르는 여전히 여성의 교육투자가 상당히 미진한 실정이다.

---

15) 인도에서는 여성인력양성을 위한 국가차원의 정책적 노력의 일환으로 National Policy on Education(NPE)을 통해 교육기회의 남녀평등을 확보하기 위한 재정적 지원전략을 실행 중에 있으며 2003년 현재 학부과정의 여성 비율은 39.9%, 대학원과정의 여성 비율은 42.0%로 남녀비율이 개선되었다(Chanana, 2003).

16) 남아프리카 공화국은 여성교육에 대한 긍정적 외부효과(또는 확산효과(spillover effect))로 가족의 건강증진과 교육수준향상 그리고 저출산과 낮은 인구증가율을 언급하고 있다(Schultz, 2003).

가. 신흥개발국가 여성의 고등교육투자 주요연구

브릭(BRIC) 국가 중 하나인 남미의 브라질은 국가경제개발 추진과정에서 여성인력활용에 대한 사회적 공감대가 확산되면서 여성임금근로자를 대상으로 교육투자수익률 연구가 활발하게 이루어지고 있다. 예컨대 코엘로 외(Coelho et al., 2008)의 연구에서는 소득분포에 따라 여성교육투자에 대한 수익률의 추정치가 일정하지 않다는 점을 지적하고 있다. 이러한 통상최소자승(OLS) 추정의 한계를 극복하기 위해 소득분위별로 분위회귀분석방법을 사용하여 수익률을 추정한 결과 동일한 대학교육을 받은 경우에도 전문기술직에 종사하는 브라질 여성의 소득이 타 직종에 종사하는 대졸여성보다 교육투자에 대한 경제적 보상이 훨씬 높은 것으로 보고되었다.

한편 인도에서도 여성의 교육수준이 향상됨에 따라 성별 교육투자수익률 추정과 임금격차를 분석하는 연구가 활발하다. 인도의 교육투자수익률 연구결과에서 주목할 점은 여성교육에 대한 투자수익률이 남성의 수익률보다 모든 학교급에서 높게 나타난다는 점이다. 또한 교육수준이 낮을수록 투자수익률을 나타내는 회귀계수의 크기가 작고 통계적으로 유의미하지 않은 반면에 대졸 이상의 학력에서는 수익률이 급증하는 추세를 보여주고 있다. 이러한 연구결과는 사카로폴로스(Psacharopoulous, 1994)에서 나타난 바와 같이 일반적으로 초등교육의 수익률이 고등교육의 수익률보다 높다는 결과와 다르다는 점에서 고등교육투자에 대한 국가적 관심이 커지고 있다.[17)]

---

17) 파키스탄의 경우에도 국가경제발전의 근간으로서 초중등교육에 지속적인 투자를 해왔으나 최근 고등교육을 통한 인적자본의 축적이 국부를 창출하는 데 직접적인 기여를 하고 있다는 연구결과가 잇따라 발표됨에 따라 국가차원의 교육지원

또한 아시아의 대표적인 신흥개발국가인 중국은 1990년대 후반 개방정책을 통하여 급속한 경제성장을 주도하는 과정에서 교육이 소득에 미치는 경제적 효과에 대한 학문적 관심이 집중되었다. 이에 민서의 인적자본 소득함수방법으로 교육투자에 대한 수익률을 OLS로 측정한 결과 여성은 1.8%, 남성은 0.7%로 각각 추정되었다(Meng, 1998).[18] 리(Li, 2003)는 1990년대 중국이 개방경제를 도입한 이후로 교육투자를 통한 인적자본 축적의 중요성을 인식하기 시작했다고 설명하면서 실제로 교육투자에 대한 수익률이 매우 낮았던 1980년대에 비해 개방 이후 고학력 인력을 중심으로 교육투자수익률이 증가하는 추세라고 보고하였다.

아랍세바니와 무서로브(Arabsheibani & Mussurov, 2007)는 최근 카자흐스탄 여성의 고등교육에 대한 높은 수요를 교육투자수익률 추정결과에 기초하여 설명하였다. 카자흐스탄의 경우 고졸여성의 수익률(18.2%)은 동일학력수준의 남성 수익률(24.5%)에 비해 교육투자수익률이 낮게 계산되었으나 대학을 졸업한 여성의 수익률(80.6%)은 대졸 남성의 수익률(64.6%)보다 월등히 높게 추정되었다. 이에 따라 카자흐스탄 여성근로자는 교육수준이 낮을수록 남성근로자에 비해 임금차별의 불이익을 경험할 개연성이 크다고 지적했다. 즉, 카자흐스탄 여성은 고등교육을 노동시장에서 남성과의 임금격차를 줄이기 위한 장기적인 투자목적으로 적극 활용하고 있다는 것이다.

베트남 남녀근로자의 임금격차를 분석한 팜과 레일리(Pham &

정책에 투자를 늘리는 것으로 나타났다(Abbas, 2000).

18) 중국의 교육투자수익률 관련 연구 중에 가장 높게 추정된 결과는 웨이 외(Wei et al., 1999) 연구에서 보고한 4.8%이다. 사카로폴로스(Psacharopoulos, 1994)의 교육투자수익률 분석에서 세계 평균이 10.1%, 아시아 평균이 9.6%임을 감안하면 중국의 교육투자에 대한 수익률은 매우 낮은 수준이다.

Reilly, 2007)는 1993년부터 2002년 사이에 베트남 여성임금근로자의 경제적 지위를 교육수준과 연계하여 보고하고 있다. 1990년대 중반까지 베트남 여성근로자의 노동시장 진출은 농업과 경공업 중심의 생산직 및 단순기술직에 편중되어 있었고 소득분위별 회귀분석결과에서도 저소득층 여성의 교육투자수익률이 고소득층 여성의 교육투자수익률보다 상대적으로 높게 추정되었다. 하지만 2000년대 들어오면서 산업구조가 중공업 중심으로 개편되고 고숙련 전문직분야로 고학력 여성인력의 진출이 확대됨에 따라 수익률 격차는 역전되었다. 즉, 교육수준과 소득수준이 높을수록 여성과 남성의 임금격차는 감소하였으며 2002년 기준 여성의 대학교육에 대한 투자수익률(60.1%)이 대졸남성의 수익률(47.9%)보다 더 높게 추정되었다.

3) 여성교육투자에 대한 수익률의 국제비교

교육투자에 대한 수익률을 국가별로 비교한 대표적인 연구로는 1973년부터 노동소득자료를 제공하는 국가를 대상으로 사카로폴로스가 매 10년 주기로 수익률을 추정하여 누적시킨 연구물을 들 수 있다. 최근에 발표한 사카로폴로스와 패리노스(Psacharopoulos & Parinos, 2004)의 국가별 수익률 분석의 주요한 연구결과를 살펴보면, 저개발국가와 신흥개발국가를 중심으로 남녀 모두 교육투자를 늘리는 과정에서 교육투자수익률이 높게 추정되는 점에 관심이 집중되고 있다. 반면 선진국의 경우에는 평균교육년수가 거의 일정한 수준에서 유지되고 있으며 교육투자에 대한 수익률은 약간 감소하는 추세를 보여주고 있다.

한편, 교육을 추가적으로 받음으로써 기대되는 국가별 평균기대수익률은 평균 10%인 것으로 추정되었다. 지난 12년간 전 세계적으로 평균교육수준은 꾸준히 증가하고 있으며 이러한 교육투자에 대한 수익률은 평균 약 0.6% 정도 감소한 것으로 나타났다. 이러한 현상에 대해서는 노동소득에 영향을 미치는 여타요인을 통제했다고 가정하면 노동시장에서 교육을 받은 노동자의 공급과잉으로 인해 투자수익이 감소하였다는 설명이 가능할 것이다. 교육에 대한 투자수익률이 가장 높은 지역은 라틴아메리카와 북아프리카 지역으로 밝혀졌으며 아시아 국가들의 교육투자수익률은 평균수준인 것으로 나타났다.

그러나 2000년대 신흥개발국가를 중심으로 교육투자수익률 추정 연구 결과를 비교해 보면 사카로폴로스의 교육투자수익률 분석결과와 상반된 결과를 발표하고 있다. 선진국 진입을 목표로 국가차원의 교육투자를 늘리고 있는 신흥개발국가에서는 남성뿐만 아니라 여성의 고등교육에 대한 수요가 급증하면서 여성 고학력 전문인력이 노동시장에 적극적으로 참여하는 현상이 두드러지고 있는 것이다. 그럼에도 불구하고 노동시장에서 고학력근로자의 공급과잉으로 인해 대졸자의 노동소득이 줄어들지 않고 오히려 저학력 근로자와 고학력 근로자간의 임금격차가 더 크게 벌어지고 있다고 지적한다.

또한, 하몬 외(Harmon et al., 2001)는 교육년수와 연령, 연령의 제곱을 독립변수로 통제한 인적자본 소득함수 방법을 사용하여 유럽국가의 교육투자수익률을 추정하였다. 성별 투자수익률을 추정하여 국가별로 비교한 〈그림 2-6〉을 보면, 최근 여성에 대한 고등교육투자가 활발하게 이루어지고 있는 아일랜드, 영국, 독일의 경우 여성의 교육투자수익률이 남성의 수익률에 비해 월등히 높은 것으로 밝혀졌다. 하지만 유럽 국가들은 전반적으로 교육투자에 대한 여성의 수익률이 남성의 수익률과 거의 비슷하게 추정되었다. 이러한 결과는 여성의

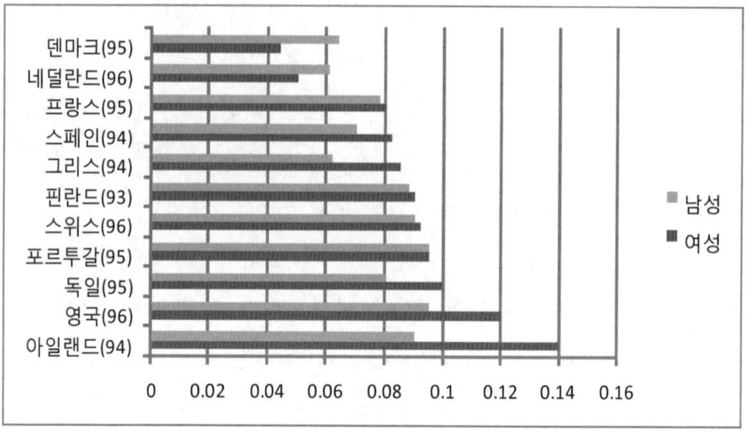

〈그림 2-6〉 성별 교육투자수익률 국가비교(유럽)

출처: Harmon et al.(2001)의 연구결과를 재구성함.

노동시장참가가 활발하게 이루어지고 있으며 차별로 인한 남녀 간 임금격차가 그렇게 크지 않다는 사실을 보여주는 셈이다. 한편, 네덜란드와 덴마크를 포함하는 북유럽 국가의 경우에는 교육투자수익률이 남녀 모두 낮은 것으로 나타났다.

드디어 2000년대에 진입하면서 아시아와 중남미 그리고 아프리카의 신흥개발국가를 중심으로 여성인력활용에 대한 국가차원의 관심이 높아지면서 여성의 고등교육기회가 확대되고 있으며 노동시장에서 생산성 향상과 소득증대로 나타나 투자효과가 입증되고 있다. 〈그림 2-7〉에 나타난 바와 같이 성별 투자수익률의 국가비교를 분석해보면 파키스탄, 카자흐스탄, 러시아, 브라질의 경우 여성의 교육투자수익률이 남성의 수익률에 비해 월등히 높은 것으로 밝혀졌다. 한편 중국은 남녀 모두 교육투자수익률이 낮은 것으로 밝혀졌으며, 인도와 케냐는 성별 교육투자수익률의 격차가 크지 않은 것으로 나타났다.

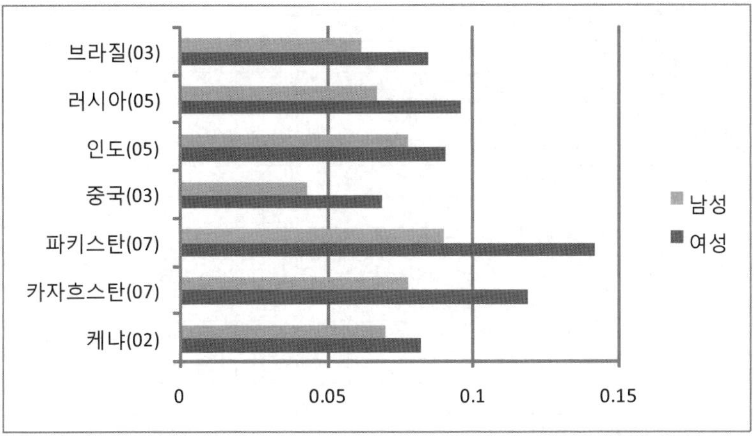

〈그림 2-7〉 성별 교육투자수익률 국가비교(신흥개발국가)

트로스텔 외(Trostel et al., 2002)는 OLS와 도구변수 추정법을 각각 사용하여 세계 주요국가의 교육투자에 대한 정세적 수익률을 비교·분석하였다. 분석대상 28개국의 여성교육투자수익률 추정결과를 살펴보면 〈표 2-8〉에 나타난 바와 같이 필리핀 여성의 수익률이 19.2%로 가장 높았으며 네덜란드 여성의 수익률은 1.9%로 가장 낮은 추정치를 보여주었다. 그리고 북유럽을 중심으로 유럽내륙국가 여성의 교육투자수익률이 대체로 낮은 반면 상대적으로 아시아와 중남미 신흥개발국가의 여성교육에 대한 수익률은 높게 측정되었다. 무엇보다 네덜란드, 북아일랜드, 뉴질랜드 및 스페인을 제외한 24개국에서 여성의 교육투자수익률이 남성에 비해 높게 추정되는 것으로 나타났다.

미래사회 국가경쟁력 강화전략을 모색하기 위한 카노이(Carnoy, 2005)의 연구에서 여성의 고학력화가 점차 보편화되어 가는 것은 전세계적인 현상으로, 이는 세계경제가 글로벌화되면서 촉발된 노동시장의 구조적 변화로부터 시작되었다고 지적한다. 예컨대, 1990년대

〈표 2-8〉 남녀 교육투자수익률의 국가별 비교연구

		Trostel(2002)		Psacharopoulos(2002)	
		여성	남성	여성	남성
북미국가	미국	.096	.074		
	캐나다	.045	.038		
중남미국가	브라질			.142	.154
	멕시코			.150	.141
	아르헨티나			.112	.107
	칠레			.132	.121
	콜롬비아			.129	.145
	우루과이			.106	.090
북유럽국가	노르웨이	.025	.023	.053	.042
	덴마크			.034	.051
	핀란드			.083	.078
	스웨덴	.033	.024	.040	.050
서유럽국가	네덜란드	.019	.031		
	영국	.130	.127		
	독일	.043	.036		
	스위스	.048	.045		
	뉴질랜드	.029	.033		
	이탈리아	.053	.037	.039	.035
	아일랜드	.090	.085		
	스페인	.038	.046		
동유럽국가	오스트리아	.064	.038		
	러시아	.053	.044	.096	.067
	폴란드	.100	.073		
	헝가리	.077	.075		
	슬로바키아	.064	.052	.054	.049
	불가리아	.057	.040		
	라트비아	.078	.067		
	체코	.036	.031	.070	.058
아시아국가	일본	.094	.075		
	중국			.056	.045
	말레이시아			.082	.053
	필리핀	.192	.113	.124	.124
	태국			.130	.091
기타 국가	이스라엘	.061	.053		
	호주	.052	.051		

미국의 경우 고학력 전문인력에 대한 노동시장의 수요가 증가하면서 고학력 여성인력이 적극적으로 노동시장에 참가하였으며 결과적으로 남성과 여성의 임금격차가 큰 폭으로 감소하였다(Blau & Kahn, 2004). 이러한 연구 결과에 대해서는 산업구조가 제조업 중심에서 지식정보 산업으로 대체되는 과정에서, 먼저 성별과 무관하게 고학력 전문직 인력에 대한 노동수요가 급증하게 되자 고학력 여성의 경제활동참가율과 기대소득도 증가(상대적으로 고학력 여성의 임금차별이 감소)하게 되었고, 이로 인해 결과적으로 여성의 고등교육투자에 대한 수익률도 높아졌다는 논리로 접근할 수 있을 것이다.

그뿐만 아니라 카노이(Carnoy, 2005)의 연구에서는 남녀의 교육투자 수익률 분석을 토대로 신흥개발국가가 채택한 고등교육투자정책에서 근본적인 해법을 찾아야 한다고 제안하고 있다. 이미 1980년대부터 고학력 여성인력이 노동시장에 적극적으로 진출한 유럽 선진국가와 달리, 신흥개발국가들은 대부분 상대적으로 짧은 기간 동안 여성의 교육수준이 향상되었으나 고학력 여성의 경제활동참가가 비약적으로 증가하면서 여성의 교육투자수익률이 남성의 수익률보다 더 높게 산출되었다. 즉 신흥개발국가들은 시장개방과 기술진보가 급진전되면서 저숙련 단순직에서 고숙련 전문직으로 직업의 유형이 진화하고 있음에 주목하고 국가차원의 고학력 인력양성에 주력하고 있는 것이다. 더욱이 단기간에 단순직과 전문직의 기술격차를 줄이기 위한 해결책으로 여성고등교육의 비중이 커지고 있음을 발견하게 된다. 〈표 2-9〉에서는 OECD 국가와 신흥개발국가의 여성인력 정책 및 연구동향을 비교하여 정리하였다.

한편 중국, 인도, 브라질과 같은 대표적인 신흥개발국의 경우에는 아직은 남성보다 저렴한 고학력 여성전문인력에 대한 노동시장의 수

〈표 2-9〉 OECD 국가와 신흥개발국가의 여성인력 정책 및 연구동향 비교

	OECD 국가	신흥개발국가
고등교육	▪ 저소득층 여성의 재정지원을 통한 소득수준별 고등교육기회의 형평성이 정책의 우선순위	▪ 여성의 대학진학 확대를 통한 성별 고등교육기회 형평성에 정책적 관심
인력활용	▪ 대학전공과 직종선택의 다양화를 토대로 사회 전 분야에서 여성의 사회경제적 위상 제고	▪ 단기집중투자로 고숙련 여성인력의 양적성장 추구
연구동향	▪ 전공계열과 교육의 질(質)을 고려한 교육투자수익률 추정 ▪ 인적자본 특성 외에 직종별 특성을 반영한 교육투자수익 분석	▪ 교육투자에 대한 수익률의 성별 추정결과를 근거로 여성 교육투자의 높은 수익성 입증
미래비전	▪ 고학력 여성인력은 미래사회의 선도적 리더로서 사회, 정치, 경제 등 다양한 분야에서 새로운 변화의 주역	▪ 고학력 여성인력은 고부가가치 미래 산업의 성장 동력으로 국가경쟁력 강화의 근간(경제적 지위에 초점)

요가 급증하고 있다는 점도 주목할 필요가 있다. 여기에 여성의 인권 향상을 모색하는 전 세계적인 움직임과 맞물려 여성에게 고등교육의 기회가 지속적으로 확대되고 있으며 고학력 여성인력을 적극 활용하려는 기업과 국가차원의 정책적 노력으로 인해 여성교육의 투자수익률이 앞으로도 계속 높아질 것으로 예측되고 있다.

2005년 이후 OECD(2012)는 각국의 조사 자료를 통해 추정된 교육투자 수익률을 발표하였다. 이는 내부수익률법을 활용한 만큼 학교급별 한계수익률을 제시하고 있는 가운데 특히, 대학의 교육투자 한계수익률을 살펴보면 〈그림 2-8〉과 같다. OECD(2012)에서 발표한 28개국 가운데 0%의 수익률을 나타낸 에스토니아를 제외한 27개국의 한계수익률을 정리한 것이며, 이중 21개국은 2008년도, 2개국은 2007년도, 1개국은 2006년도, 3개국은 2005년도 자료를 활용하여 수익률을 산출한 결과이다.

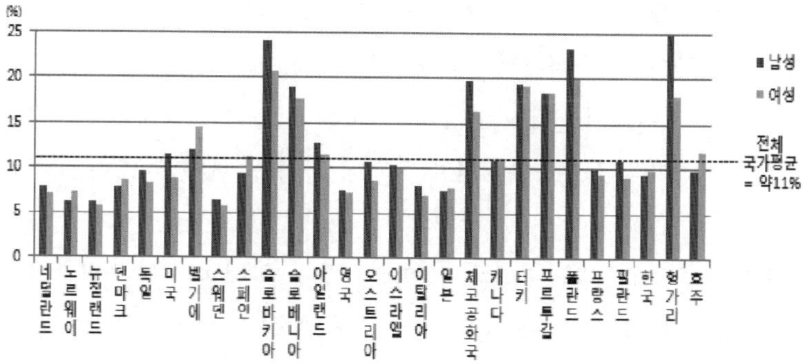

〈그림 2-8〉 대학 교육투자 한계수익률의 국가별 비교

출처: OECD(2012) 내용을 재구성함.

국가 간 수익률을 비교해 보면 슬로바키아와 폴란드는 각각 22.5%, 21.7%로 가장 높게 나타났다. 반면 뉴질랜드와 스웨덴은 각각 6.0%, 6.1%로 가장 낮게 나타났다. 성별을 중심으로 살펴보면 약 14개 국가에서는 남성의 수익률이 여성보다 높았고, 그 외의 국가들은 여성의 수익률이 더 높거나 상호 비슷한 수준을 나타냈다. 전체적으로 27개 국가의 평균적인 대학 교육투자 한계수익률은 약 11%를 보이고 있으며, 대부분 국가들의 교육수익률은 8-13% 사이에 분포하고 있었다. 그러나 이러한 결과는 내부수익률법의 방법상의 한계에 따라 교육 이외의 변수들이 통제되지 않아 교육수익률이 과대추정 되었을 가능성을 내포하고 있다.

특히, OECD 국가에서는 고학력 여성인력이 경제뿐만 아니라 정치, 사회, 문화 등의 다양한 분야에서 선도적 리더계층으로 역할이 증대될 것으로 기대하고 있다. 이에 따라 여성의 교육투자수익률을 전공별로 분석하고 있으며 다양한 여성지위 및 위상을 반영하는 사회적 지표를 개발하고 있다. 한편, 세계화 추세와 시장경제체제 도입으로 산업구조의 근본적 변화에 직면한 신흥개발국가에서는 고학력·고숙련 인력을 단기간에 양성해야 하는 국가적 과제에 역량을 집중하고 있다는 것이다.

반면, 우리나라의 경우 OECD에 가입한 국가이지만 경제적인 수준에서는 신흥개발국가로 분류되고 있는 상황이다. 이에 OECD 국가와 신흥개발국가의 선행연구와 국제간 비교를 종합적으로 논의해 보면 다음과 같은 시사점을 모색할 수 있다. 즉, 고학력 여성인력의 미래지향적 리더 자질을 배양함과 동시에 국가경제성장에 기여할 수 있는 고급여성인재를 육성하는 정책이야말로 국가경쟁력 제고와 긴밀하게 연관되어 있다는 것이다. 따라서 이제 고학력 여성인력 양성 및 활용에 대한 세계적인 흐름을 정확하게 파악하여 이를 정책적으로 실행해 나가는 것이 시대적으로 절실히 요구되는 시점에 도달하였다고 볼 수 있다.

제Ⅱ부 여성의 고등교육투자와 경제적 효과분석

제3장
연구설계와 연구모형

1절. 연구설계와 계량적 방법

2절. 연구모형

제 3 장 연구설계와 연구모형

1절. 연구설계와 계량적 방법

1) 연구설계

본 연구의 첫 번째 연구문제는 인적자본이론 관점에서 여성의 고등교육에 대한 투자가 생산성 향상을 통하여 노동소득[1]증가에 기여

1) 본 연구에서 사용한 여성임금근로자의 노동소득은 노동생산성을 대변하는 성과변수로서 시간당 임금에 자연대수 로그를 취한 값이다. 고등교육을 받은 여성임금근로자의 노동소득을 바탕으로 여성의 교육투자에 대한 수익률 추정이 가능할 뿐만 아니라 남성임금근로자 노동소득과의 평균차이를 통해 임금차별의 정도를 측정할 수 있다. 인적자본이론에서는 노동소득이 노동에 대한 수요와 공급의 균형에서 결정되므로 노동생산성 차이가 바로 임금격차를 초래하는 주된 요인으로 본다. 반면, 버그만(Bergmann, 1974)에 의해 발표된 과밀가설에 의하면 노동시장의 이중구조에 따라 여성은 주로 2차 노동시장에 과도하게 집중되고 이에 따른 여성노동력의 초과공급현상으로 여성의 노동소득이 남성의 노동소득에 비해 더욱 낮아진다고 설명한다. 본 연구에서는 인적자본이론 관점에서 여성의 노동소득증가가 고등교육을 통한 생산성 향상에 기인하는 것으로 접근하고 있으며, 동시에 집단 간에 다른 모든 조건이 동일함에도 불구하고 노동시장에서 개별 근로자가 속해 있는 집단을 차별적으로 대우하기 때문에 임금차별이 발생한다고 가정한다.

하는지를 탐색하는 것이다. 여기서 여성의 고등교육에 대한 투자는 고소득·고숙련 직종으로의 진출과 밀접한 관련이 있으므로 노동수요 측면에서 직무경쟁이론을 적절하게 반영한 배치이론을 바탕으로 인적자본소득함수를 사용하였다. 이에 따라, 소득함수의 종속변수로는 시간당 임금에 자연대수 로그를 취한 값을 사용하였으며 독립변수로는 인적자본축적을 반영하는 교육과 경험변수를 포함하였고 기업규모, 직종 등을 대변하는 직업특성 변수를 추가로 통제하였다.

첫 번째 연구문제로부터 여성교육투자에 대한 수익률을 추정하는 과정에서 다음과 같은 계량경제학적 문제를 반드시 고려할 필요가 있다. 우선, 임금은 취업자의 경우에 한하여 조사되기 때문에 여성의 경우 노동시장 참가여부에 따른 자기선택(self selection)문제를 극복해야 한다. 또한 여성의 인적자본을 반영하는 변수인 교육년수 변수가 오차항(u)과 상관을 갖는 경우에 발생하는 내생성(endogeneity)문제와 소득편차가 심한 여성표본의 이질성(heterogeneity)문제를 함께 해결해 주어야 한다.

먼저, 노동시장 참가여부에 따른 표본선택편의(sample selection bias)를 해결하기 위해 IMR을 이용한 헤크만(Heckman, 1979)의 2단계 추정법을 사용하였다. 또한 누락변수와 측정오차로 인해 발생하는 교육변수의 내생성(endogeneity)을 수정하기 위해 횡단자료에서는 도구변수(IV)를 사용하여 2단계 추정기법으로, 패널자료에서는 고정 및 임의효과 방법으로 교육투자수익률을 각각 추정하였다. 무엇보다, 여성의 경우 소득분포가 남성에 비해 이질적이라는 점에서 분위회귀분석으로 소득분위별 여성교육에 대한 투자수익률을 측정하였다.

다음으로 본 연구의 두 번째 연구문제는 인적자본이론에 진일보하여 임금차별이론 관점에서 고등교육에 대한 여성의 사적투자가 임금차별 개선을 통하여 노동소득증가에 기여하는지를 입증하는 것이다. 왜냐하면 남녀 간 소득의 격차를 생산성의 차이로만 설명하는 인적자본이론으로는 우리나라 노동시장에서 발생하는 임금차별의 요인을 설명하기에는 한계가 있기 때문이다. 임금차별이론에 근거하면 고용주의 선입견으로 인해 여성이 한계생산성만큼 임금을 받지 못함으로써 차별이 발생하게 된다. 따라서 차별의 크기를 계량적으로 추정하기 위해 임금격차를 분해함으로써 생산성의 요인을 제외한 잔여임금격차를 산출해야 한다.

두 번째 연구문제로부터 두 집단 간의 격차를 요인별로 분석하기 위해 옥사카-블라인더(1973)가 소개한 격차분해방법이 주로 사용되었다. 본 연구에서는 교육투자수익률 추정과정에서 사용한 인적자본소득함수를 활용하여 여성과 남성의 임금격차를 생산성의 차이와 잔여임금격차인 차별 요인으로 분해하였다. 더욱이 그동안 옥사카(1973) 임금분해기법의 제한점으로 지적된 차별의 크기에 대한 과대추정의 문제점을 개선하기 위해 옥사카와 랜섬(1994)의 임금분해방법을 사용하여 여성노동자가 학력수준과 직종에 따라 경험하는 임금차별의 크기를 각각 추정하였다. 또한, 임금격차를 분해하는 과정에서 여성의 자기선택(self selection)과 교육변수의 내생성을 해결하기 위해 헤크만(1979)의 2단계 추정법과 도구변수를 사용하여 차별의 크기를 추정하고 비교·분석하였다. 이에 본 연구의 개괄적인 설계 및 연구모형을 정리하면 〈그림 3-1〉과 같다.

따라서 본 연구는 궁극적으로 우리나라 여성의 고등교육투자가 노동소득을 증대시키는 효과가 있는지를 탐색함으로써 여성인적자원개발의 필요성을 입증하고자 하였다. 현대사회가 지식정보화 시대에 진입하면서 고등교육인력에 대한 노동시장의 높은 수요와 함께 국가인

연구 문제	고등교육에 대한 여성의 사적투자가 생산성 향상에 따른 노동소득증가에 기여하는가?	고등교육에 대한 여성의 사적투자가 임금차별 개선에 따른 노동소득증가에 기여하는가?
이론적 분석틀	▪ 인적자본이론 ▪ 직무경쟁이론 ▪ 배치이론	▪ 임금차별이론
계량적 방법	▪ 헤크만의 2단계 추정법 ▪ 도구변수(IV) 추정법 ▪ 패널분석 ▪ 분위회귀분석	▪ 옥사카-블라인더 분해방법 ▪ 옥사카와 랜섬 분해방법
연구 모형	$\ln wage_F = Edu_F + Job\ Variables_F + u_F$ $\ln wage_M = Edu_M + Job\ Variables_M + u_M$	$R = E(\ln wage_M) - E(\ln wage_F)$

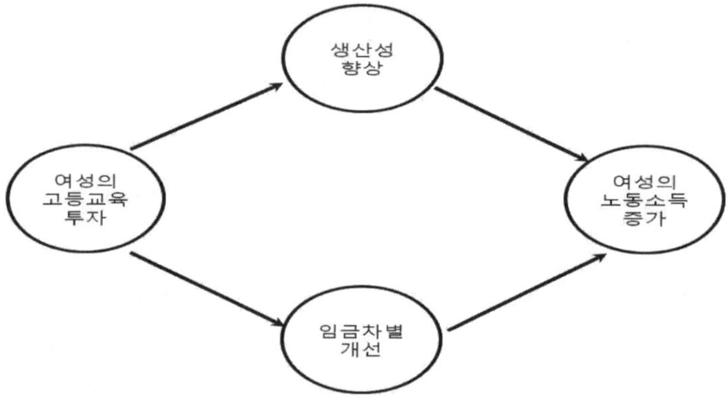

〈그림 3-1〉 연구설계 및 모형

적자원개발차원에서 여성인력활용에 대한 정책적 지원이 활성화됨에 따라 고등교육투자를 통해 높은 수익률을 기대하는 여성 개인의 경제적 유인이 점차 커지게 되었다. 따라서 여성 개인은 고등교육을 통해 인적자본을 축적함으로써 그동안 남성이 주도하던 고학력·고숙련 직종에 종사할 수 있는 학력과 자격을 갖추게 되어 생산성이 향상될 것이며, 이로 인해 임금차별이 개선됨으로써 고학력 여성인력의 소득은 증가하게 될 것이다. 이와 같은 선순환 구조를 바탕으로 장기적인 국가경제성장에 고학력 여성인력의 역할과 기여도가 점차 커질 것이라는 예측을 할 수 있는 것이다.

2) 여성의 교육투자수익률 추정을 위한 계량경제학적 방법

여성의 교육투자수익률을 추정하는 과정에서 주로 제기되는 계량경제학적 문제로는 먼저 여성의 노동시장 참가에 따른 표본선택편의(sample selection bias)를 들 수 있다. 헤크만(1979)은 기혼여성의 노동시장 참가에 따른 자기선택이 존재함을 입증하면서 이를 극복하기 위해 프로빗 모형을 사용한 2단계 추정기법을 제안하였다. 또한 능력과 같은 누락변수로 인해 발생하는 내생성(endogeneity) 문제를 극복하기 위해 횡단자료에서는 도구변수(IV) 추정법을 시도하고 있으며 패널자료에서는 고정 및 임의효과 방법이 각각 소개되고 있다. 더욱이, 여성표본의 경우 저소득층 여성과 고소득층 여성의 소득분포가 매우 이질적(heterogeneity)이라는 점에서 전통적인 회귀분석방법으로 추정하기 보다는 소득분위별로 여성교육에 대한 투자수익률을 측정하는 것이 타당하다는 논의가 설득력을 더하고 있다.

가. 표본의 선택편의(sample selection)문제

교육투자 수익률 추정과 관련한 대부분의 선행연구들은 임금이 관찰된 임금근로자만을 분석대상으로 한다. 이는 인적자본의 축적을 통한 생산성은 노동시장에서 임금으로 보상받는다고 생각하기 때문이다. 따라서 교육투자 수익률 연구는 일반적으로 취업하여 임금자료가 존재하는 임금근로자로 한정되고, 특히 전통적인 민서(Mincer)의 임금함수를 사용하여 회귀분석을 실시할 때, 임금함수에서 추정된 회귀계수는 노동시장에 참여한 사람만을 대상으로 한다는 제한점이 따른다.

따라서 표본집단이 모집단으로부터 무작위 추출되지 않고 체계적으로 수집된 경우에 노동시장에서 일하는 개인만을 대상으로 하는 중도 절단된 표본(censored sample) 또는 절삭된 표본(truncated sample)[2]을 사용함으로써 표본의 선택성을 고려하지 않은 회귀분석은 표본선택편의(sample selection bias)를 일으킨다. 이와 같이, 선택편의의 문제는 모형에 포함되어서 관찰할 수 있는 특성이 아니라 모형에 포함될 수 없어서 관찰할 수 없는 개인적 특성(unobservable characteristics)으로 인해 일어난다.[3] 다시 말해 개인의 특성과 노동시장의 참여여부가 노동임금에 영향을 미치지만 관찰할 수 없어서 모형에 포함되지 않는 것을 말한다. 이러한 문제가 발생되면 표본선택이 존재하는 데이터를 사용하여 추정된 교육투자수익률은 추정량이 편의를 일으켜 대표성을 상실하는 결과를 초래하게 된다.

이러한 표본선택의 문제로 인한 추정치의 편의와 이를 해결하기 위한 방법으로 헤크만(1979)이 제시한 2단계 추정방법이 있다. 우선 임금의 자연로그 값(Y_i)이 교육(S_i)의 선형함수라고 가정한 인적자본

---

2) 노동부에서 실시하는 임금구조기본통계조사와 같이 임금근로자만을 대상으로 하는 경우 절삭된 표본(truncated sample)이라고 할 수 있으며 중도 절단된 표본(censored sample)은 본 연구에서 사용하는 노동패널(KLIPS)과 청년패널(YP) 같이 임금 및 비임금 근로자와 실업자 등을 모두 포함하는 경우이다.

3) 자기선택(self selection)은 사람들이 스스로 어떤 프로그램에 참여하는 것을 선택하거나 참여토록 선정되는 것을 의미한다. 예를 들어 직업훈련 프로그램과 관련해 어떤 사람은 참가하고 어떤 사람은 참가하지 않는다. 그런데 직업훈련 프로그램의 참여자는 기업에서 선호하는 외향적인 성격을 소유하고 있는 반면 미참여자는 기업에서 선호하지 않는 내향적인 성격을 소유한 사람이라고 하자. 여기서 프로그램 참여자가 취직하게 되었다면 이것은 직업훈련 프로그램의 효과인지 아니면 개인적 특성의 차이인지 분명하지 않다(박경호, 2007).

이론에서 사용하는 임금함수의 형태는 다음과 같다(Mincer, 1974).

$$Y_i = \beta X_i + e_i \quad \cdots\cdots(3.1)$$

종속변수 Y_i는 개인 i의 시간당 평균임금에 자연로그를 취한 값이며 X_i는 교육년수를 포함한 개인 i의 관찰 가능한 변수들의 벡터이고 e_i는 오차항이다. 식 (3.1)은 고전적 회귀분석의 기본가정을 모두 충족한다고 가정한다. 즉 모형설정에는 오류가 없으며 e_i는 평균이 0이고 분산이 σ^2인 정규분포를 한다고 가정한다. 이러한 기본모형하에서 노동시장에 참여함으로써 받는 개인의 임금을 W_m이라고 하면, W_m은 노동시장에서의 생산력을 결정하는 변수 X(예를 들어, 교육이나 경험년수 등)로 이루어진 식 (3.2)의 함수 형태로 나타낼 수 있다. 특히, W_m은 식 (3.1)에서 종속변수로 사용된 Y_i를 실세 관찰된 임금으로 표시해준다는 점에서 Y_i^*으로 바꿔 쓸 수도 있다.

$$W_m = Y_i^* - \beta X_i + e_i \quad \cdots\cdots(3.2)$$

개별경제주체는 노동시장 참여여부를 결정할 때 의중임금(reservation wage, 이하 W_r)[4]과 시장임금(market wage)을 비교하게 된다. 그런데 임금은 취업자의 경우에만 조사되기 때문에 임금 결정식에 참여하는 표본집단은 시장임금이 의중임금보다 높은 개인만을 포함한다. 왜

4) 의중임금(reservation wage)이란 노동자가 고용을 통해서 최소한으로 받고자 하는 임금수준으로 가령 대졸자들이 '대학을 졸업하면 최소 이 정도는 받아야 한다'라고 생각하는 임금으로 이해하면 된다. 이와 비교되는 개념으로 시장임금(market wage)은 기업이 노동자 한 명을 고용하고자 할 때 최대한으로 주고자 하는 임금수준으로 제시임금(offer wage)이라고도 한다.

냐하면, 시장임금이 의중임금보다 낮은 경우에는 노동시장에 진입하지 않는 쪽이 경제주체에게 합리적인 선택이므로 이들에 대한 임금은 현실에서 관찰되지 않기 때문이다. 즉, 합리적인 개인은 시장임금이 자신이 생각한 의중임금보다 높다면 노동시장에 참여할 것이고, 그렇지 않다면 취업을 하지 않을 것이다. 여기에서 의중임금 W_r은 교육년수, 경험년수, 가계 자산, 타 가구원의 소득, 가구 규모 등과 같은 가계생산성(home productivity)을 결정하는 변수 Q로 이루어진 함수로 식 (3.3)과 같이 나타낼 수 있다. 식 (3.3)에서 θ는 회귀계수이고 ν_i는 오차항이다.

$$W_r = \theta Q_i + \nu_i \qquad \cdots\cdots(3.3)$$

또한 여기에서 Z^*를 다음과 같이 정의하자.

$$\begin{aligned} Z^* &= W_m - W_r = \gamma W_i + u_i \\ Z_i &= 1 \qquad \text{if } Z_i^* > 0 \\ Z_i &= 0 \qquad \text{if } Z_i^* \leq 0 \end{aligned} \qquad \cdots\cdots(3.4)$$

식 (3.4)에서 Z_i^*는 노동시장 참여의 경향성을 대변하는 종속변수이고 독립변수 W_i는 노동시장 참여에 영향을 주는 변수를 포함하고 있으며 u_i는 오차항이다. 만약 $W_m > W_r$(또는 $Z_i^* > 0$)이라면 개인은 노동시장에 참여하려고 하겠지만, 그렇지 않다면 개인은 자영업이나 가족종사자(self or home employment)를 선택할 것이다. 이때, 문제는 Z_i^*가 직접적으로 관찰되지 않는다는 데 있다. 하지만 분석 표본에서는 노동시장에 참여하여 일을 하기로 의사결정한 사람들의 관찰치 값을 가지고 있다. 따라서 이분변수인 Z_i를 만들어 만약 관찰되지 않는 변수인 $Z_i^* > 0$면 $Z_i = 1$, $Z_i^* \leq 0$면 $Z_i = 0$의 값을 부여한다. 다시 말해 만약 어떤 개인이 취업해 있으면 $Z_i = 1$, 실업상태면 $Z_i = 0$이 된다. 따라서 식 (3.2)는 식 (3.5)와 같이 나타낼 수 있다.

$$
\begin{aligned}
&Y_i^* = \beta X_i + e_i \\
&Y_i = Y_i^* \quad \text{if } Z_i^* > 0 \text{ 또는 } Z_i = 1 \\
&Y_i = 0 \quad \text{if } Z_i^* \leq 0 \text{ 또는 } Z_i = 0 \qquad \cdots\cdots(3.5)
\end{aligned}
$$

식 (3.5)에서 $Z_i = 1$이라면 관찰 임금(Y_i)과 현실에서 실제로 받는 임금 Y_i^*와 일치하지만, $Z_i = 0$이라면 관찰 임금(Y_i)은 존재하지 않아 0이 된다. 따라서 $Z_i^* > 0$(또는 $Z_i = 1$)으로 $Y_i > 0$인 표본만을 대상으로 하여 OLS 방법으로 회귀계수를 추정한다면 추정치가 편의되는 것이다. 식 (3.5)의 노동시장 참여모형을 반영하여 Y_i를 X_i에 회귀시키면 다음의 식 (3.6)이 된다.[5)]

$$
\begin{aligned}
Y_i &= \beta X_i + E(e_i | Z_i^* > 0) + \eta_i \\
&= \beta X_i + E(e_i | u_i > -\gamma W_i) + \eta_i \qquad \cdots\cdots(3.6)
\end{aligned}
$$

식 (3.6)에서 오차항은 $E(e_i|u_i > -\gamma W_i) + \eta_i$으로 식 (3.5)의 e_i와 같으며, $E(e_i|u_i > -\gamma W_i)$는 표본선택하에서의 오차항의 기댓값을 말하는 것이다. 만약 e_i와 u_i가 독립적이라면 $E(e_i|u_i > -\gamma W_i)$의 기댓값은 0이 되어 표본선택편의는 존재하지 않는다. 하지만 일반적으로 선택

---

5) 최종적인 조건부 기댓값은 $E(Y_i|Z_i = 1) = E(Y_i|Z_i^* > 0) = E(Y_i|u_i > -\gamma W_i)$이고 $E(e_i|Z_i = 1) = E(e_i|Z_i^* > 0) = E(e_i|u_i > -\gamma W_i)$이다.

편의 문제가 있는 표본에서 오차항의 조건부 기댓값($E(e_i|u_i >-\gamma W_i)$)은 0이 아니다. 따라서 이러한 경우에는 고전적 회귀모형의 가정에 위배[6]되는 것이며 전형적인 누락변수로 인한 회귀계수 β값에 편의를 가져오게 된다. 결국 표본선택편의 문제는 조건부 기댓값 $E(e_i|u_i > -\gamma W_i)$이 회귀모형의 독립변수로 포함되지 않고 누락되었기 때문에 발생하는 문제라고 볼 수 있다.

이러한 표본선택으로 인한 OLS 추정치의 편의를 수정하기 위해 헤크만(Heckman, 1979)의 연구에서는 2단계 추정방법(또는 HECKIT 방법)을 제시하였다. 누락된 변수인 $E(e_i|u_i >-\gamma W_i)$를 임금함수식에 하나의 새로운 독립변수로 포함시킴으로써 표본선택 문제를 해결하고자 하는 것으로 오차항 u_i와 e_i가 이변량 정규밀도(bivariate normal density) 가정하에서 $E(e_i|u_i >-\gamma W_i)=\sigma_e\lambda(-\gamma W_i/\sigma_u)$임을 유도하였다. 여기에서 유도한 $\sigma_e\lambda(-\gamma W_i/\sigma_u)$은 오차의 조건부 기댓값으로서 IMR(inverse Mill's ratio)이라고 한다. IMR은 관찰치가 표본에서 제외될 확률을 나타내기 때문에 IMR의 회귀계수 값이 클수록 관찰치가 표본에서 제외될 가능성이 커짐을 의미한다.

한편, HECKIT 방법으로 IMR 값을 추정하려면 우선 1단계에서 전체 표본을 대상으로 노동시장 참여에 대한 의사결정 여부를 종속변수로 하는 노동참여방정식을 프로빗(Probit) 모형으로 추정한다. 이때 Probit 모형에서 추정된 추정치($\hat{\gamma}$)들은 IMR(또는 $\sigma_e\lambda(-\gamma W_i/\sigma_u)$) 값을 추정하는 데 사용된다. 즉, 1단계의 프로빗 모델에서 관찰할 수 없는

6) $E(e_i|u_i >-\gamma W_i)$의 기댓값이 0이 아니라는 것은 X_i와 오차항 e_i간에 상관이 존재한다는 것을 의미하기 때문에 $E(u|X)=0$이라는 기본 가정이 위배된다. 이러한 경우 모수의 추정치에 편의(bias)가 발생한다. 구체적으로 $\hat{\beta}=(X'X)^{-1}X'Y=\beta+(X'X)^{-1}X'u$이고, $E(\hat{\beta})=\beta+(X'X)^{-1}X'E(u|X)$인데, 만약 $E(u|X)=0$이라면 $E(\hat{\beta})=\beta$가 되지만 $E(u|X)\neq 0$이라면 $E(\hat{\beta})\neq\beta$가 되어 편의(bias)를 일으킨다.

개인의 특성을 반영한 IMR을 구한 다음 2단계 회귀분석에서 추가적 독립변수로 사용함으로써 임금함수를 추정하는 것이다.

본 추정방법의 핵심은 선택편의가 오차(ϵ_i)의 기댓값을 IMR만큼 편의(bias)시키므로 IMR을 계산하여 모형에 변수로 투입함으로써 이를 조정하자는 것이다. IMR을 이용한 추정방법은 IMR(λ) 변수가 유의미한지 여부를 통해 선택편의 존재여부를 명시적으로 알 수 있다는 장점이 있다. 위머와 체즘(Wimmer & Chezum, 2003)은 IMR 계수의 부호가 식 (3.1)과 식 (3.4)의 오차 간의 공분산을 의미한다고 지적하였다. 따라서 IMR의 계수가 양의 값을 갖는 경우는 노동시장 참여여부와 임금소득 간에 양(+)의 상관관계가 있음을 의미하고 IMR의 계수가 음(−)의 값을 갖는 경우는 이와는 상반된 의미를 갖는다. 또한 IMR 변수의 t값이 통계적으로 유의미하지 않은 경우에는 자기선택이 추정에 영향을 주지 않는 것을 의미한다.

나. 누락변수로 인한 내생성(endogeneity)문제

① 횡단자료

임금의 자연로그 값(Y_i)이 교육(S_i)의 선형함수라고 가정한 인적자본이론에서 사용하는 임금함수의 형태는 식 (3.7)과 같다(Mincer, 1974). Y_i는 개인 i의 시간당 평균임금에 자연로그를 취한 값이며 S_i는 개인 i에 대한 교육연수, X_i는 개인 i의 관찰 가능한 변수들의 벡터이다.

$$Y_i = \beta_0 + \beta_1 S_i + \beta_2 X_i + u_i \qquad \cdots\cdots(3.7)$$

개인의 능력이나 성취동기 등은 교육 수준과 높은 상관을 가지면서 동시에 임금에 영향을 주기 때문에 모형에 반드시 포함시켜야 하며 만일 모형에 포함되지 않았을 경우에는 누락변수(omitted variable)로 인한 모형선정의 오류가 발생한다(Wooldridge, 2009). 한편, 능력(ability)을 대변하는 변수는 현실에서 관찰하기 어렵기 때문에 일반적으로 오차항 u_i에 포함된다. 따라서 식 (3.7)을 OLS 방식으로 추정하면 교육변수와 능력변수 간에 상관이 존재하므로(회귀계수 S_i와 오차항 u_i 간에 상관이 존재하기 때문에) 추정치 $\hat{\beta}$은 편의되며 내생성을 지니게 된다.[7] 이와 같이 누락변수로 인한 내생성 문제를 해결하기 위한 방법으로 도구변수(Instrumental Variable: IV)를 사용한 2단계 추정기법(2SLS)을 사용할 수 있다.

이렇게 설명변수의 내생성 문제를 극복하기 위해 타당한 도구변수(IV)를 활용하는 경우에는 다음의 두 가지 가정을 반드시 만족시켜야 한다. 우선, 도구변수의 첫 번째 가정으로 도구변수는 내생성이 발생하는 설명변수와 상관이 존재해야 한다($Cov(Z_i, X_i) \neq 0$). 예컨대, 여성의 교육년수와 상관관계가 높은 변수로는 부모의 학력, 배우자의 학력, 형제자매 수 등을 들 수 있다. 전 세계 28개국을 대상으로 교육투자 수익률을 분석한 트로스텔 외(Trostel et al., 2002)의 연구에서는 부모와 배우자의 교육수준이 높을수록 여성 개인의 학력수준도 동시에 높아지는 양(+)의 상관관계가 있는 것으로 밝혀졌다. 반면에 형제자매 수와 여성의 교육년수 간에는 음(−)의 상관이 존재한다는 연구결과도 제시되고 있다(Butcher & Case, 1994; Li, 2003). 즉, 가족구성원 중 형제자매의 숫자가 많으면 많을수록 여성 개인의 교육기회가 점점 더 줄

7) $y = X\beta + u$라는 기본모형을 가정하면 $\hat{\beta} = (X'X)^{-1}X'Y = \beta + (X'X)^{-1}X'u$이다. 여기서 회귀계수와 오차항 간에 상관이 존재하면 $E(u|X) \neq 0$이므로 $\hat{\beta}$는 불편추정량이 될 수 없다.

어든다는 점에서 형제자매 수는 여성교육년수와 상관이 높은 변수로 평가되었다.

다음, 도구변수의 두 번째 가정으로 도구변수(Z_i)와 오차항(u_i) 상호 간에 독립이라는 조건($Cov(Z_i, u_i) = 0$)이 충족되어야 한다. 따라서 부모와 배우자의 학력과 형제자매 수를 도구변수로 사용하기 위해서는 그 변수들이 여성 개인의 노동소득과는 논리적인 인과관계가 성립하지 않는다는 전제가 필요하다.

이러한 두 가지 가정을 충족하는 도구변수를 사용하여 교육투자수익률을 추정하기 위해서는 2단계 최소자승법(2 Stage Least Squares: 2SLS)을 활용하게 된다. 먼저 2SLS 1단계에서는 내생변수인 교육수준을 나타내는 S_i를 종속변수로 사용하고 도구변수(Z_i)로 제공된 부모의 학력[8] 혹은 배우자의 학력을 독립변수로 포함한 OLS를 실시하여 $\hat{S}_i$을 추정하게 된다. 여기서 종속변수 S_i는 식 (3.7)의 오차항(u_i)과 독립인 부분($\pi_o + \pi_1 Z_{1i} + \pi_2 Z_{2i}$ 또는 $\hat{S}_i$)과 오차항(u_i)과 상관이 존재하는 부분(ν_i)으로 나누어지며 식 (3.8)과 같이 회귀분석을 실시한다.

$$S_i = \pi_o + \pi_1 Z_{1i} + \pi_2 Z_{2i} + \nu_i \qquad \cdots\cdots(3.8)$$

다음으로 2SLS 2단계에서는 종속변수 Y_i에 대해 식 (3.7)에 포함된 S_i 대신에 식 (3.8)에서 추정된 $\hat{S}_i$을 대입하여 OLS를 실시하면 식 (3.9)와 같이 β_0, β_1, β_2 대신에 β_0^{2SLS}, β_1^{2SLS}, β_2^{2SLS}을 각각 추정할 수 있게 된다. 따라서 OLS로 추정한 교육투자수익률 β_1과 도구변수를 사

8) 교육투자수익률 관련 국외연구에서 도구변수로 부모의 학력을 주로 사용하고 있다. 청년패널(YP) 자료는 부모의 교육수준을 제공하는 반면 노동패널(KILPS) 자료에서는 어머니의 교육수준은 설문조사에서 제외되었다.

용하여 2단계 추정법으로 구한 수익률 β_1^{2SLS}을 각각 비교할 수 있다.

$$Y_i = \beta_0^{2SLS} + \beta_1^{2SLS}\hat{S_i} + \beta_2^{2SLS}X_i + \epsilon_i \qquad \cdots\cdots(3.9)$$

이러한 도구변수의 타당성(validity)을 입증하기 위해서는 도구변수의 적절성(relevance)과 외생성(exogeneity)을 검증하는 테스트를 반드시 통과해야 한다. 먼저 도구변수의 적절성(relevance)을 추정하는 방법으로는 2SLS 1단계인 식 (3.8)에서 도구변수의 모든 회귀계수가 0의 값을 갖는다는 귀무가설($H_0 : \pi = 0$)을 검증하는 F테스트를 실시하고, 만일 귀무가설을 기각하면 도구변수의 적절성을 입증할 수 있다(Bound et al., 1995). 다시 말해, 귀무가설을 유의수준에서 기각하는 경우 도구변수의 적절성(relevance)을 입증할 수 있게 된다.

$$\hat{\epsilon_i} = \delta_0 + \delta_1 Z_{1i} + \ldots + \delta_m Z_{mi} + \delta_{m+1} X_{1i} + \ldots + \delta_{m+r} X_{ri} + w_i \qquad \cdots\cdots(3.10)$$

한편, 도구변수의 외생성(exogeneity) 여부는 도구변수(Z_i)가 오차항(ϵ_i)과 상관이 없다($Cov(Z_i, \epsilon_i) = 0$)는 것을 검증하기 위해 사간(Sargan, 1958) 테스트를 실시한다. 오차항(ϵ_i)은 구할 수 없으므로 대신 식 (3.9)에서 추정한 오차항의 추정치($\hat{\epsilon_i}$)를 사용하여 종속변수로 하고 독립변수로는 도구변수와 통제변수를 모두 포함한 회귀모형을 식 (3.10)과 같이 구성한다. 식 (3.10)에서 회귀계수가 모두 0이라는 귀무가설($H_0 : \delta = 0$)을 기각하지 않으면 도구변수의 외생성이 입증된다고 간주하는 것이다(Stock & Watson, 2007).[9)]

9) 바운드 외(Bound et al., 1995)는 IV를 논문에서 사용하는 경우 F-test, Sagan

② 패널자료

패널자료를 사용하는 경우 능력(ability)과 같이 관찰되지 않는 개인의 고유한 특성으로 인해 발생하는 모수의 편의(bias)문제를 해결할 수 있다. 패널 자료는 시간이 지나도 크게 변하지 않는 개인의 고유한 특성을 고정하여서 관측이 어려운 개체효과를 통제함으로써 시간의 경과에 따라 개인의 교육투자가 노동소득에 미치는 영향력을 정확하게 포착할 수 있는 장점이 있다. 이러한 패널자료는 t년도의 개체수 n을 수집함으로써 nT만큼의 풍부한 관측치를 갖게 되어 연구모형 설계에도 매우 효과적이다.[10)]

식 (3.11)에서와 같이 회귀식으로 표현하면 i는 관찰단위로서 개체(개별 근로자)를 의미하며 t는 시간을 나타낸다. Y는 종속변수이고 X_j는 관측할 수 있는 독립변수를 의미하며 반면에 Z_p는 관측할 수 없는 독립변수이다. ϵ_{it}는 회귀모형의 조건을 만족하는 오차항이다. δt는 시간효과를 반영하는 절편으로 개별연도에 따라 가변수로 사용할 수 있다.

$$Y_{it} = \beta_1 + \sum_{j=2}^{k} \beta_j X_{jit} + \sum_{p=1}^{s} \gamma_p Z_{pi} + \delta t + \epsilon_{it} \quad \cdots\cdots(3.11)$$

회귀식에 포함되는 X_j가 일반적으로 연구자의 관심을 반영하는 변수라면 Z_p변수들은 개인의 능력과 같이 시간의 경과에 따라 거의 변하지 않는 개체효과로서 연구자가 관측할 수 없는 효과를 의미한다.

---

test 결과값 외에도 IV의 설명력을 보여주는 Partial R^2을 결과표에 제시하도록 제안하고 있다.

10) 패널자료로 구축된 nT 중에 결측치가 있는 자료(unbalanced data)의 경우 결측이 임의적으로 발생했다면 분석이 가능하다(Dougherty, 2007).

측정할 수 없는 개체효과를 편의상 α_i로 하여 식 (3.11)에 대입하면 식 (3.12)가 구해진다.

$$Y_{it} = \beta_1 + \sum_{j=2}^{k} \beta_j X_{jit} + \alpha_i + \delta t + \epsilon_{it} \quad \cdots\cdots(3.12)$$

여기서 만일 α_i가 X변수 중 어느 하나와 상관이 있다면 위 회귀식에서 회귀계수는 편의된 값을 갖게 된다. 만일 독립변수 X_j가 개체들의 특징을 모두 관측해서 설명해 낼 수 있다면 관찰되지 않는 개체효과인 α_i가 제거될 것이고 시간(t)에 따른 모든 관찰치를 표본으로 하는 pooled OLS를 사용할 수 있다. 그러나 관측되지 않은 α_i로 인해 독립변수 X_j가 개체들의 특징을 모두 설명해 낼 수 없다면 패널자료를 사용할 수 있으며, 고정효과 혹은 임의효과 모형으로 분석하게 된다.

패널자료 분석을 위해 가변수를 이용한 LSDV(Least Square Dummy Variable) 고정효과 모형이 있다. LSDV 모형을 사용하면 관측할 수 없는 변수인 α_i가 회귀식에서 제거되지 않고 가변수로 포함된다. 다시 말해, 식 (3.13)에서 가변수 A_i는 개인 i에 대해 모든 t년도에 1의 값을 갖게 되며 다른 개인들에 대해서는 0의 값을 갖는다. 따라서 가변수를 사용하면 식 (3.13)과 같이 회귀식의 절편은 제거되고 α_i는 각각의 개체에 대해 절편역할[11)]을 하게 된다.

$$Y_{it} = \sum_{j=2}^{k} \beta_j X_{jit} + \delta t + \sum_{i=1}^{n} \alpha_i A_i + \epsilon_{it} \quad \cdots\cdots(3.13)$$

---

11) 고정효과 모형에서 개인별 가변수(dummy variable)의 크기는 기준(base)역할을 하는 개인의 절편과 각 개인마다 주어지는 절편의 차이라고 볼 수 있다.

만약 연구자가 관심을 갖고 있는 변수가 시간의 변화에 따라 고정되어 있을 경우 고정효과모형에서는 그러한 변수들을 회귀식에서 통제하기 때문에 측정할 수 없게 된다. 이러한 문제를 해결하기 위해 임의효과모형을 사용할 수 있으며 모형이 성립되기 위해서는 다음의 가정이 충족되어야 한다. 먼저 첫 번째 가정으로는 회귀식에서 α_i는 개체(개인)들의 고유효과를 반영하는 것이 아니라 개체(개인)별로 우연하게 주어진 값으로 가정한다. 따라서 관찰할 수 없는 변수 α_i가 모집단에서 무작위로 표집되는 임의표본이 요구된다. 다시 말해, α_i는 모집단에서 추출된 임의변수로 간주되며 식 (3.14)와 같이 모형에서 ϵ_{it}와 같이 다루어 오차로 간주하게 된다.

$$Y_{it} = \beta_1 + \sum_{j=2}^{k} \beta_j X_{jit} + u_{it}, \ u_{it} = \alpha_i + \epsilon_{it} \qquad \cdots\cdots(3.14)$$

두 번째로 중요한 가정으로는 측정할 수 없는 α_i가 회귀식의 다른 모든 X변수와는 독립이어야 한다는 것이다. 만일 α_i를 포함하는 u_{it}가 다른 X변수들과 상관이 존재한다면 임의효과의 회귀계수는 편의(bias)되어서 계수의 효율성이 떨어진다. 이러한 경우에는 첫 번째 임의표본 가정이 충족되더라도 고정효과모형을 사용해야 한다.

만약 이러한 임의효과모형의 두 가지 가정이 충족되지 않는다면 고정효과모형을 사용해야 한다. 우선 개체(개인)들의 고유효과를 반영하는 변수 α_i가 모집단에서 무작위로 표집되어야 한다는 첫 번째 가정이 만족되어야 하는데, 그렇지 못하고 만일 패널자료가 임의표집되지 않은 경우라면 고정효과모형이 더 타당하다(Dougherty, 2007). 또한 측정할 수 없는 개체효과가 다른 독립변수들과 독립이여야 하는 두 번째 가정이 만족되어야 하는데, 이것을 검증하기 위해 더빈-우-하우스만(Durbin-Wu-Hausman) 검정을 실시하게 된다. 하우스만 검정의 귀무가설은 개체효과(α_i)가 다른 변수들과 독립인지를 검정하는 것이다. 만일 귀무가설을 기각하지 못하는 경우 임의효과와 고정효과 모형을 모두 사용할 수 있다. 그러나 귀무가설을 기각하는 경우 오차항과 설명변수 간에 상관이 존재하므로 결과적으로 모수의 추정치가 편의(bias)되어 임의효과 모형을 적용하기 어렵다.

만약 임의효과 모형의 오차항과 설명변수 간에 상관이 존재하는 경우라면 대안으로 사용할 수 있는 평균차감기법은 다음과 같다. 식 (3.14)에서 연도별 개별관찰치의 평균을 활용하는 방법으로 식 (3.15)와 같다.

$$\overline{Y_i} = \frac{1}{T}\sum_{t=1}^{T} Y = \overline{\beta_1} + \sum_{j=2}^{k} \beta_j \overline{X_{ji}} + \alpha_i + \overline{\epsilon_i} \qquad \cdots\cdots(3.15)$$

식 (3.15)를 식 (3.14)로부터 좌우항을 각각 차감하면 식 (3.16)이 구해진다.

$$\begin{array}{rl} & Y_{it} = \overline{\beta_1} + \sum \beta_j X_{jit} + \alpha_i + \epsilon_{it} \\ - & \overline{Y_i} = \overline{\beta_1} + \sum \beta_j \overline{X_{ji}} + \alpha_i + \overline{\epsilon_i} \\ \hline & Y_{it} - \overline{Y_i} = \beta_j \sum (X_{jit} - \overline{X_{ji}}) + (\epsilon_{it} - \overline{\epsilon_i}) \end{array} \qquad \cdots\cdots(3.16)$$

이렇게 임의효과 모형을 평균차감기법을 사용하여 고정효과모형으로 전환시키는 과정에서 임의효과 α_i를 제거할 수 있게 된다. 따라서 개체(개인)들의 고유효과를 반영하는 변수 α_i와 소득함수식의 설명변수 간의 상관이 존재하는 경우에도 고정효과모형을 적용하여 편의(bias)되지 않는 모수의 추정치를 얻을 수 있다.

한편, 패널자료를 이용하여 평균추정치(between estimator)를 계산하는 방법은 피설명변수의 평균값에 대하여 설명변수의 평균값으로 회귀분석을 시도하는 추정법이다. 패널자료의 평균추정방법은 t년도 개별관찰치의 분산(individual-specific variation)을 평균값으로 대체함으로써 추정하게 되며 이때 회귀식의 모든 설명변수는 오차항과 독립이라는 가정이 반드시 필요하다. 평균추정치를 추정하는 모형을 수식으로 나타내면 식 (3.17)과 같다.

$$\overline{y_i} = \overline{X_i}\beta + \overline{Z_i}\delta + u_i + \overline{\epsilon_i} \qquad \cdots\cdots(3.17)$$

이러한 평균추정기법은 주로 개별 관측치에 대한 시계열 정보가 정확하지 않을 가능성이 존재하는 경우에 측정오차(measurement error)문제를 해결하기 위해서 사용되는 경우가 많다. 즉, 교육투자에 대해 조사된 표본의 개인 교육년수가 과장될 가능성이 존재하는 경우에 이러한 측정오차문제를 해결하기 위해서는 t년도의 모든 개인의 교육년수에 대한 평균치를 계산함으로써 개별 t년도마다 1개의 평균교육년수를 사용하여 교육투자수익률을 추정하게 된다.

다. 표본의 이질성(heterogeneity)문제

여성임금근로자의 경우 남성임금근로자에 비해 상대적으로 소득분포의 편차가 훨씬 더 크다는 것은 여성임금근로자의 특성이 매우 이질적(heterogenous)이라는 것을 의미한다. 그러므로 소득분위를 고려하지 않고 평균적인 회귀선을 추정하는 고전적인 회귀분석(classical regression)으로는 여성교육투자수익률을 파악하는 데에 한계가 있다. 왜냐하면 OLS 방법으로 교육의 투자수익률을 추정한 결과는 평균소득집단의 교육투자에 대한 수익률은 제시할 수 있지만 소득분포(distribution)의 양 극단(extremes)에 속해 있는 고소득과 저소득의 교육투자수익률에 대한 정보는 제공할 수 없기 때문이다.

예컨대 교육정책을 담당하는 정부 입장에서는 평균적인 소득집단의 교육투자에 대한 수익보다는 우리 사회 저소득층의 교육투자에 대한 수익률추정결과에 더 많은 관심을 갖기 마련이다. 만일 평균적인 소득집단의 교육투자에 대한 수익률 추정치와 소득분위별 집단 간의 수익률 추정치가 각각 다르게 추정된다면 교육투자수익률 추정연구가 왜곡된 정보를 제공할 수도 있을 것이다. 우리나라와 같이 노동시장에서 고학력 여성과 저학력 여성 간의 소득편차가 크게 벌어지는 경우에는 소득분위별로 교육투자수익률 분석이 가능한 분위회귀분석(quantile regression)을 사용하는 것이 더욱 효과적이다(Koenker & Hallock, 2001).

이에 본 연구에서는 여성의 교육투자수익률 추정을 위해 통상최소자승법과 분위회귀분석(quantile regression)방법을 병행하여 사용하고 각각의 추정결과를 비교·분석할 것이다. 고전적인 회귀분석이 종속변수의 조건부 평균(conditional mean)을 중심으로 하는 선형모형을 사용하는 데 반해, 분위회귀분석은 종속변수의 조건부 τ-분위(conditional τ-quantile)를 중심으로 하는 선형모형을 사용한다는 점에서 이질적인 표본의 분석에 주로 사용되고 있다. 〈표 3-1〉은 OLS와 분위회귀분석 추정의 특징을 각각 비교·정리하였다.

〈표 3-1〉 OLS와 분위회귀분석의 특징비교

	고전적 회귀분석 (OLS, Mean Regression)	분위 회귀분석 (Quantile Regression)
기본가정	OLS 기본가정[12)]	기본 가정은 OLS와 동일함
변수관계	독립변수(X)와 종속변수 조건부 평균(conditional mean)의 선형관계	독립변수(X)와 종속변수 조건부 분위(conditional quantile)의 선형관계
종속변수 조건부 기댓값	$E(Y\|X)$	$Q_\theta(Y\|X)$
β의 추정	오차항 자승합의 최소 (OLS: Ordinary Least Squares)	가중치를 부여한 오차항 절대값 합의 최소 (LAD: Least Absolute Deviations)

분위회귀분석은 코앤커와 바세트(Koenker & Bassett, 1978)에 의해 처음 소개되었는데 그 필요성을 직관적으로 설명하면 다음과 같다. 설명변수의 영향을 통제한 후에 종속변수의 조건부 분포를 기준으로 했을 때 만일 분포의 각 분위별로 종속변수의 결정요인이 다를 가능성이 존재한다면, 평균적 결정요인만을 추정하는 고전적인 회귀분석으로는 각 분위별 결정요인을 식별할 수 없다.[13)] 이러한 집단의 이질성 문제를 해결하기 위해 전체표본을 해당 소득분위에 따라 분리한 다음 동일한 추정식을 통상최소자승법으로 추정하는 방법을 생각해 볼 수도 있을 것이다. 그러나 분석대상을 해당 소득분위로 구분할 때 각각의 분위에 해당되는 관찰치만을 포함시킴으로

12) 설명변수 x는 비확률변수($rank(X)=k$), 오차항 $u_i \sim iidN[0, \sigma^2]$

13) 예를 들어 간단한 소비함수를 추정한다고 하자. 소비수준의 상위 10%(절대적 소비액 기준이 아니라 설명변수의 값을 통제한 후의 조건부 분포에서의 상위 10%)에 속하는 소비자의 한계소비성향과 하위 10%에 속하는 소비자의 한계소비성향이 다르다면, 단지 평균적 한계소비성향을 추정하는 일반적인 최소자승추정법(OLS)으로는 그 차이를 포착할 수 없을 것이다. 이런 경우, 분위회귀분석을 사용하면 종속변수의 조건부 분위별 한계소비성향을 추정해낼 수 있다(최강식 · 정진욱 · 정진화, 2005).

써 심각한 표본선택(sample selection)문제가 유발되어 추정치가 편의될 수 있다.[14)]

따라서 분위회귀분석은 표본의 관찰치를 분할하지 않고 표본의 모든 관찰치를 사용한다는 점에서 선택편의 문제에서 자유로울 수 있다. 무엇보다, 표본 집단의 이질성이 심한 경우 소득분위에 따라 가중치를 다르게 부여한다는 점에서 통상최소자승법과는 방법론과 결과 면에서 상이할 수밖에 없다. 소득분위별로 교육투자수익률을 추정하기 위한 분위회귀분석의 모형은 식 (3.18)과 같다.

$$y_i = \beta_\tau X_i + u_{\tau i},\ Q_\tau(y_i|X_i) = \beta_\tau X_i \quad (i = 1,2,\ldots,n) \quad \cdots\cdots(3.18)$$

식 (3.18)의 모형에서 β_τ는 $(k \times 1)$ 계수 벡터, X_i는 설명변수의 $(k \times 1)$ 벡터, $u_{\tau i}$는 오차항을 각각 나타내며 $Q_\tau(y_i|X_i)$는 X가 주어진 상태에서 y의 τ번째 조건부 분위(conditional quantile)를 가리킨다.[15)] 분위 회귀계수 β_τ는 아래 식 (3.19)를 계산하여 구할 수 있다. 잔차항이 0보다 작은 경우는 $(1-\tau)$의 가중치를 곱하고 잔차항이 0보다 크거나 같은 경우에는 τ의 가중치를 곱한 다음 최소화 문제의 해(解)를 구하는 것이다. 만일, τ분위가 0.5일 경우[16)] 분위 회귀분석(quantile regression)은 중위 회귀분석(median regression)과 동일한 추정

---

14) 선택편의가 발생하는 경우 앞서 소개한 헤크만(Heckman, 1979)의 2단계 추정방법을 사용하여 해결할 수 있으나 표본(sub-sample)이 3개 이상인 경우에는 사용할 수 없다.

15) 모든 i에 대하여 $Q_\tau(u_{\tau i}|X_i) = 0$이 성립한다.

16) τ분위가 0.5일 경우 두 회귀분석 모두 모수 추정치는 아래와 같이 동일하게 잔차항 절대값의 합에 대한 최소화로 추정할 수 있다.

$$\min \sum_{i=1}^{n} |Y_i - X_i\beta|$$

결과를 제시한다.

$$\min\{\sum_{y_i \geq X_i\beta} \tau|y_i - X_i\beta| + \sum_{y_i < X_i\beta} (1-\tau)|y_i - X_i\beta|\} \quad \cdots\cdots(3.19)$$

이와 같이 분위회귀분석방법을 사용하면 기존의 OLS 추정결과가 표본의 극단치(outlier)에 민감하게 반응하는 단점을 극복할 수 있게 된다. 또한 OLS 기본가정 중에 암묵적으로 동의하는 등분산성 가정이 실제 표본에서 지켜지지 않는 경우에도 이로 인한 이분산성(hetero-skedasticity) 문제를 해결할 수 있다.

이에 최근 분위회귀분석을 사용한 교육투자수익률 추정연구에서는 관찰 불가능한 개인의 이질성(heterogeneity)이 노동소득에 미치는 영향에 주목하고 있다(Mwabu & Schultz, 1996; Buchinsky, 2001; Martins & Pereira, 2004). 동일한 교육수준임에도 불구하고 소득집단별로 교육투자수익률이 다르게 추정되는 이유를 설명하는 과정에서 관찰되지 않는 개인의 이질적인 특성이 소득에 영향을 미치는 것으로 추론한다. 다시 말해, 동일한 교육을 받았음에도 교육과 관련하여 관찰되지 않은 개인의 능력(ability) 차이가 오차항에 흡수되어 소득분위별로 다르게 영향을 미치는 것으로 해석한다. 한편, 소득함수식의 교육(EDU) 변수가 교육의 양(quantity)적인 투자를 반영한다면 관찰되지 않는 교육의 질(quality)은 오차항에 반영되어 교육(EDU)변수와 보완재(complements)적인 상호작용을 일으킨다는 해석도 가능하다(Martins & Pereira, 2004).

3) 남녀 임금격차분해를 통한 임금차별 추정방법

임금격차분해와 관련하여 국내외 선행연구를 종합해 보면 크게 다음과 같다. 우선 남녀 근로자의 임금격차를 생산성과 차별의 요인으로 분리함으로써 노동시장에서 상대적으로 열악한 지위에 있는 여성근로자의 노동조건을 개선하기 위한 정책적 함의를 제공하고 있다. 더불어 임금격차 연구결과는 노동소득의 요인별 상대적 크기를 추정함으로써 궁극적으로 대학전공과 직종선택을 위한 의사결정에 결정적인 영향을 미치는 것으로 나타났다(Hirsch 1994; Macpherson, 1995). 최근에는 노동수요 입장에서 고용주의 임금차별뿐만 아니라 노동공급 입장에서 자기선택으로 발생하는 차별문제에도 관심이 집중되고 있다(Neuman, 2005).

먼저 옥사카(1973)와 블라인더(1973)의 연구에서는 처음으로 소득함수를 이용한 임금격차분해방법을 소개하였으며 이후 대부분의 관련연구에서 활용되고 있다. 하지만 옥사카-블라인더(1973)방법은 생산성의 차이로 설명되지 않는 잔여임금격차를 과대추정(overestimation)하여 차별의 크기가 왜곡될 소지가 있다는 비판이 꾸준히 제기되어 왔다. 이에 따라 차별적 요인을 남성프리미엄과 여성페널티로 분해하여 좀 더 정밀한 추정을 시도한 옥사카와 랜섬(1994)의 임금격차분해방법을 이해하고 각각의 방법을 비교·분석할 필요가 있다.

이러한 옥사카(1973)의 임금격차분해 모형은 앞서 추정한 임금함수를 사용하여 남성 임금(Y_m)과 여성 임금(Y_f)의 격차(R)를 식 (3.20)과 같이 정의한다.

$$R = E(Y_m) - E(Y_f) = E(X_m)'\beta_m - E(X_f)'\beta_f \quad \cdots\cdots(3.20)$$

한편 성별 임금격차에서 차별의 크기를 추정하기 위해서는 남녀 두 집단 간 차별이 존재하지 않는 경우를 가정하여 계산된 회귀계수 β^*이 필요하다. 식 (3.20)에서 $E(X_m)'\beta^*$, $E(X_f)'\beta^*$을 각각 한 번씩 더하고 뺀 후 정리하면 아래와 같은 식 (3.21)을 얻을 수 있다.

$$R = [E(X_m) - E(X_f)]'\beta^* + [E(X_m)'(\beta_m - \beta^*) + E(X_f)'(\beta^* - \beta_f)] \qquad \cdots\cdots(3.21)$$

$$Q = [E(X_m) - E(X_f)]'\beta^*$$

$$U = [E(X_m)'(\beta_m - \beta^*) + E(X_f)'(\beta^* - \beta_f)]$$

옥사카 분해의 핵심은 두 집단 간 종속변수의 평균 차이(R)를 회귀분석에 의해 설명되는 부분(Q)과 설명되지 않는 잔여부분(U)으로 분리하려는 것이다. 평균적인 개인의 특성에 의해 설명되고 있는 Q는 남녀 집단 설명변수들의 평균 차이에 의존하고 있으므로 생산성의 차이로 볼 수 있다. 반면에 U는 β^*과 집단별 회귀계수 간에 차등적으로 평가되어 발생하는 격차로서 총임금격차 중에서 생산성의 차이를 제외하고 남은 잔여임금격차를 의미하며 이를 차별로 간주하는 것이다.

결국 성별임금격차의 요인분해는 β^*을 어떻게 정의할 것인지에 따라 결과가 달라진다.[17] 다시 말해, 옥사카(1973)의 임금격차 분해방식의 약점은 차별이 없는 기준집단을 어디로 정하느냐에 따라 추정결과

---

17) 옥사카와 랜섬(1994)은 차별 없는 상태의 임금구조 가중평균치를 $\beta^* = \Omega\widehat{\beta_m} + (I-\Omega)\widehat{\beta_f}$으로 정의하고 가중치행렬($\Omega$)은 $\Omega = (X'X)^{-1}(X_m'X_m)$으로 제안하였다. 반면에 옥사카(1973)는 남성 근로자 집단을 기준으로 하여 가중행렬 Ω을 $I(\beta^* = \widehat{\beta_m})$ 또는 $0(\beta^* = \widehat{\beta_f})$으로 정의하였다. 결국 옥사카의 방법은 차별이 없는 경우의 임금이 남녀구성비와는 아무 상관없이 결정되는 것이다. 이러한 극단적인 가정에 반박하여 라이머스(Reimers, 1983)는 가중치를 0.5로 하여 계산하였으며 코튼(Cotton, 1988)은 그룹의 크기를 가중치로 반영하여 추정하였다.

가 달라지는 문제[18]가 발생한다는 것이다. 이러한 문제를 보완하기 위해 옥사카와 랜섬(1994)은 전체 샘플을 대상으로(pooled) OLS를 적용하여 β^*을 추정한 다음 차별적 요인을 남성프리미엄과 여성페널티로 분해하는 모형을 소개하였다.

먼저 특혜를 받는 남성 집단의 임금을 W_m으로 나타내고 불이익을 받는 여성 집단의 임금을 W_f라고 하면 총임금격차 G_{mf}는 식 (3.22)와 같이 정의할 수 있다. 그리고 만일 노동시장에 차별이 존재하지 않는다면 성별 임금격차는 단지 생산성 차이만을 반영할 것이다. 이런 경우 생산성 격차 Q_{mf}는 식 (3.22)와 같다. 임금에 위첨자 "0"을 포함시킨 W_m^0, W_f^0은 각각 노동시장에서 차별이 없는 상태의 남녀임금을 각각 의미한다.

$$G_{mf} = W_m / W_f - 1$$
$$Q_{mf} = W_m^0 / W_f^0 - 1 \qquad \cdots\cdots(3.22)$$

여기서 노동시장의 차별계수(discrimination coefficient: D_{mf})[19]는 식 (3.22)의 총임금격차($G_{mf}+1$ 혹은 W_m/W_f)와 생산성 격차($Q_{mf}+1$ 혹은 W_m^0/W_f^0)의 비례격차로서 식 (3.23)과 같이 정의될 수 있다.

$$D_{mf} = (W_m / W_f - W_m^0 / W_f^0)(W_m^0 / W_f^0) \qquad \cdots\cdots(3.23)$$

---

18) 옥사카(1973)는 이것을 지수를 구할 때에 생기는 지표문제(index number problem)라고 보았다. 다시 말해, 지표문제란 차별의 정도가 준거집단의 설정에 따라 영향을 받게 된다는 지적이다.

19) 전체 임금격차 중에서 임금차별로 비롯한 임금격차가 차지하는 비율을 통상 차별화 정도라고 하며 차별계수(discrimination coefficient)로 나타낼 수 있다 (Becker, 1971).

식 (3.22)와 식 (3.23)을 종합하여 정리하면 총 임금격차의 대수적 분해는 식 (3.24)와 같다.

$$\ln(G_{mf}+1)=\ln(D_{mf}+1)+\ln(Q_{mf}+1) \quad \cdots\cdots(3.24)$$

식 (3.24)에서 차별계수(D_{mf})를 남성에 과대지불한 부분과 여성에 과소지불한 부분으로 분리하면 식 (3.25)가 된다. 여기서 $\delta_{m0}=W_m/W_m^0-1$는 남성이 실제 받고 있는 임금과 차별이 없는 경우에 (실제보다 적게) 받게 될 임금의 차이(남성프리미엄)이고 $\delta_{0f}=W_f/W_f^0-1$는 여성이 실제 받고 있는 임금과 차별이 없는 경우에 (실제보다 많이) 받게 될 임금의 차이(여성페널티)로 간주한다.

$$\begin{aligned}\ln(D_{mf}+1)&=\ln(W_m/W_f)-\ln(W_m^0/W_f^0) \quad \cdots\cdots(3.25)\\&=\ln(W_m/W_m^0)+\ln(W_f^0/W_f)\\&=\ln(\delta_{m0}+1)+\ln(\delta_{0f}+1)\end{aligned}$$

식 (3.25)를 정리하여 식 (3.24)에 대입하면 아래 식 (3.26)과 같이 성별 임금격차를 여성의 페널티와 남성의 프리미엄 그리고 생산성 차이 부분으로 구분하여 나타낼 수 있다.

$$\ln(G_{mf}+1)=\ln(\delta_{m0}+1)+\ln(\delta_{0f}+1)+\ln(Q_{mf}+1) \quad \cdots\cdots(3.26)$$

본 논문의 실증분석에서 임금함수를 OLS로 추정하기 위해 임금의 기하평균을 $\overline{W}$, 독립변수들의 평균값 벡터를 $\overline{X}$, 추정된 계수의 벡터를 $\hat{\beta}$으로 하여 성별 총임금격차의 대수치를 구하면 식 (3.27)과 같다.

$$\ln(G_{mf}+1) = \ln(\overline{W_m}/\overline{W_f}) \quad \cdots\cdots(3.27)$$
$$= \ln(\overline{W_m}) - \ln(\overline{W_f})$$
$$= \overline{X_m}\widehat{\beta_m} - \overline{X_f}\widehat{\beta_f}$$

식 (3.27)의 임금격차를 식 (3.21)에서 가정한 회귀계수 β^*을 이용하여 좀 더 세분화하면 다음과 같이 식 (3.28)이 도출된다.

$$\ln(G_{mf}+1) = \overline{X_m}(\widehat{\beta_m} - \beta^*) + \overline{X_f}(\beta^* - \widehat{\beta_f}) + (\overline{X_m} - \overline{X_f})\beta^* \quad \cdots\cdots(3.28)$$

결과적으로 성별 임금격차를 남성의 프리미엄과 여성의 페널티 그리고 생산성 차이 부분으로 구분하여 회귀식과 자연대수로 각각 분해한 결과는 〈표 3-2〉와 같다.

〈표 3-2〉에서 β^*는 차별이 없는 경우의 임금함수의 추정치이다. 식 (3.28)의 첫 번째 항과 두 번째 항은 차별로 인한 임금격차 부분을 나타내고 마지막 세 번째 항은 남녀 간 생산성의 차이를 나타낸다. 특히, 첫 번째 항은 차별로 인하여 남자가 이득을 보는 부분($\ln(\delta_{m0}+1)$)이고 두 번째 항은 차별로 인하여 여자가 불이익($\ln(\delta_{0f}+1)$)을 당하는 부분이다.

이와 같이 옥사카와 랜섬(1994) 모형은 옥사카(1973) 임금분해 기법

〈표 3-2〉 옥사카와 랜섬 임금격차분해 요인별 구분

	남성프리미엄	여성페널티	생산성 차이
회귀식 분해	$\overline{X_m}(\widehat{\beta_m}-\beta^*)$	$\overline{X_f}(\beta^*-\widehat{\beta_f})$	$(\overline{X_m}-\overline{X_f})\beta^*$
자연대수 분해	$\ln(\delta_{m0}+1)$	$\ln(\delta_{0f}+1)$	$\ln(Q_{mf}+1)$

이 차별의 크기를 과대추정(overestimation)한다는 문제점을 보완하기 위해 개발되었다고 볼 수 있다. 실제로 옥사카와 랜섬 모형은 생산성 차이에 의한 임금격차가 상대적으로 크게 나타나고 차별의 의한 임금격차가 상대적으로 작게 나타나는 경향을 보여주었다(Silber & Weber, 1999).

물론 기존의 임금격차 분해 모형은 총 임금격차 중에서 생산성의 차이로 설명되지 않는 부분을 노동시장에서 고용주에 의해 발생하는 임금차별로 간주하였다. 하지만 설명되지 않는 임금격차가 이러한 노동시장의 수요 측면에서 발생한 것인지 아니면 노동시장의 공급 측면에서 여성 개인의 자기선택(self selection)에 의한 것인지에 대한 논의가 제기되는 것이다. 이러한 문제를 해결하기 위해 앞서 소개한 헤크만의 2단계 추정기법을 사용하여 여성의 노동시장 참여여부에 의한 표본선택을 교정해 줄 필요가 있다. 남성과 여성의 임금함수에서 각각 IMR($\hat{\lambda}$)을 추정한 다음 차감하여 $(\widehat{\theta_m}\widehat{\lambda_m}-\widehat{\theta_f}\widehat{\lambda_f})$[20]을 식 (3.28)의 임금격차 회귀식의 우항에 추가하면 식 (3.29)와 같다.

$$\ln(G_{mf}+1)=\overline{X_m}(\widehat{\beta_m}-\beta^*)+\overline{X_f}(\beta^*-\widehat{\beta_f})+(\overline{X_m}-\overline{X_f})\beta^* + (\widehat{\theta_m}\widehat{\lambda_m}-\widehat{\theta_f}\widehat{\lambda_f}) \quad \cdots\cdots(3.29)$$

식 (3.29)와 같이 옥사카와 랜섬 모형에 자기선택(self selection)을 조정하기 위해 IMR($\hat{\lambda}$)항을 추가함으로써 노동공급 측면을 고려한 여성과 남성의 임금격차 결과를 각각 비교·분석할 수 있다.

---

20) 주어진 IMR항$(\widehat{\theta_m}\widehat{\lambda_m}-\widehat{\theta_f}\widehat{\lambda_f})$은 아래와 같이 분해하여 추정이 가능하다.

$$\widehat{\theta_m}\widehat{\lambda_m}-\widehat{\theta_f}\widehat{\lambda_f}=\widehat{\theta_m}(\widehat{\lambda_f^0}-\widehat{\lambda_f})+\widehat{\theta_m}(\widehat{\lambda_m}-\widehat{\lambda_f^0})+(\widehat{\theta_m}-\widehat{\theta_f})\widehat{\lambda_f}$$

2절. 연구모형

1) 자료의 분석

본 연구는 여성의 고등교육투자에 대한 노동시장 성과를 측정하기 위하여 국가에서 운영하는 대표적 패널자료인 청년패널(Youth Panel: YP)과 노동패널(Korea Labor and Income Panel Study: KLIPS)을 사용하였다. 〈표 3-3〉에서 비교한 것처럼 두 패널은 동일한 표본을 대상으로 매년 수집된 패널자료로서 표본유지율이 매우 양호한 편이기 때문에 국내패널연구에 폭넓게 활용되고 있다.

이렇게 본 연구에서 청년패널과 노동패널을 함께 분석한 이유는 연구의 목적을 수행하는 과정에서 각 패널이 지니고 있는 단점을 서로 보완해주고 있기 때문이다. 우선, 청년패널(YP)자료는 만 15-29세 청년을 대상으로 학교에서 노동시장으로의 연계 과정에 초점을 맞추고 있다는 점에서 최근 급증하는 청년층 여성의 교육투자와 노동시장 성과분석에 매우 효과적인 자료를 제공해주고 있다. 특히 전체 여성 표본 중에서 4년제 대졸 이상 고학력 여성의 비율(28%)이 매우 높다는 장점이 있으며 이러한 이유를 근거로 하여 최근 학계에서 주목받

〈표 3-3〉 청년패널(YP)과 노동패널(KLIPS) 특징 비교

	청년패널(YP)	노동패널(KLIPS)
표집년도	2001년부터 2006년까지	1998년부터 2005년까지
표집대상	만 15-29세 청년층 대상	만 15세 이상 가구원
표본 수	여성: 10,170 / 남성: 6,969	여성: 20,104 / 남성: 17,872
표본유지율	75.8%(6차년도 현재)	75%(8차년도 현재)

고 있는 대학전공별 투자수익률 분석이 가능하다.

반면, 노동패널(KLIPS)자료는 우리나라에서 가장 오래된 패널자료로서 만 15세 이상 전 연령층의 여성을 대상으로 교육투자수익률을 추정할 수 있다. 또한, 기혼여성의 표본비율(86%)이 높기 때문에 여성의 생애주기에 나타나는 노동시장 진입과 이탈에 따른 표본선택 연구에 매우 효과적이다. 이러한 여성교육투자수익률 추정에 따른 내생성을 해결하기 위해 필요한 도구변수(IV)와 관련해서는 청년패널의 경우 부모학력 변수를 제공하고 있으며 노동패널에서는 부와 배우자의 학력변수로 추정이 가능하다. 각 패널의 장단점을 비교하여 본 연구에서 두 패널을 함께 사용한 이유를 정리한 내용은 〈표 3-4〉와 같다.

〈표 3-4〉 청년패널(YP)과 노동패널(KLIPS) 장단점 비교

청년패널(YP)의 장점	노동패널(KLIPS)의 단점
▪ 4년제 대졸 이상 고학력 여성의 표본비율(28%)이 매우 높은 편임	▪ 4년제 대졸 이상 고학력 여성의 표본비율(10%)이 상대적으로 낮은 편임
▪ 대학전공별 투자수익률 추정이 가능함	▪ 대학전공별 투자수익률 분석이 어려움
▪ 평균교육년수가 고졸(12년) 이상인 여성 표본비율(97%)이 매우 높은 편임	▪ 평균교육년수가 고졸(12년) 이상인 여성 표본비율(62%)이 비교적 낮은 편임
▪ 모(母)의 학력(MEDU)변수 제공함	▪ 모(母)의 학력(MEDU)변수 없음
▪ 모든 연도 정규직(REGUL)변수 제공함	▪ 3차년도 정규직(REGUL)변수 없음
청년패널(YP)의 단점	**노동패널(KLIPS)의 장점**
▪ 기혼여성의 표본비율(32%)이 낮은 편임	▪ 기혼여성의 표본비율(86%)이 높은 편임
▪ 노동시장 진입과 이탈에 따른 여성의 자기선택(self selection)여부가 불명확함	▪ 노동시장 진입과 이탈에 따른 여성의 자기선택(self selection) 고려가 가능함
▪ 연령 및 코호트별 투자수익률 추정불가	▪ 연령 및 코호트별 투자수익률 추정가능
▪ 한국고용직업분류(KECO)를 사용하여 직종별 세부구분이 어려움	▪ 표준직업분류(KSCO)를 사용하여 직종별 세부구분이 가능함
▪ 배우자의 학력(SEDU)변수 없음	▪ 배우자의 학력(SEDU)변수 제공함
▪ 노동조합 가입여부(UNION)변수 없음	▪ 노동조합 가입여부(UNION)변수 제공함

가. 청년패널

본 연구에서는 한국고용정보원에서 2001년 1차년도부터 2006년 6차년도까지 매년 가구 및 개인별로 조사하여 구축한 청년패널(Youth Panel: YP)을 사용하였다. 청년패널은 만 15-29세 사이의 청년층을 대상으로 학교에서 노동시장으로의 이행과정을 추적 조사하는 종단조사(longitudinal survey)이다. 1차년도에 표본가구로 선정된 10,000가구 중 청년층 구성원이 존재하는 가구는 6,487가구로 나타났으며 이 중 만 15-29세에 해당되는 청년층은 전체 가구원의 47.3%에 해당하는 11,047명이었다. 일반적으로 남성이 여성에 비해 임금근로자의 표본 수가 높은 것과 달리 청년패널은 성별 비율이 비교적 양호하게 균형을 갖추고 있는 편이다.

한편, 〈표 3-5〉에 제시된 종속변수의 기술통계 분석결과를 보면, 청년층 여성의 평균 교육년수가 남성의 교육년수와 거의 동등한 수준인 것으로 나타났다. 2006년 현재 여성(남성)의 평균 교육년수는 14.06(14.34)년으로 대부분 고졸 이상의 학력을 보유하고 있는 것으로 밝혀졌다. 그뿐만 아니라 여성임금근로자의 시간당 임금(자연대수) 평균은 2001년 1.50에서 2006년 1.89로 꾸준히 증가하는 추세이다. 물론 남성의 시간당 평균임금에 비해서는 낮은 수준이지만 여성과 남성의 교육수준이 동등해짐에 따라 남녀 임금격차는 지속적으로 감소하는 추세이다.

전통적으로 청년층 여성들에게 고등교육을 통한 인적자본투자는 노동시장에서 높은 소득으로 연결되기보다는 오히려 가사노동으로 흡수되어 투자가치가 적은 것으로 인식되었다(Vella, 1994). 따라서, 우리나라 청년층 여성의 경우 과거에는 단순기능직을 수행하는 저학력 여성이 노동시장에 대거 투입됨으로써 고등교육에 대한 경제적 투자유인이 낮을 수밖에 없었다. 하지만 〈표 3-5〉의 기술통계량 결과가 보여주듯이 2000년 이후 청년층 여성의 교육투자와 노동소득 추이에 괄목할만한 진전이 관찰되고 있다. 따라서 과거와 달리 청년층 여성의 고등교육투자와 경제활동참가가 긴밀하게 연결되면서 성별격차가 완화되는 추세를 확인할 수 있다.

청년패널(YP)을 이용하여 월평균 임금격차를 비교해 보면 〈표 3-6〉에서 제시된 바와 같이 여성의 학력수준이 높아지고 전문직에 종사할수록 성별 임금격차가 감소하는 것으로 나타났다. 특히, 대졸여성의 경우 대졸남성 평균임금의 76.5%를 받는 것으로 나타나 고졸여성의 상대임금비율인 71.8%에 비해 남녀 임금격차가 감소하는 것으로 나타났다. 여성의 교육수준이 높아질수록 정규직과 전일제 직종

〈표 3-5〉 청년패널(YP)–종속변수 기술통계

연도	종속변수	평균		표준편차		최소값		최대값		사례 수	
		여성	남성	여성	남성	여성	남성	여성	남성	여성	남성
2001	LWAGE	1.50	1.59	.51	.51	.15	.27	4.06	4.31	1,015	766
	EDU	13.63	13.44	1.99	2.09	6.00	6.00	27.00	25.00	2,139	1,323
2002	LWAGE	1.66	1.73	.55	.50	.19	.48	5.11	3.84	921	834
	EDU	13.71	13.71	1.88	2.03	6.00	6.00	25.00	25.00	1,655	1,181
2003	LWAGE	1.63	1.77	.41	.40	.31	.19	3.55	3.09	859	799
	EDU	13.72	13.87	1.81	1.95	6.00	8.00	25.00	25.00	1,524	1,094
2004	LWAGE	1.72	1.90	.46	.43	.10	.66	3.96	3.73	915	857
	EDU	13.85	14.02	1.81	1.95	6.00	6.00	21.00	21.00	1,640	1,160
2005	LWAGE	1.78	1.96	.44	.43	.10	.58	4.19	3.14	967	920
	EDU	13.91	14.19	1.79	1.93	6.00	8.00	21.00	23.00	1,659	1,167
2006	LWAGE	1.89	2.09	.49	.43	.12	.64	3.96	3.59	1,034	895
	EDU	14.06	14.34	1.75	1.92	6.00	8.00	21.00	21.00	1,663	1,099

주. 변수설명(LWAGE=시간당 임금 자연대수 취한 값, EDU=교육년수)

에 근무할 가능성이 높아지는 것도 고학력 여성의 상대임금격차 감소의 타당한 근거로 볼 수 있다. 더욱이, 전문직 여성의 경우 성별 상대임금비율이 84.2%로 증가함에 따라 고학력 전문직을 중심으로 임금격차가 감소하는 추세를 보여주었다.

아울러 고졸자와 비전문직의 평균임금을 기준으로 학력 · 직종별 상대임금 격차를 살펴보면 여성의 경우 학력이 높아지고 전문직에 진출할수록 고졸이면서 비전문직에 종사하는 여성에 비해 약 1.4배 더 많은 임금을 받는 것으로 나타났다. 이러한 결과는 여성의 경우 학력과 직종에 따른 소득편차가 남성의 경우보다 더 크다는 사실을 뒷받침하고 있다. 다시 말해, 대학을 졸업한 여성이 노동시장에서 전문직에 진출할수록 비전문직 고졸여성과의 임금격차가 남성의 경우에 비하여 상대적으로 더 크게 벌어지고 있음을 시사해준다.

청년패널분석을 위해 다양한 모형이 사용되었으며 이에 따라 투입

〈표 3-6〉 청년패널(YP) 임금격차 비교 (단위: 명, 만 원, %)

		표본 수		평균임금		성별 상대임금	학력 · 직종별 상대임금	
		여성	남성	여성	남성	여성/남성	여성	남성
교육수준	대졸	508 (329)	398 (326)	159.6	208.4	76.5	140.6	131.9
	전문대졸	526 (355)	256 (204)	123.4	170.3	72.4	108.7	107.8
	고졸	557 (304)	382 (310)	113.5	157.9	71.8	100	100
전문직 여부	전문	78	101	183.5	218.0	84.2	141.3	121.8
	비전문	936	792	129.8	178.9	72.5	100	100

주. 1. 표본 수 괄호 안의 값은 임금근로자 숫자임.
2. 전문직 여부는 한국고용정보원이 개발한 한국고용직업분류(KECO) 기준을 따름.

〈표 3-7〉 청년패널(YP) 분석에 사용되는 독립변수

	횡단자료		패널자료	
	PROBIT	OLS, 2SLS, QR	POLS	FE, RE, BE
EDU	○	○	○	○
FEDU	-	○	-	-
MEDU	-	○	-	-
EXP/AGE	○	○	○	○
REGUL	-	○	○	○
PROF	-	○	○	-
NCHILD	○	○	-	-
FINCOME	○	-	-	-
MARR	○	○	○	○
SEOUL	○	○	○	○
LSIZE	-	○	○	-
MSIZE	-	○	○	-
T	-	-	○	-

주. 변수설명: EDU=교육년수, FEDU=아버지의 교육년수, MEDU=어머니의 교육년수, EXP=경력년수(AGE-6-EDU), AGE=연령년수, REGUL=정규직여부(정규직 1, 비정규직 0), PROF=전문직여부(전문직 1, 비전문직 0), NCHILD=8세 미만의 자녀 수, FINCOME=타가구원의 소득, MARR=혼인여부(기혼 1, 미혼 0), SEOUL=거주지여부(서울 1, 서울 이외 0), LSIZE=대규모사업체여부(종업원이 500명 이상 1, 아니면 0), MSIZE=중간규모사업체여부(종업원이 100명 이상 500명 미만 1, 아니면 0), T=각 연도(2001, 2002, 2003, 2004, 2005, 2006)

된 독립변수가 각각 상이하므로 이를 정리한 내용이 〈표 3-7〉에 제시되어 있다. PROBIT모형은 헤크만(Heckman, 1979)의 2단계 추정방법 중에서 1단계 추정모형으로 사용한 노동참여방정식을 가리킨다. 2단계 최소자승추정법(2SLS)은 도구변수 추정을 위해 널리 사용되는 방법이고 본 연구에서는 분위회귀분석(QR)과 함께 OLS 추정결과와 각각 비교·분석하였다. 또한, 패널자료분석을 위해서는 고정효과모형(FE)와 임의효과모형(RE) 및 평균추정모형(BE)을 이용하였으며 이를 합동자료(POLS) 추정결과와 각각 비교·분석하였다.

〈표 3-8〉 청년패널(YP)—독립변수 기술통계: 합동자료

	독립변수	평균	표준편차	최소값	최대값	사례 수
여성	EDU	13.79	1.85	6.00	25.00	10,170
	HIGH	.41	.49	0.00	1.00	10,170
	2COLL	.28	.45	0.00	1.00	10,170
	4COLL	.27	.44	0.00	1.00	10,170
	GRAD	.01	.09	0.00	1.00	10,170
	EXP	6.89	3.87	0.00	22.00	10,170
	EXP^2	62.49	62.71	0.00	484.00	10,170
	REGUL	.67	.47	0.00	1.00	10,170
	PROF	.03	.16	0.00	1.00	10,170
	MARR	.32	.47	0.00	1.00	10,170
	SEOUL	.21	.40	0.00	1.00	10,170
	LSIZE	.07	.25	0.00	1.00	10,170
	MSIZE	.09	.28	0.00	1.00	10,170
남성	EDU	13.92	2.00	6.00	25.00	6,969
	HIGH	.42	.49	0.00	1.00	6,969
	2COLL	.21	.41	0.00	1.00	6,969
	4COLL	.29	.46	0.00	1.00	6,969
	GRAD	.02	.15	0.00	1.00	6,969
	EXP	7.75	3.59	0.00	20.00	6,969
	EXP^2	73.01	59.39	0.00	400.00	6,969
	REGUL	.73	.44	0.00	1.00	6,969
	PROF	.07	.44	0.00	1.00	6,969
	MARR	.20	.40	0.00	1.00	6,969
	SEOUL	.19	.39	0.00	1.00	6,969
	LSIZE	.10	.30	0.00	1.00	6,969
	MSIZE	.12	.33	0.00	1.00	6,969

주. 변수설명: EDU=교육년수, HIGH=고졸여부(고졸 1, 아니면 0), 2COLL=전문대졸여부(전문대졸 1, 아니면 0), 4COLL=4년제 대졸여부(4년제 대졸 1, 아니면 0), GRAD=대학원졸여부(대학원졸 1, 아니면 0), EXP=경력년수(AGE-6-EDU), EXP^2=경력년수의 제곱, REGUL=정규직여부(정규직 1, 비정규직 0), PROF=전문직여부(전문직 1, 비전문직 0), MARR=혼인여부(기혼 1, 미혼 0), SEOUL=거주지여부(서울 1, 서울 이외 0), LSIZE=대규모사업체여부(종업원이 500명 이상 1, 아니면 0), MSIZE=중간규모사업체여부(종업원이 100명 이상 500명 미만 1, 아니면 0)

나. 노동패널

본 연구는 한국노동연구원에서 1998년 1차년부터 2005년 8차년도까지 가구 및 개인별로 매년 조사된 한국노동패널조사(Korea Labor and Income Panel Study: KLIPS)를 사용하였다. KLIPS 자료는 1995년 인구주택총조사 10%의 표본조사구(전국 21,938조사구)를 모집단으로 하여 도시지역에 거주하는 5,000가구 및 이에 거주하는 만 15세 이상 가구원을 패널표본으로 1998년부터 매년 추적 조사하는 종단조사자료(longitudinal survey)이다.

이러한 KLIPS 자료가 수집된 경로와 제공하는 내용을 살펴보면 다음과 같다. 우선 면접원이 표본가구를 직접 방문하여 질문하고 그 응답을 면접원이 조사표로 작성하는 방법을 통해 수집되었다. 그리고 수집된 자료는 표본가구 응답자들의 노동시장 성과와 관련된 경제활동 및 소득활동 그리고 노동시장 이동 등의 정보뿐만 아니라 개인별 교육수준, 직업훈련, 대학전공계열 등 본 연구의 주된 관심사인 교육관련 정보를 제공하고 있다.

아울러 KLIPS 자료의 장점으로는 우리나라에서 가장 오래된 패널자료로서 2005년 8차년도 8차 조사가 완료된 시점까지 표본유지율이 세계 주요국들의 가구패널 표본유지율과 유사한 수준인 76.5%로 비교적 안정적이라는 점을 들 수 있다. 아울러 패널자료로서 KLIPS는 횡단면 자료(cross-section data)와 시계열 자료(time-series data)의 장점을 모두 갖고 있다. 다시 말해, KILPS는 동일 표본이 시간의 흐름에 따라 어떻게 변화하는지를 추적하여 보여주는 시계열 자료의 특성과 더불어 동일 시점에서 여러 표본들의 다양한 값을 보여주는 횡단면 자료의 특성도 동시에 갖추고 있다. 따라서 시간의 흐름에 따라

변하지 않는 개인의 능력을 고정하고 관측할 수 없는 개인효과(un-observable individual effect)를 통제함으로써 시간의 경과 혹은 환경의 변화에 따라 개인 또는 가구의 의사결정이나 행동양식이 어떻게 변화해 가는지에 관한 동태적 변화를 정확하게 포착할 수 있는 장점을 제공한다.

〈표 3-9〉는 본 연구에서 피설명변수로 사용한 노동패널자료 노동임금과 교육년수의 기술통계 분석결과를 보여주고 있다. 청년패널에서 여성의 평균 교육년수가 남성과 거의 동등한 수준으로 증가세를 보여주었던 것처럼 노동패널에서도 남녀 교육년수의 격차는 그렇게

〈표 3-9〉 노동패널(KLIPS)–종속변수 기술통계

연도	종속변수	평균		표준편차		최소값		최대값		사례 수	
		여성	남성	여성	남성	여성	남성	여성	남성	여성	남성
1998	LWAGE	4.21	4.75	.55	.52	1.61	1.39	5.90	6.40	1,463	2,503
	EDU	10.99	11.91	3.21	3.13	1.00	1.00	21.00	23.00	6,139	6,262
1999	LWAGE	4.12	4.68	.60	.53	.69	1.39	5.70	6.21	1,573	2,361
	EDU	10.99	11.91	3.26	3.13	1.00	1.00	21.00	24.00	5,578	5,616
2000	LWAGE	4.19	4.74	.56	.51	1.39	2.08	5.86	7.02	1,451	2,262
	EDU	11.08	12.02	3.42	3.28	1.00	1.00	21.00	24.00	5,179	5,237
2001	LWAGE	4.30	4.82	.56	.52	1.10	2.08	5.86	7.31	1,509	2,285
	EDU	11.01	11.94	3.31	3.15	1.00	1.00	21.00	23.00	5,123	5,146
2002	LWAGE	4.39	4.91	.57	.52	1.09	2.08	6.68	6.75	1,571	2,365
	EDU	11.06	12.01	3.35	3.16	1.00	1.00	21.00	24.00	5,081	5,151
2003	LWAGE	4.48	5.01	.62	.52	1.61	2.30	7.53	7.01	1,668	2,505
	EDU	11.25	12.19	3.37	3.16	1.00	1.00	21.00	25.00	5,394	5,401
2004	LWAGE	4.55	5.08	.59	.55	1.61	2.08	6.40	6.88	1,670	2,554
	EDU	11.35	12.27	3.37	3.15	1.00	1.00	21.00	22.00	5,459	5,500
2005	LWAGE	4.66	5.16	.51	.50	2.89	2.30	6.55	6.68	1,263	1,819
	EDU	11.37	12.32	3.39	3.15	1.00	1.00	21.00	22.00	5,470	5,449

주. 변수설명: LWAGE=시간당임금 자연대수 취한 값, EDU=교육년수

크지 않은 것으로 나타났다. 2005년 기준 여성의 평균교육년수는 11.37년으로 남성의 평균 교육년수 12.32년과 같이 여성임금근로자의 경우 고졸 이상의 학력을 갖추고 있는 것으로 나타났다. 자연대수로그를 취한 임금의 경우 상대적으로 남성의 임금이 평균적으로 높은 것을 알 수 있다. 여성근로자의 노동임금 평균은 1998년 4.21에서 2005년 4.66으로 증가하였으며 남성근로자의 노동임금 평균은 1998년 4.75에서 2005년 5.16으로 증가하였다.

본 연구에서 사용한 2005년 노동패널자료의 학력별 임금격차를 비교해 보면 〈표 3-10〉과 같다. 먼저 시간당 평균임금에서는 여성이 남성보다 여전히 낮은 편이지만 성별 상대임금으로 비교해 보면 학력이 높아질수록 남성임금에 대한 여성의 상대임금이 커지는 것을 볼 수 있다. 특히, 고졸자의 평균임금을 기준으로 학력별 임금격차를 살펴보면 교육수준에 따라 여성의 임금격차 폭이 남성의 경우에 비해 훨씬 더 크게 벌어지는 것을 확인할 수 있다.

〈표 3-10〉 노동패널(KLIPS) 임금격차 비교 (단위: 명, 원, %)

		표본 수		시간당 평균임금		성별 상대임금	학력·직종별 상대임금	
		여성	남성	여성	남성	여성/남성	여성	남성
학력 현황	고졸	1,560 (604)	1,301 (990)	5,342	8,479	0.63	100	100
	전문대졸	505 (255)	377 (306)	6,708	9,574	0.70	126	113
	대졸	598 (299)	768 (622)	9,917	12,525	0.79	186	148
	대학원졸	45 (24)	114 (106)	12,936	17,491	0.74	242	206

주. 표본 수 괄호 안의 값은 분석에 사용된 임금근로자 숫자임.

〈표 3-11〉 노동패널(KLIPS) 분석에 활용되는 독립변수

	횡단자료		패널자료	
	PROBIT	OLS, 2SLS, QR	POLS	BE, RE
EDU	○	○	○	○
FEDU	-	○	-	-
SEDU	-	○	-	-
AGE/AGE^2	○	○	○	○
REGUL	-	○	○	○
UNION	-	○	○	-
NCHILD	○	○	-	-
FINCOME	○	-	-	-
MARR	○	○	○	○
SEOUL	○	○	○	○
LSIZE	-	○	○	-
MSIZE	-	○	○	-
PROF	-	○	○	-
OFFICE	-	○	○	-
SALE	-	○	○	-
T	-	-	○	-

주. 변수설명: EDU=교육년수, FEDU=아버지의 교육년수, SEDU=배우자의 교육년수, AGE=연령년수, AGE^2=연령년수의 제곱, REGUL=정규직여부(정규직 1, 비정규직 0), UNION=노조가입여부(노조가입 1, 아니면 0), NCHILD=8세 미만의 자녀 수, FINCOME=타가구원의 소득, MARR=혼인여부(기혼 1, 미혼 0), SEOUL=거주지여부(서울 1, 서울 이외 0), LSIZE=대규모사업체여부(종업원이 500명 이상이면 1, 아니면 0), MSIZE=중간규모사업체여부(종업원이 100명 이상 500명 미만이면 1, 아니면 0), PROF=전문직여부(전문직 1, 아니면 0), OFFICE=사무직여부(사무직 1, 아니면 0), SALE=서비스판매직(서비스판매직 1, 아니면 0), T=각 연도(1998, 1999, 2000, 2001, 2002, 2003, 2004, 2005)

〈표 3-11〉은 노동패널분석을 위해 모형별로 투입된 독립변수를 각각 정리하였다. PROBIT모형은 헤크만(Heckman, 1979)의 2단계 추정방법 중에서 1단계 추정모형으로 사용한 노동참여방정식을 가리킨다. 2단계 최소자승추정법(2SLS)은 도구변수 추정을 위해 널리 사용되는 방법이고 본 연구에서는 분위회귀분석(QR)과 함께 OLS 추정결과

〈표 3-12〉 노동패널(KLIPS)-독립변수 기술통계: 합동자료

	독립변수	평균	표준편차	최소값	최대값	사례 수
여성	EDU	10.89	3.16	1.00	21.00	20,104
	HIGH	.45	.50	0.00	1.00	20,104
	2COLL	.08	.27	0.00	1.00	20,104
	4COLL	.08	.27	0.00	1.00	20,104
	GRAD	.01	.08	0.00	1.00	20,104
	AGE	40.53	11.06	15.00	65.00	20,104
	AGE^2	1765.17	904.97	225.00	4225.00	20,104
	MARR	.86	.35	0.00	1.00	20,104
	LSIZE	.04	.20	0.00	1.00	20,104
	MSIZE	.02	.13	0.00	1.00	20,104
	PROF	.04	.19	0.00	1.00	20,104
	OFFICE	.07	.25	0.00	1.00	20,104
	SALE	.08	.27	0.00	1.00	20,104
남성	EDU	11.99	3.10	2.00	22.00	17,872
	HIGH	.46	.50	0.00	1.00	17,872
	2COLL	.08	.26	0.00	1.00	17,872
	4COLL	.17	.37	0.00	1.00	17,872
	GRAD	.03	.16	0.00	1.00	17,872
	AGE	42.67	10.11	15.00	65.00	17,872
	AGE^2	1922.794	871.31	225.00	4225.00	17,872
	MARR	.84	.37	0.00	1.00	17,872
	LSIZE	.08	.27	0.00	1.00	17,872
	MSIZE	.03	.18	0.00	1.00	17,872
	PROF	.05	.22	0.00	1.00	17,872
	OFFICE	.08	.27	0.00	1.00	17,872
	SALE	.08	.27	0.00	1.00	17,872

주. 변수설명: EDU=교육년수, HIGH=고졸여부(고졸 1, 아니면 0), 2COLL=전문대졸여부(전문대졸 1, 아니면 0), 4COLL=4년제 대졸여부(4년제 대졸 1, 아니면 0), GRAD=대학원졸여부(대학원졸 1, 아니면 0), AGE=연령년수, AGE^2=연령년수의 제곱, MARR=혼인여부(기혼 1, 미혼 0), LSIZE=대규모사업체여부(종업원이 500명 이상 1, 아니면 0), MSIZE=중간규모사업체여부(종업원이 100명 이상 500명 미만 1, 아니면 0), PROF=전문직여부(전문직 1, 아니면 0), OFFICE=사무직여부(사무직 1, 아니면 0), SALE=서비스판매직(서비스판매직 1, 아니면 0)

와 각각 비교·분석하였다. 패널자료분석을 위해서는 임의효과모형(RE)과 평균추정모형(BE)을 이용하였으며 합동자료(POLS) 추정결과와 비교·분석하였다.

2) 변수의 설정

본 연구에서는 고학력 여성인력이 고소득·고숙련 직종으로 진출이 활발해짐에 따라 여성의 고등교육투자가 노동소득에 미치는 영향을 분석하기 위해 노동시장의 수요 측면과 공급 측면을 동시에 고려하고 있는 새팅거(Sattinger, 1993)의 배치이론에 근거하여 변수를 설정하였다. 우선 노동시장의 공급 측면에서는 인적자본이론에 기초하여 축적된 인적자본의 저량(stock)을 대변하는 변수들을 설명변수로 사용하였으며 수요 측면에서는 직무경쟁이론에 근거하여 노동소득에 영향을 미치는 직업특성 요소를 인적자본소득함수식에 추가로 통제하였다. 이에 따라 인적자본이론에 근거하여 교육, 경력, 전공 관련 변수와 함께 직무경쟁이론을 토대로 직업특성을 반영하는 정규직, 전문직, 기업규모 변수를 각각 회귀식의 독립변수로 포함시켰다. 한편, 소득함수식의 종속변수는 시간당 임금[21]에 자연로그를 취한 값을 사용하였다. 변수설정에 사용된 이론을 도식으로 나타내면 〈그림 3-2〉와 같다.

나아가 변수설정에서 본 연구와 관련하여 사용된 변수를 세부적으로 정리하면 다음과 같다. 우선 경력변수와 관련해서는 대부분의 투

---

21) 개별 근로자의 노동공급을 반영하는 근로시간은 임금소득에 크게 영향을 미치는 변수이지만 내생성의 문제를 지니고 있다(최강식 외, 2005). 이러한 문제점을 해결하기 위해 본 연구에서는 종속변수로서 근로자의 시간당 임금소득의 대수치를 사용하였다.

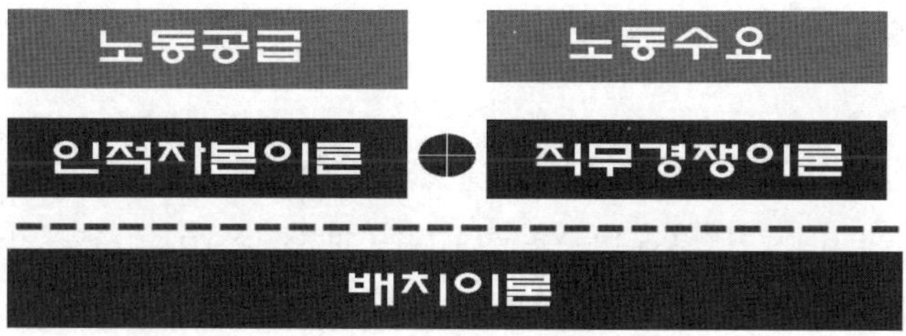

〈그림 3-2〉 변수설정에 도입된 이론

자수익률 연구에서 근로자의 경력이 임금수준에 상당한 영향을 미친다는 점에서 잠재적 경력연수(연령-교육년수-6)를 계산하여 사용하고 있다. 하지만 여성의 경우 결혼 및 육아 등으로 인해 발생하는 실업 및 비경제활동참가 등 단절적인 노동시장 참여현상을 충분히 포착하지 못하게 되어 기혼여성의 평균경력이 기혼남성의 평균경력보다 높게 나타나는 문제점이 발생한다(유경준 · 황수경, 2005). 이에 따라 전 연령층을 대상으로 수집된 노동패널(KLIPS)자료의 경우 근로자의 생애취업기간이 임금수준에 미치는 영향을 통제하기 위해 잠재적 경력변수 대신에 연령변수를 사용하였다.

그뿐만 아니라 본 연구에서는 기존 선행연구에서 노동소득에 유의미한 영향을 미치는 변수로 입증된 직업특성변수 중에서 청년패널(YP)과 노동패널(KLIPS) 자료가 제공하는 근속년수, 전일제 여부, 정규직 여부, 거주 지역, 혼인 여부 등을 설명변수로 사용하였다. 특히, 한국 노동시장에서는 한 직장에서의 장기 근속 여부가 임금수준에 큰 영향을 미치고 있으므로 현 직장에서의 근속연수를 통제변수로 동시에 사용하여 계량분석 모형의 설명력을 높였다. 거주지의 경우 취업에 대한 정보습득 용이, 농촌지역 거주 시 발생하는 이른바 위장실업(disguised unemployment) 문제 등 노동시장 참여에 영향을 주는 직업

관련 요인을 통제하기 위해 서울거주 여부를 가변수로 사용하였다(최강식, 2002).

특히 혼인프리미엄 관련 선행연구를 살펴보면 기혼남성의 경우 미혼남성에 비해 인적자본변수를 통제했을 때 통상 10-40%의 임금 프리미엄이 존재하는 것으로 나타났다(Reed & Hartford, 1989). 혼인프리미엄은 남성의 경우 다른 조건이 동일할 때 미혼남성보다 기혼남성이 더욱 생산적이라는 견해가 있으며 혼인으로 인해 남성의 생산성이 더 높아진다는 연구결과도 있다(Hersch & Stratton, 2000). 반면 기혼여성의 경우는 노동시장 진입 및 승진에 부정적인 영향을 미치는 것으로 보고되고 있다. 왈드포겔(Waldfogel, 1998)은 유럽과 미국 자료를 이용하여 결혼 여부에 따른 남성과 여성의 상대임금비율을 제시하면서 결혼한 여성의 임금수준이 기혼남성에 비해 급격하게 하락함을 보여주었다.

이러한 혼인프리미엄은 노동시장에서 여성이 경험하는 임금차별과 연계하여 고용주가 기혼남에 대해 갖는 선호로 인해 임금 프리미엄이 존재할 수 있으며 이와 반대로 기혼여성의 경우 임금불이익의 가능성이 있다(Wooldridge, 2006). 금재호(2004)는 여성근로자에 대한 차별적 요인을 반영하는 대변수(proxy)로서 직업의 종류에 따라 업종내 남녀 근로자의 비율을 사용하였다. 그러나 남녀 성비의 차이는 직업 또는 직종의 특성 결과이지 남녀차별의 원인은 아닌 것으로 판단하여 본 연구에서는 포함하지 않았다(한성신 · 조인숙, 2007).

한편 노조가입여부는 근로자의 임금수준에 상대적으로 크고 유의미한 영향을 주는 것으로 보고되었다(이병주 외, 2002). 본 논문에서는 노조가입여부 변수가 유의하지 않은 것으로 추정되었는데 이는 설명변수로 사용된 경력변수와의 상관성 때문인 것으로 판단된다. 기업에

〈표 3-13〉 연구관련 변인의 특성별 구분

	개인이 선택할 수 있는 변인		개인의 선택 밖에 있는 변인
	인적자본	직업특성	
개인적 특성	▪ 정규학교 교육년수 ▪ 전공 및 계열 ▪ 교육의 질(quality) ▪ 현직경험년수 ▪ 근속년수	▪ 직종(job type) ▪ 전일제 여부 ▪ 정규직 여부 ▪ 혼인 여부	▪ 성(gender) ▪ 연령 ▪ 선천적 능력(ability) ▪ 가족배경
환경적 특성		▪ 거주지 ▪ 기업규모 ▪ 노동조합 설립	▪ 임금차별

〈표 3-14〉 여성교육투자수익률 선행연구의 변수정리

분류	변수	선행연구
인적 자본	교육(경험)년수	Mincer(1974); Willis(1986); Psacharopolous(1973, 1985, 1994, 2002, 2004); Card(1995)
	근속년수	Waldfogel(1998); Coelho et al.(2008)
	연령	Harmon & Walker(1999); Coelho et al.(2008)
	대학전공	Dougherty(2003); O'Leary & Sloane(2004); Wahrenburg & Weldi(2007)
직업 특성	정규직여부	Krueger(1988); Asplund(2000); O'Leary & Sloane(2004)
	전일제여부	Krueger(1988); Flabbi(1999); Asplund(2000)
	기업규모	Krueger(1988); Asplund(2000)
	직종구분	Blinder(1973); Treiman & Terrell(1975); Loury(1990); O'Neill & Polachek(1993); Dougherty(2003)
	노동조합가입여부	Asplund(2000); Dougherty(2003)
	혼인여부	Reed & Hartford(1989); Hersch & Stratton(2000); Asplund(2000); Waldfogel(1998)
	거주지	Flabbi(1999); Li(2003); O'Leary & Sloane(2004)
가족 배경	부모학력(IV)	Trostel et al.(2002); Salas-Velasco(2006)
	배우자 학력(IV)	Trostel et al.(2002); Arabsheibani et al.(2007)
	형제자매 수(IV)	Butcher & Case(1994); Li(2003)
	타가구원 소득	Dougherty(2003); Kingdon & Unni(2001)
	취학 전 자녀 수	Heckman(1979); Waldfogel(1998); Flabbi(1999); Asplund(2000); Coelho et al.(2008)

근무한 연수가 길어질수록 노조참여 가능성이 월등히 높아지는 것이 사실이다. 현 직장에서의 근속년수를 제외한 임금함수를 추정해 보면 노조에 가입한 남성 및 여성 근로자는 각각 6%, 19% 정도 더 높은 임금을 받는 것으로 나타났다. 〈표 3-13〉은 연구와 관련된 변인을 특성별로 구분하여 정리하였으며 선행연구별로 정리한 결과는 〈표 3-14〉에 제시되어 있다.

3) 연구모형

청년패널과 노동패널의 분석모형 및 방법은 크게 교육투자수익률 분석과 임금격차분해 분석으로 나눌 수 있다. 교육투자수익률 분석에는 일반적으로 사용하는 OLS 방법과 노동시장 참여여부에 따른 선택편의를 고려하여 IMR을 활용한 헤크만의 2단계 추정방법을 적용한다. 또한, 소득분포의 이질성을 감안하여 소득분위별 분위회귀분석을 실시하고 누락변수로 인한 편의문제를 극복하기 위해서는 도구변수(IV)추정방법과 패널자료를 활용한 고정 및 임의효과 방법을 통해 각각 분석한다. 다양한 임금함수식을 기반으로 남녀의 임금격차를 생산성과 차별 요인으로 분리하는 옥사카와 랜섬(1994)의 임금격차분해 방법을 적용한다.

가. 청년패널

청년패널 횡단자료의 교육투자수익률 분석은 앞에서도 언급했듯이 OLS, IMR을 활용한 2단계 추정기법(HECKIT), 분위회귀분석방법, 도구변수 추정법이 적용된다. 먼저 식 (3.30)은 OLS 방법을 적용한 인적자본 모형이며 개인 및 직업특성을 반영한 직업특성 모형은 식 (3.31)과 같다.

$$LWAGE_i = \beta_0 + \beta_1 EDU_i + \beta_2 \mathrm{EXP}_i + \beta_3 \mathrm{EXP}_i^2 + u_i \quad \cdots\cdots(3.30)$$

$$\begin{aligned} LWAGE_i = {} & \gamma_0 + \gamma_1 EDU_i + \gamma_2 \mathrm{EXP}_i + \gamma_3 \mathrm{EXP}_i^2 + \gamma_4 REGUL_i \\ & + \gamma_5 PROF_i + \gamma_6 MARR_i + \gamma_7 SEOUL_i + \gamma_8 LSIZE_i \\ & + \gamma_9 MSIZE_i + w_i \end{aligned} \quad \cdots\cdots(3.31)$$

(변수설명: LWAGE=시간당임금 자연대수 취한 값, EDU=교육년수, EXP=경력년수(AGE-6-EDU), EXP^2=경력년수의 제곱, REGUL=정규직여부(정규직 1, 비정규직 0), PROF=전문직여부(전문직 1, 비전문직 0), MARR=혼인여부(기혼 1, 미혼 0), SEOUL=거주지여부(서울 1, 서울 이외 0), LSIZE=대규모사업체여부(종업원이 500명 이상 1, 아니면 0), MSIZE=중간규모사업체여부(종업원이 100명 이상 500명 미만 1, 아니면 0))

노동시장에서 일하는 개인만을 대상으로 하는 중도 절단된 표본(censored sample) 또는 절사된 표본(truncated sample)[22]을 사용함으로써 표본집단이 모집단으로부터 무작위 추출되지 않은 경우에 표본의 선택성을 고려하지 않은 회귀분석은 표본선택편의(sample selection bias)를 일으킨다. 이러한 문제를 개선하는 방법으로 IMR을 활용한 2단계 추정방법이 있다. IMR를 활용한 2단계 추정방법은 도구변수를 활용한 추정방법의 특수한 예이고 선택편의를 중심으로 내생성을 조정하기 위해 제안되었다.

---

22) 모집단으로부터 추출된 표본의 관측치 중에서 연구에 사용된 설명변수(X)는 포함하고 있지만 성과변수(Y)가 제외되어 있는 경우를 절단된 표본(censored sample)이라고 하고 추출과정에서 관측치 일부가 제외되어 설명변수(X)와 성과변수(Y)를 모두 관찰할 수 없는 경우를 절삭된 표본(truncated sample)이라고 한다. 본 연구에서 사용한 청년패널과 노동패널은 노동소득이 관찰되지 않는 관측치(설명변수는 관찰됨)를 포함하고 있다는 점에서 절단된 표본(censored sample)에 해당된다.

$$LFPT_i = \delta_0 + \delta_1 EDU_i + \delta_2 AGE_i + \delta_3 AGE_i^2 + \delta_4 SEOUL_i$$
$$+ \delta_5 FINCOME_i + \delta_6 MARR_i + \delta_7 NCHILD_i + m_i \quad \cdots\cdots (3.32)$$

(변수설명: LFPT=노동시장 참여여부(참여 1, 미참여 0), EDU=교육년수, AGE=연령년수, AGE^2=연령년수의 제곱, SEOUL=거주지여부(서울 1, 서울 이외 0), FINCOME=타가구원의 소득, MARR=혼인여부(기혼 1, 미혼 0), NCHILD=8세 미만의 자녀 수)

식 (3.32)를 추정하는 경우 통상적으로 식 (3.31)에서 사용한 독립변수들을 사용하게 되며 여기에 FINCOME(타가구원의 소득)과 NCHILD(8세 미만의 자녀 수)와 같이 식 (3.31)에 포함되어 있지 않으면서 통계적으로 유의미한 변수가 추가되어야 한다. FINCOME와 NCHILD가 통계적으로 유의미해야 한다는 것은 모형설정을 위한 필요조건이다. 종속변수인 LFPT 변수가 1과 0의 값을 갖는 이분변수(binary variable)이기 때문에 프로빗을 활용하여 추정한다(Amemiya, 1978; Heckman, 1978; Lee, 1979).

식 (3.32)에서 노동시장 참여여부(lfpt)를 종속변수로 하는 노동참여방정식을 이용함으로써 이때 추정된 IMR(λ)을 식 (3.33)의 인적자본 소득함수에 투입하게 된다(Berg & Jeong, 1991). 다시 말해, 2단계에서는 임금근로자를 대상으로 하는 임금함수에 1단계에서 추정된 IMR을 독립변수로 포함시켜 교육투자수익률 추정과정에서 표본선택으로 인해 발생하는 편의문제를 해결하는 것이다.

$$LWAGE_i = \gamma_0'' + \gamma_1'' EDU_i + \gamma_2'' \mathrm{EXP}_i + \gamma_3'' \mathrm{EXP}_i^2$$
$$+ \gamma_4'' REGUL_i + \gamma_5'' PROF_i + \gamma_6'' MARR_i + \gamma_7'' SEOUL_i$$
$$+ \gamma_8'' LSIZE_i + \gamma_9'' MSIZE_i + \gamma_{10}'' \lambda_i + u_i'' \quad \cdots\cdots (3.33)$$

(변수설명: LWAGE=시간당 임금 자연대수 취한 값, EDU=교육년수, EXP=경력년수(AGE-6-EDU), EXP^2=경력년수의 제곱, REGUL=정규직여부(정규직 1, 비정규직 0), PROF=전문직여부(전문직 1, 비전문직 0), MARR=혼인여부(기혼 1, 미혼 0), SEOUL=거주지여부(서울 1, 서울 이외 0), LSIZE=대규모사업체여부(종업원이 500명 이상이면 1, 아니면 0), MSIZE=중간규모사업체여부(종업원이 100명 이상 500명 미만이면 1, 아니면 0))

인적자본소득함수에서 누락변수로 인한 내생성(endogeneity) 문제를 해결하기 위해 도구변수(Instrumental Variable: IV)를 활용한 2단계 최소자승추정법(2 Stage Least Squares: 2SLS)을 적용하여 교육투자수익률을 추정하게 된다. 이때 도구변수(IV)는 관찰되지 않는 능력(ability) 등의 누락변수와 상관이 있으면서 소득함수의 종속변수인 임금과는 상관이 없는 변수를 의미하며 청년패널자료에서 제공하는 FEDU(부의 학력), MEDU(모의 학력)를 사용할 수 있다. 우선 1단계에서는 식 (3.34)와 같이 교육년수를 나타내는 EDU를 종속변수로 사용하고 도구변수를 포함한 회귀분석을 실시하여 $\widehat{EDU}$를 추정하게 된다.

$$EDU_i = \pi_o + \pi_1 FEDU_i + \pi_2 MEDU_i + \nu_i \qquad \cdots\cdots(3.34)$$

(변수설명: EDU=교육년수, FEDU=아버지의 교육년수, MEDU=어머니의 교육년수)

2SLS 2단계에서 종속변수 $LWAGE$에 대해 식 (3.34)에서 추정된 $\widehat{EDU}$를 대입하여 OLS를 실시하면 식 (3.35)와 같이 식 (3.30)에서 추정한 β_0, β_1, β_2, β_3 대신에 누락변수의 편의를 해결한 소득함수의 회귀계수 β_0^{2SLS}, β_1^{2SLS}, β_2^{2SLS}, β_3^{2SLS}을 각각 추정할 수 있게 된다. 결과적으로 인적자본소득함수에서 교육투자수익률을 나타내는 β_1과 도구변수를 이용하여 추정한 β_1^{2SLS}을 비교·분석할 수 있다.

$$LWAGE_i = \beta_0^{2SLS} + \beta_1^{2SLS}\widehat{EDU}_i + \beta_2^{2SLS}\mathrm{EXP}_i + \beta_3^{2SLS}\mathrm{EXP}_i^2 + \epsilon_i \qquad \cdots\cdots(3.35)$$

(변수설명: LWAGE=시간당임금 자연대수 취한 값, $\widehat{EDU}$=교육년수의 추정치, EXP=경력년수(AGE-6-EDU), EXP^2=경력년수의 제곱)

한편, 여성교육의 투자수익률을 추정하는 과정에서 여성집단의 소득분산이 커짐에 따라 집단의 이질성(heterogeneity) 문제가 제기될 수 있다. 이는 모든 여성임금근로자를 동일하게 취급하여 평균적인 회귀선을 사용하는 고전적인 통상최소자승법으로 여성교육투자수익률을 파악하기에는 한계가 있기 때문이다. 표본집단의 이질성이 심한 경우 소득분위에 따라 가중치를 다르게 부여한다는 점에서 통상최소자승법과 방법론 및 결과 면에서 상이할 수밖에 없다(Koenker & Hallock, 2001). 분위회귀분석의 모형은 식 (3.36)과 같다.

$$LWAGE_i = \rho_{\tau 0} + \rho_{\tau 1} EDU_i + \rho_{\tau 2} \mathrm{EXP}_i + \rho_{\tau 3} \mathrm{EXP}_i^2 + n_{\tau i},$$

$$Q_\tau(LWAGE_i | X_i) = \rho_\tau X_i \quad (i = 1, 2, \ldots, n) \qquad \cdots\cdots (3.36)$$

(변수설명: LWAGE=시간당임금 자연대수 취한 값, EDU=교육년수, EXP=경력년수(AGE-6-EDU), EXP^2=경력년수의 제곱)

식(3.36)의 모형에서 ρ_τ는 $(k \times 1)$ 계수 벡터, X_i는 설명변수의 $(k \times 1)$ 벡터, $n_{\tau i}$는 오차항을 각각 나타내며 $Q_\tau(LWAGE_i | X_i)$는 X가 주어진 상태에서 $LWAGE$의 τ번째 조건부 분위(conditional quantile)을 가리킨다.[23]

앞에서도 언급했듯이 청년패널자료의 패널분석은 POLS 방법, 고정효과와 임의효과 방법이 적용된다. 먼저 POLS 방법을 적용한 모형은 식 (3.37)과 같다. 브루쉬와 패건(Breusch & Pagan, 1980)의 LM 검정 결과 C_i의 분산이 존재하지 않는다면, 즉 개체효과가 없다면 개인별로 C_i 대신에 동일한 절편(α)을 설정하여 POLS 방법으로 추정

---

23) 모든 i에 대하여 $Q_\tau(n_{\tau i} | X_i) = 0$이 성립한다.

한다. 따라서 POLS 방법은 모든 관찰치를 서로 다른 개별 근로자로 간주하여 통상적인 OLS를 적용하는 것과 동일하다.

$$LWAGE_{it} = \eta_0 + \eta_1 EDU_{it} + \eta_2 T_{it} + \eta_3 \mathrm{EXP}_{it} + \eta_4 \mathrm{EXP}_{it}^2 + \eta_5 REGUL_{it} + \eta_6 MARR_{it} + \eta_7 SEOUL_{it} + s_{it} \quad \cdots\cdots(3.37)$$

$$LWAGE_{it} = \tau_1 EDU_{it} + \tau_2 T_{it} + \tau_3 \mathrm{EXP}_{it} + \tau_4 \mathrm{EXP}_{it}^2 + \tau_5 REGUL_{it} + \tau_6 MARR_{it} + \tau_7 SEOUL_{it} + C_i + v_{it} \cdots(3.38)$$

(변수설명: EDU=교육년수, EXP=경력년수(AGE-6-EDU), EXP^2=경력년수의 제곱, REGUL=정규직여부(정규직 1, 비정규직 0), MARR=혼인여부(기혼 1, 미혼 0), SEOUL=거주지여부(서울 1, 서울 이외 0), T=각 연도(2001, 2002, 2003, 2004, 2005, 2006) C=개체효과)

다음으로 고정효과와 임의효과 방법은 식 (3.38)과 같다. 식 (3.37)과 식 (3.38)의 차이점은 α 대신에 C_i가 추가된 것이며 이는 개별 근로자의 특성을 포착하는 기능을 한다. 고정효과와 임의효과 방법은 식 (3.38)과 같이 동일한 모형을 설정하지만 두 모형은 C_i를 바라보는 관점에서 차이점을 보인다. 고정효과 방법은 이를 고유한 값으로 간주하여 개별 근로자마다 가변수를 설정하여 분석하고 임의효과 방법은 이를 오차로 간주하여 분석하지만 시점이 다른 동일 근로자의 관찰치들 간의 관련성을 고려하여 GLS(generalized least square) 추정방법을 활용한다.[24] 그리고 임의효과 방법을 적용하기 위해서는 헤크만(1978) 검정결과를 토대로 독립변수와 오차 간에 독립성 가정이 충족되어야 한다.

---

24) 임의효과 방법은 결과적으로 식 (3.9)에서 C_i를 오차로 포함시켜($C_i + v_{it}$=오차) 식 (3.8)을 GLS로 추정하는 것과 동일한 형태가 된다. 따라서 여기서는 논의를 위해 편의상 생략했지만 절편(intercept)을 포함하게 된다.

나. 노동패널

노동패널 횡단자료의 교육투자수익률 분석은 OLS, IMR을 활용한 2단계 추정기법(HECKIT), 분위회귀분석방법, 도구변수 추정법이 적용된다. 노동패널을 사용한 모형에서는 근로자의 생애취업기간이 임금수준에 미치는 영향을 통제하기 위해 연령변수를 사용하였다.[25] 식 (3.39)는 OLS 방법을 적용한 인적자본 모형(restricted specification)이며 개인 및 직업특성을 반영한 직업특성 모형(unrestricted specification)은 식 (3.40)과 같다.

$$LWAGE_i = \iota_0 + \iota_1 EDU_i + \iota_2 AGE_i + \iota_3 AGE_i^2 + l_i \quad \cdots\cdots(3.39)$$

$$\begin{aligned} LWAGE_i = {} & \xi_0 + \xi_1 EDU_i + \xi_2 AGE_i + \xi_3 AGE_i^2 + \xi_4 REGUL_i \\ & + \xi_5 FULL_i + \xi_6 MARR_i + \xi_7 SEOUL_i + \xi_8 LSIZE_i + \xi_9 MSIZE_i \\ & + \xi_{10} PROF_i + \xi_{11} OFFICE_i + \xi_{12} SALE_i + w_i \quad \cdots\cdots(3.40) \end{aligned}$$

(변수설명: LWAGE=시간당임금 자연대수 취한 값, EDU=교육년수, AGE=연령, AGE^2=연령의 제곱, REGUL=정규직여부(정규직 1, 비정규직 0), FULL=전일제여부(전일제 1, 시간제 0), MARR=혼인여부(기혼 1, 미혼 0), SEOUL=거주지여부(서울 1, 서울 이외 0), LSIZE=대규모사업체여부(종업원이 500명 이상 1, 아니면 0), MSIZE=중간규모사업체여부(종업원이 100명 이상 500명 미만 1, 아니면 0), PROF=전문직여부(전문직 1, 아니면 0), OFFICE=사무직여부(사무직 1, 아니면 0), SALE=서비스판매직(서비스판매직 1, 아니면 0))

노동패널의 경우 노동시장 참가여부에 따른 표본선택편의를 수정

25) 청년층을 대상으로 조사한 청년패널의 경우 소득함수에 잠재적 경력변수(연령-교육년수-6)를 사용했을 때나 연령변수를 포함시켰을 때나 추정치에 큰 변화가 없었던 반면 전 연령층을 대상으로 수집된 노동패널에서는 여성의 경우 경력변수를 사용하는 경우에 소득함수의 설명력이 낮아지는 것으로 나타났다. 따라서 노동패널에서 잠재경력변수를 사용하는 경우 여성의 생애주기별로 나타나는 단절적인 노동시장 참여현상을 충분히 포착하지 못하게 되어 기혼여성의 평균경력이 기혼남성의 평균경력보다 높게 나타나는 문제점 때문에 연령변수를 사용하였다(유경준 · 황수경, 2005).

하기 위해 헤크만(Heckman, 1976)의 2단계 추정기법을 사용한다. 노동시장 참여여부를 종속변수로 하는 식 (3.32)와 동일한 모형을 적용하여 MLE 추정방법의 일종인 Probit을 통해 IMR($\hat{\lambda}$)을 추정한다. 그리고 성별 임금의 자연로그 값을 종속변수로 하고 인적자본과 직업특성을 설명변수로 사용하는 식 (3.39)와 식 (3.40)에 IMR($\hat{\lambda}$)을 투입하여 OLS로 추정한다.

특히 인적자본소득함수에서 누락변수로 인한 내생성(endogeneity) 문제를 해결하기 위해 도구변수(Instrumental Variable: IV)를 활용한 2단계 최소자승추정법(2 Stage Least Squares: 2SLS)을 적용하여 교육투자수익률을 추정하게 된다. 도구변수(IV)는 관찰되지 않는 능력(ability) 등의 누락변수와 상관이 있으면서 소득함수의 종속변수인 임금과는 상관이 없는 변수를 의미하며 노동패널자료에서 제공하는 FEDU(부의 학력), SEDU(배우자의 학력)를 각각 사용할 수 있다. 우선 1단계에서는 식 (3.41)과 같이 교육년수를 나타내는 EDU를 종속변수로 사용하고 도구변수를 포함한 회귀분석을 실시하여 $\widehat{EDU}$를 추정하게 된다. 그리고 2SLS 2단계에서 종속변수 $LWAGE$에 대해 식 (3.41)에서 추정된 $\widehat{EDU}$를 대입하여 OLS를 실시한다.

$$EDU_i = \kappa_0 + \kappa_1 FEDU_i + \kappa_2 SEDU_i + r_i \qquad \cdots\cdots(3.41)$$

(변수설명: EDU=교육년수, FEDU=아버지의 교육년수, SEDU=배우자의 교육년수)

그렇더라도 평균적인 회귀선을 사용하는 고전적인 통상최소자승법으로 여성교육투자수익률을 파악하는 데에 제한점이 있다. 이러한 문제를 해결하기 위해 여성집단과 같이 소득편차가 심하고 표본의 이질성이 심한 경우에 소득분위에 따라 가중치를 다르게 부여하는 분위회귀분석의 모형을 적용하는데 그 식은 식 (3.42)와 같다.

$$LWAGE_i = \zeta_{\tau 0} + \zeta_{\tau 1} EDU_i + \zeta_{\tau 2} AGE_i + \zeta_{\tau 3} AGE_i^2 + p_{\tau i},$$
$$Q_\tau (LWAGE_i | X_i) = \zeta_\tau X_i \quad (i = 1, 2, ..., n) \qquad \cdots\cdots(3.42)$$

(변수설명: LWAGE=시간당임금 자연대수 취한 값, EDU=교육년수, AGE=연령, AGE^2=연령의 제곱)

노동패널자료의 패널분석 모형은 식 (3.43), 식 (3.44)와 같다. 식 (3.43)은 POLS 방법을 적용한 모형이고 식 (3.44)는 고정효과와 임의효과 방법을 적용한 모형이다. 그리고 전반적인 추정절차는 청년패널자료에서 서술한 절차를 따른다.

$$LWAGE_{it} = \nu_0 + \nu_1 EDU_{it} + \nu_2 T_{it} + \nu_3 AGE_{it} + \nu_4 AGE_{it}^2 + \nu_5 REGUL_{it} + \nu_6 MARR_{it} + \nu_7 SEOUL_{it} + t_{it} \qquad \cdots\cdots(3.43)$$

$$LWAGE = \theta_1 EDU + \theta_2 T + \theta_3 AGE + \theta_4 AGE_{it}^2 + \theta_5 REGUL + \theta_6 MARR + \theta_7 SEOUL + C_i + v \qquad \cdots\cdots(3.44)$$

(변수설명: EDU=교육년수, AGE=연령, AGE^2=연령의 제곱, REGUL=정규직여부(정규직 1, 비정규직 0), MARR=혼인여부(기혼 1, 미혼 0), SEOUL=거주지여부(서울 1, 서울 이외 0), T=각 연도(1998, 1999, 2000, 2001, 2002, 2003, 2004, 2005) C=개체효과)

제4장
여성의 교육투자에 대한 기대수익과 임금차별개선 효과

제4장 여성의 교육투자에 대한 기대수익과 임금차별개선 효과

1절. 청년패널 분석결과

청년패널(YP)자료를 사용하여 청년층 여성의 고등교육 투자가 생산성 향상과 임금차별 개선으로 소득의 증가에 영향을 미치는지를 추정한 결과는 〈그림 4-1〉과 같이 체계적인 구조로 제시하였다. 먼저 인적자본이론에 기초하여 교육투자수익률을 추정하는 과정에서 횡단자료에서는 표본의 선택편의를 수정하기 위한 HECKIT 추정결과와 내생성을 고려한 도구변수 추정결과 그리고 표본의 이질성을 고려한 분위회귀분석 결과를 순서대로 분석하였으며, 패널자료에서는 평균추정(BE) 및 고정효과(FE)와 임의효과(RE) 결과를 각각 제시하였다.

다음으로 임금차별이론을 바탕으로 임금격차를 분해하기 위해서 옥사카-블라인더(1973)와 옥사카와 랜섬(1994)의 방법을 사용하여 추정결과를 비교·분석하였다. 또한 여성의 자기선택(self-selection)과 교육변수의 내생성을 고려하여 HECKIT과 도구변수 추정결과도 함께 제시하였다.

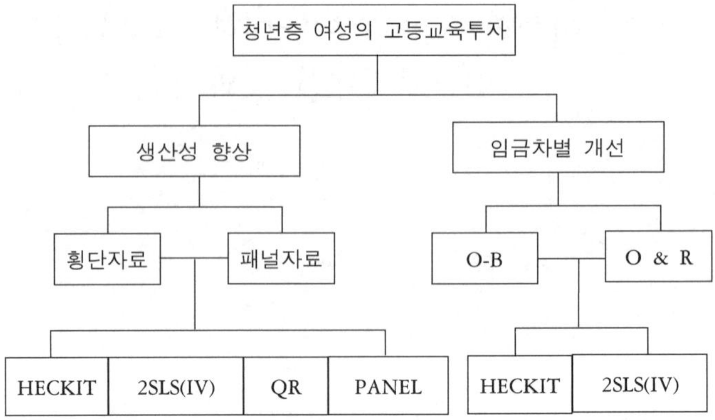

〈그림 4-1〉 청년패널(YP) 분석 결과구조

1) 인적자본이론에 기초한 교육투자수익률 추정결과

가. OLS와 HECKIT 추정결과

청년패널 2006년 6차년도 자료를 사용하여 여성의 평균기대수익률을 추정한 결과는 〈표 4-1〉과 같다. 교육을 추가적으로 1년 더 받음으로써 평균적으로 기대되는 소득의 증가율인 평균기대수익률이 남성이 7.8-10.4%, 여성이 11.1-11.8%로 추정되었다. 여기서 주목할 점은 기존의 국내연구에서 남성의 교육투자수익률이 여성의 수익률 보다 높게 측정된 결과와 상반된 추정치를 보여주고 있다는 것이다. 더욱이 인적자본 이외에 소득에 영향을 미치는 요인을 통제하기 위해 직업특성에 관한 설명변수를 추가함에 따라 남성의 경우 교육투자수익률이 크게 감소하는 반면 여성의 투자수익률은 거의 일정한 수준으로 유지되었다. 즉, 교육을 통해 축적된 여성의 인적자본이 남성

에 비해 기대소득변화에 더욱 직접적으로 영향을 미치고 있음을 알 수 있다.[1]

한편 여성의 경우는 혼인여부가 임금에 미치는 영향이 매우 미미하고 통계적으로 유의미하지 않았으나 혼인한 남성의 경우는 미혼남성에 비해 6.7%의 혼인프리미엄(marriage premium)[2]이 존재하는 것으로 나타났다. 특히 서울에 거주하는 여성은 기타지역의 여성보다 9.3%의 임금을 더 받는 것으로 나타났다. 허식(2007)의 연구에 의하면 교육년수가 임금에 미치는 영향이 비수도권보다 수도권에서 월등

---

1) 인적자본소득함수식에 통제변수를 추가로 투입하여 다양한 모형을 선정(specification)함에 따라 청년층 여성의 교육투자수익률이 얼마나 민감하게 변화하는지를 확인할 수 있었다. 민감도 분석결과에서 주목할 점은 여성의 경우 소득함수식에 개인특성(혼인/자녀) 및 직업특성(기업/전문/정규)을 반영하는 설명변수를 추가로 투입했음에도 불구하고 교육투자에 대한 수익률을 나타내는 교육(EDU) 변수의 회귀계수가 11% 수준의 안정된 추정치를 보여주고 있다는 것이다. 즉, 교육투자수익률의 민감도 분석결과는 청년층 여성의 경우 교육투자가 노동시장의 소득에 미치는 직접적인 영향을 입증해주는 것이다. 한편, 남성의 투자수익률을 변수투입별로 분석해 보면 인적자본소득함수식에 직업의 특성을 반영하는 변수(정규/전문/기업)를 추가로 통제함에 따라 교육투자수익률이 10.5%에서 8.2%로 2% 이상 감소하였다. 그리고 소득함수식에 개인특성(혼인/자녀/거주)을 포함하여 추가로 통제한 경우 교육투자수익률은 7.8%로 감소하였다. 결과적으로 우리나라의 여성임금근로자의 경우 임금에 대한 교육효과는 남성임금근로자보다 더 두드러지게 나타난다고 할 수 있다(이미정, 1997).

2) 자녀가 있는 기혼남성의 임금 상승효과는 매우 흥미로운 결과로, 노동시장에서 자녀가 있는 기혼여성이 경험하는 임금불이익과 달리 자녀로 인한 임금 프리미엄이 존재한다는 것이다. 다시 말해 기혼여성의 임금 수준이 미혼여성에 비해 낮은 현상과는 대조적으로, 기혼남성은 미혼남성에 비해 더 높은 임금을 받는 현상을 혼인프리미엄(marriage premium)으로 설명할 수도 있다. 혼인프리미엄 관련 선행연구를 살펴보면 기혼남성의 경우 미혼남성에 비해 인적자본변수를 통제했을 때, 통상 10-40%의 임금 프리미엄이 존재하는 것으로 보고되었다(Reed & Hartford, 1989). 고용주가 자녀가 있는 기혼남성을 선호함으로써 임금 프리미엄이 존재할 수 있는 반면, 자녀가 있는 기혼여성의 경우에는 이와 반대로 고용주에 의한 임금차별을 받을 수 있다는 추론이 제기되는 것이다(Budig, 2001; Wooldridge, 2006).

히 높기 때문에 지역 간 임금격차가 발생한다고 설명한다. 이에 따라, 서울에 거주하는 청년층 여성임금근로자의 경우 기타지역에 비해 학력수준이 높을 뿐만 아니라 기타지역보다 고학력 여성인력에 대한 기업의 수요가 증가하고 있음을 짐작할 수 있다.

또한 여성은 정규직과 전문직에서 일하는 경우 비정규직과 비전문직 여성보다 각각 16.8%, 14.7%의 임금을 더 받는 것으로 나타났다. 이와 같이 정규직과 전문직의 높은 임금 프리미엄은 배치이론에서 설명하는 것처럼 직업 자체가 전문적인 지식과 기술을 축적한 인력이 요구되기 때문에 저학력 비정규직으로 대체하기가 어려운 직업에서 주로 나타나는 것으로 볼 수 있다(권혜자, 2005).

크루거(Krueger, 1988)의 연구에서 입증된 바와 같이 직업의 특성 중 기업의 규모가 기대수익에 긍정적인 영향을 미치는 것으로 밝혀졌다. 우리나라도 대기업을 중심으로 고학력 여성인력의 채용이 증가함에 따라 남녀 모두 종업원 500명 이상 대규모 사업체에서 일하는 경우 100명 미만 소규모 사업체에서 일하는 경우보다 여성은 24%, 남성은 28%의 임금을 더 받는 것으로 나타났다. 비슷한 결과로 정진호 외(2004) 연구에서도 지적한 것처럼 대기업을 중심으로 고학력 근로자에 대한 수요증가가 남녀 모두의 임금소득에 영향을 미치고 있음을 보여주었다.

한편 선택편의를 고려한 HECKIT에서는 OLS 결과와의 비교를 위하여 동일한 변수들을 사용하였다. 〈표 4-1〉에 제시된 바와 같이 남녀 모두 선택편의의 교정항인 IMR의 계수 값이 통계적으로 유의미하지 않아 표본에 선택편의가 존재하지 않는 것으로 밝혀졌다. 이처럼 청년패널 자료에서 선택편의가 존재하지 않는다는 것은 우리나라 청년층 실업의 문제가 경제활동참가의 개인 의사결정에 기인하기

〈표 4-1〉 교육투자에 대한 평균기대수익률 추정결과(YP)

	인적자본				직업특성			
	OLS		HECKIT		OLS		HECKIT	
	여성	남성	여성	남성	여성	남성	여성	남성
EDU	.118 (15.57)**	.104 (14.19)**	.118 (15.60)**	.100 (11.43)**	.111 (14.67)**	.078 (10.25)**	.110 (14.01)**	.082 (9.25)**
EXP	.082 (6.51)**	.086 (5.18)**	.082 (6.50)**	.080 (4.55)**	.073 (6.13)**	.073 (4.65)**	.074 (6.16)**	.080 (4.69)**
EXP^2	-.327 (-4.53)**	-.231 (-2.75)**	-.331 (-4.55)**	-.223 (-2.67)**	-.281 (-4.05)**	-.207 (-2.64)**	-.278 (-3.99)**	-.222 (-2.80)
MARR					.006 (.19)	.067 (2.42)*	.037 (0.45)	.098 (2.34)**
SEOUL					.093 (3.19)**	.022 (.76)	.092 (3.12)**	.022 (0.74)
REGUL					.168 (5.76)**	.204 (5.90)**	.169 (5.80)**	.205 (5.96)**
PROF					.147 (2.83)**	.037 (.95)	.147 (2.83)**	.040 (1.03)
LSIZE					.241 (6.91)**	.289 (9.00)**	.241 (6.95)**	.288 (8.99)**
MSIZE					.189 (5.89)**	.134 (4.36)**	.189 (5.92)**	.134 (4.38)**
IMR($\hat{\lambda}$)			.018 (.40)	-.113 (-1.08)			-.054 (-.40)	.146 (1.00)
intercept	-.204 (-1.71)	-.024 (-.20)	-.210* (-1.75)*	.134 (.70)	-.298 (-2.48)*	.177 (1.45)	-.266 (.107)	-1.67 (-3.62)
Adj R^2	.229	.249	.228	.250	.306	.349	.306	.348

주. 1. *: $p<0.05$, **: $p<0.01$

2. 괄호 안의 값은 t값임.

3. 변수설명: EDU=교육년수, EXP=경력년수, EXP^2=경력년수의 제곱, MARR=혼인여부(기혼 1, 미혼 0), SEOUL=거주지여부(서울 1, 서울 이외 0), REGUL=정규직여부(정규직 1, 비정규직 0), PROF=전문직여부(전문직 1, 비전문직 0), MSIZE=중간규모사업체여부(종업원이 100명 이상 500명 미만 1, 아니면 0), LSIZE=대규모사업체여부(종업원이 500명 이상 1, 아니면 0)

보다는 외부 경제여건과 같은 다른 실업의 가능성이 존재한다는 설명도 가능하다.

여성의 경우 인적자본 모형에서는 IMR의 계수가 양의 값으로 나타나 노동시장 참여와 임금소득 간에 양의 상관(positive correlation)이 있음을 보여주었다. 하지만 직업특성 변수를 추가한 모형에서 IMR의 계수부호가 음으로 바뀌어 노동시장 참여와 임금소득 간에 음의 상관(negative correlation)을 나타냈다. 반면 남성의 경우는 인적자본 모형에서는 IMR의 계수가 음의 값을 나타냈으나 직업특성변수를 포함한 Heckit 추정에서는 IMR값이 양의 값으로 바뀌어 여성의 경우와 상반된 결과를 보여주었다.

〈표 4-2〉에 제시한 학교급별 교육투자의 한계수익률[3] 추정결과를 보면 대졸여성은 고졸여성에 비해 10.85-11.65%의 임금 프리미엄이 존재하는 반면 대졸남성은 고졸남성에 비해 7.13-9.65%의 임금을 더 받는 것으로 밝혀져 여성의 경우 학력수준에 따른 투자수익률의 격차가 더 크게 확대되는 것으로 나타났다. 더욱이 여성은 인적자본 모형이나 직업특성 변수를 통제한 모형에서 대부분 비슷한 수익률을 유지

〈표 4-2〉 학교급별 교육투자의 한계수익률 추정결과(YP) (단위: %)

	인적자본				직업특성			
	OLS		HECKIT		OLS		HECKIT	
	여성	남성	여성	남성	여성	남성	여성	남성
고등학교 (중졸자 대비)	4.66	3.13	4.66	2.20	4.90	0.70	4.90	0.70
2년제 대학 (고졸자 대비)	7.15	5.85	7.15	5.15	7.45	4.05	7.35	4.1
4년제 대학 (고졸자 대비)	11.65	9.65	11.65	8.93	10.98	7.13	10.85	7.13

3) 학교급별 한계수익률이란 학교급이 한 단계 높아짐으로써 기대되는 수익률이다. 여기서 한계란 초등학교 대 중학교, 중학교 대 고등학교, 그리고 고등학교 대 대학교와 같이 학교급이 한 단계 높아짐에 따른 한계투자를 의미한다(백일우, 2007).

하고 있으나 남성의 경우는 직업특성변수를 추가함에 따라 모든 학교급에서 한계수익률이 크게 감소하는 추세를 확인할 수 있다.

앞서 여성의 학력현황에서 제시한 것처럼 1990년대 중반 이후 고졸여성의 노동공급은 감소하고 대졸 이상 여성은 지속적으로 증가하였음에도 불구하고 학력별 수익률 격차가 확대된 것은 정진호 외(2004)의 연구에서 밝힌 바와 같이 고학력자의 노동공급이 늘어난 것보다 고학력자에 대한 노동수요가 더 커졌기 때문으로 추론할 수 있을 것이다.[4] 즉, 우리나라 고학력 여성노동자의 경우 노동공급 증가의 효과보다 노동수요 증가의 효과가 더 크므로 임금상승의 효과가 커져서 고졸자와 대졸자 간의 임금격차를 더욱 확대시킨다는 것이다.

〈표 4-3〉은 2006년 청년패널자료와 2007년 여성가족패널자료를 바탕으로 전공별 여성의 교육투자수익률을 비교 · 분석한 결과이다. 2006년 청년패널자료(YP)와 2007년 여성가족패널자료(KLoWF) 모두 의약계열과 사범계열의 투자수익률이 가장 높은 것으로 나타났다. 의약계열은 고졸자에 비해 41.7-66.9%의 임금 프리미엄이 존재하는 반면 이공계열의 임금 프리미엄은 30.0-46.0%로 나타나 의약계열에 비해 투자수익률이 매우 낮은 것으로 밝혀졌다. 이러한 결과는 최근 대학전공 선택에서 기대소득 격차에 기인하여 의약계열을 선호하고 이공계열을 기피하는 현상이 반영된 것으로 보인다(장수명 외, 2005). 즉, 우수인력이 이공계열에서 의약학 전공으로 몰리는 것은 이공계열 전공의 상대임금이 낮은 상황을 고려해 볼 때 지극히 합리적인 선택이라는 것이다. 상대임금이 낮은 이러한 상황을 고려해 볼 때

4) 노동공급이 확대되면 노동시장의 초과공급을 가져오고 이에 따라 임금하락을 초래하게 되며 반대로 노동수요가 증가하면 초과수요를 유발하여 임금상승을 가져오게 된다.

〈표 4-3〉 청년패널(YP)과 여성가족패널(KLoWF)의 전공별 수익률 비교

	YP(2006)		KLoWF(2007)	
	OLS	HECKIT	OLS	HECKIT
HUMAN	.325 (7.85)**	.326 (7.90)**	.467 (8.86)**	.451 (7.23)**
SOCIAL	.312 (7.42)**	.312 (7.44)**	.392 (7.80)**	.375 (6.71)**
SCIENCE	.300 (7.84)**	.300 (7.88)**	.457 (9.67)**	.460 (8.61)**
MED	.417 (7.92)**	.418 (7.97)**	.669 (14.43)**	.656 (9.24)**
TEACH	.384 (6.17)**	.385 (6.20)**	.620 (9.74)**	.649 (12.36)**
ART	.291 (5.25)**	.291 (5.27)**	.448 (6.52)**	.416 (5.26)**
IMR($\hat{\lambda}$)		.020 (.41)		-.272 (-3.94)**
Adj R^2	.145	.145	.216	.212
N	1014	1636	1999	8835

주. 1. *: $p<0.05$, **: $p<0.01$
2. 괄호 안의 값은 t값임.
3. 전공별 수익률의 참조집단은 중졸(MID)임.
4. 변수설명: HUMAN=인문계졸업여부(인문계열 1, 아니면 0), SOCIAL=사회계졸업여부(사회계열 1, 아니면 0), SCIENCE=이공계졸업여부(이공계열 1, 아니면 0), MED=의약계졸업여부(의약계열 1, 아니면 0), TEACH=사범계졸업여부(사범계열 1, 아니면 0), ART=예체능계졸업여부(예체능계열 1, 아니면 0)

출처: 백일우, 임정준(2008c)의 연구결과를 재구성함.

김지현(2007)의 연구에서도 지적하고 있는데, 우리나라 전체 4년제 대졸 이상 여성 공학인력의 50%이상을 20대가 차지할 만큼 젊은 여성 공학인이 급증하고 있으나 생산성에 대한 보상수준이 매우 열악하다고 한다.

이러한 전공별 투자수익률 추정결과는 최근 우수여성인재가 대학 전공 선택과정에서 이공계열보다는 의약 전공으로 몰리는 추세를 경제적 투자관점에서 설명해주고 있다. 예컨대 영국의 노동시장을 시계

열 자료로 분석한 쉐발리어 외(Chevalier et al., 2001)는 계열별 상대임금의 크기가 예비대학생의 전공 선택과 졸업 후 청년층의 초기직업선택에 미치는 영향이 상당히 크다고 설명하고 있다.[5] 이런 점에서 우리나라 여성의 경우 이공계열 전공의 상대임금과 투자수익률이 의약계열보다 훨씬 낮은 상황하에서 우수여성인재가 의약전공을 지원하는 의사결정은 지극히 합리적인 선택인 것이다.

한편, 고학력 여성의 노동시장 진출이 가파르게 증가하면서 청년층 여성의 대학교육선택이 노동시장에서 금전적인 보상으로 이어지는 경제적 투자관점에서 논의되고 있다(백일우・임정준, 2008a). 즉 대학진학을 위한 의사결정과정에서 교육투자에 따른 수익률, 대졸과 고졸의 학력 간 소득격차 등이 중요한 이슈로 고려되고 있다는 것이다. 대학의 신입생 모집과 관련한 국외연구에서도 예비대학생들은 전공에 대한 순수한 학문적 관심보다는 졸업 후 고용기회 및 노동소득에 기초하여 보다 합리적인 선택을 하는 것으로 밝혀졌다(Williams & Gordon, 1981; Maringe, 2006). 이에 따라 대학교육과 전공에 대한 투자수익률 추정결과는 졸업 후 기대되는 노동소득의 기초자료로서 고등교육투자에 대한 여성 개인의 의사결정에 직접적인 영향을 미칠 것으로 예상된다.

---

5) 예를 들면, 영국 교사의 임금이 선택 가능한 타 직종(alternative jobs)의 임금수준보다 낮아짐에 따라 교사의 공급부족 현상이 발생했다는 것이다. 하지만 청년층의 초기 직업선택에 미치는 영향은 상대임금(relative wage)의 크기 외에도 거시적으로 실업률과 같은 노동시장의 환경에도 영향을 받는다고 볼 수 있다. 즉, 상대임금이 낮은 직종에서도 실업률이 높은 시장상황에서는 노동공급이 증가하는 경우도 발생할 수 있다.

나. 도구변수방법 추정결과

도구변수를 사용하여 청년층 여성의 교육투자수익률을 추정한 결과는 도구변수(IV)의 추정치가 OLS 추정치보다 증가하는 것으로 나타나 선행연구와 일치된 결과를 보여주었다(Salas-Velasco, 2006). 우선, 부모의 학력을 도구변수로 사용한 경우 하우스만 테스트에서 t검정량이 통계적으로 유의미하게 나타남에 따라 투자수익률을 추정하는 인적자본소득함수에서 교육(EDU)변수의 내생성(endogeneity)문제가 존재하는 것으로 밝혀졌다(Hausman, 1978).

이러한 내생성(endogeneity)문제를 해결하기 위해 여성의 경우 부(父)의 학력과 모(母)의 학력을 도구변수로 사용한 것은 적절한 것으로 밝혀졌다. 부모의 학력을 도구변수(IV)로 사용하는 경우 2단계 최소자승법(2SLS)의 1단계에서 도구변수의 설명력을 보여주는 Partial R^2가 여성의 경우 30.1%였다. 반면, 남성의 경우에는 부모의 학력을 도구변수(IV)로 사용했을 때 설명력은 3.9%로 매우 낮은 편이었고 모(母)의 학력을 도구변수로 사용했을 경우에도 Partial R^2는 1.4%로 나타나 부모의 학력이 교육투자수익률 추정을 위한 도구변수로서는 부적합한 것으로 나타났다.

따라서 〈표 4-4〉에서는 남성의 경우를 제외한 여성의 경우에 한하여 부모학력을 도구변수로 사용하여 인적자본 모형으로 여성의 교육투자수익률을 추정한 결과를 보여주고 있다 즉, OLS 추정치[6]가 10.9%였으며 IV 추정치는 12.0%로 각각 추정되었다. 청년패널에서 OLS 추정치는 여성이 남성보다 높고 도구변수 추정치는 거의 비슷

6) OLS와 IV 추정치의 동등한 비교를 위하여 도구변수를 포함하고 있는 표본을 추출하여 각각의 추정방법을 비교・분석하였다.

〈표 4-4〉 도구변수별 교육투자수익률 비교(YP)

	부(父)의 학력				모(母)의 학력				부모 학력			
	여성		남성		여성		남성		여성		남성	
	OLS	IV	OLS	IV	OLS	IV	OLS	IV	OLS	IV	OLS	IV
EDU	.109 (29.14)**	.119 (18.30)**	.099 (13.05)**	.118 (3.41)**	.109 (29.14)**	.122 (15.24)**	.099 (13.05)**	.140 (2.45)*	.109 (29.14)**	.120 (18.91)**	.099 (13.05)**	.119 (3.44)**
Hausman test (t-value)		24.16**		10.08**		24.47**		1.25		2.19*		1.46
F-test		288.28**		22.96**		181.46**		7.71**		160.51**		11.68**
Sargan test (p-value)										.552		.662
Partial R^2		.268		.039		.240		.014		.301		.039
Adj R^2	.632	.535	.263	.092	.632	.628	.263	.149	.632	.606	.263	.202
N	1118		757		1118		757		1118		757	

주. 1. *: p<0.05, **: p<0.01
2. 괄호 안의 값은 t값임.
3. 변수설명: EDU=교육년수

한 수준인 것으로 추정되었다.

도구변수(IV)를 사용하여 수익률을 추정한 국외연구들의 대부분은 교육의 평균기대수익률을 추정하고 있으나 하교급별 수익률을 제시하지 않고 있다. 하지만 한계수익률은 실제 교육적 의미를 부여하고 정책적 시사점을 도출하는 과정에서 한계수익률이 더 많은 의미를 지닐 것이다. 본 연구는 이미 1단계 교육함수식에서 $\widehat{edu}$를 추정하여 부(父)의 학력이 도구변수로써 적절함을 검정하였다. 따라서 1단계 추정된 $\widehat{edu}$는 내생성을 극복한 외생변수로 볼 수 있다. 이를 학력별 가변수로 재변환하여 2단계 모형에 $\widehat{edu}$ 대신 학력별 가변수인 $\widehat{high}$, $\widehat{coll}$를 설명변수로 설정하면 IV 방법을 통한 교육의 한계수익률을 추정할 수 있다. 참고집단을 중졸(MID) 근로자로 하여 학교급별로 추정한 IV 수익률 추정치는 〈표 4-5〉와 같다.

〈표 4-5〉 도구변수를 사용한 학교급별 교육투자수익률 추정결과(YP)

도구변수	인적자본				직업특성			
	HIGH		COLL		HIGH		COLL	
	여성	남성	여성	남성	여성	남성	여성	남성
부(父) 학력	1.337 (20.04)**	1.119 (18.02)**	1.554 (21.69)**	1.409 (19.24)**	1.150 (17.92)**	.965 (16.51)**	1.298 (18.71)**	1.182 (17.07)**
모(母) 학력	1.368 (20.93)**	1.284 (20.19)**	1.577 (22.83)**	1.670 (21.44)**	1.190 (18.98)**	1.101 (18.16)**	1.361 (20.46)**	1.414 (18.98)**
부모 학력	1.326 (19.81)**	1.119 (18.02)**	1.525 (21.29)**	1.409 (19.24)**	1.140 (17.76)**	.965 (16.51)**	1.276 (18.46)**	1.182 (17.07)**

주. 1. *: $p<0.05$, **: $p<0.01$
2. 괄호 안의 값은 t값임.
3. 학교급별 수익률의 참조집단은 중졸(MID)임.

이렇게 도구변수방법을 사용하여 교육의 한계수익률을 추정한 결과, 고졸자와 대졸자의 한계수익률 모두 여성이 남성보다 높게 나타나 여성의 교육에 대한 투자수익률이 높은 것으로 밝혀졌다. 또한 고졸자의 한계수익률보다는 대졸자의 한계수익률이 높게 추정됨으로써 향후 대학교육 수요가 꾸준히 증가할 것으로 예측된다.

다. 분위회귀분석 추정결과

분위회귀분석방법을 사용하여 교육투자수익률을 측정한 결과를 종합적으로 살펴보면 소득분위가 높을수록 교육투자수익률이 증가하고 소득격차의 크기가 더 커지는 것으로 나타났다. 추정과정에서 소득분위별 충분한 표본 수를 확보하기 위하여 인적자본과 직업특성 모형으로 구분하지 않고 적절한 설명변수를 추가하여 추정하였다. 또한, 회귀계수들의 통계적 유의성을 확인하기 위해 300회를 반복한 부트스트랩(Bootstrap) 방법을 이용하여 계산한 t값이 괄호 안에 제시되어 있는데 교육투자수익률은 모든 분위에서 1%의 유의수준에서 통계적으로 유의미하게 추정되었다.

소득분위별 교육투자에 대한 수익률을 추정한 결과, 〈표 4-6〉에 제시된 바와 같이 여성의 경우 소득분위가 높아질수록 교육투자수익률이 높은 것으로 추정되었다. 〈표 4-6〉을 살펴보면 상위소득 90%(τ=0.90) 여성의 교육투자수익률이 13.7%로 소득분위 하위 10%(τ=0.10) 여성의 투자수익률 9.5%보다 월등히 높게 추정되었다. 만일 여성의 교육투자에 대한 수익률을 통상최소자승법(OLS)으로 추정한다면 모든 소득분위에서 11.0%로 간주할 수 있을 것이다. 그러나 여성의 경우 소득편차가 심하고 표본의 이질성(heterogeneity)이 반영됨에 따라 통상최소자승법과 분위회귀분석법의 추정결과는 상이하게 나타났다.

반면 남성은 여성의 경우와 대조적으로 소득분위별 교육투자수익

〈표 4-6〉 분위회귀분석을 이용한 교육투자수익률 추정결과(YP/여성)

	OLS	분위(Quantile)				
		τ=0.10	τ=0.25	τ=0.50	τ=0.75	τ=0.90
EDU	.110 (22.52)**	.095 (23.85)**	.099 (35.73)**	.110 (32.45)**	.117 (35.54)**	.137 (20.73)**
EXP	.074 (9.42)**	.083 (12.14)**	.088 (19.05)**	.078 (14.03)**	.069 (13.51)**	.040 (3.97)**
EXP^2	-.333 (-6.34)**	-.422 (-9.59)**	-.446 (-14.77)**	-.368 (-10.11)**	-.276 (-8.18)**	-.044 (-.66)
SEOUL	.113 (5.49)**	.094 (5.00)**	.094 (7.37)**	.110 (7.48)**	.119 (8.75)**	.157 (6.09)**
REGUL	.082 (4.50)**	.131 (6.77)**	.088 (6.58)**	.087 (5.71)**	.097 (6.94)**	.063 (2.43)*

주. 1. *: $p<0.05$, **: $p<0.01$

2. 괄호 안의 값은 t값임.

3. 변수설명: EDU=교육년수, EXP=경력년수(AGE-6-EDU), EXP^2=경력년수의 제곱, SEOUL=거주지여부(서울 1, 서울 이외 0), REGUL=정규직여부(정규직 1, 비정규직 0), Y02-Y06=연도별 가변수(각 연도 1, 아니면 0)

〈표 4-7〉 분위회귀분석을 이용한 교육투자수익률 추정결과(YP/남성)

	OLS	분위(Quantile)				
		$\tau=0.10$	$\tau=0.25$	$\tau=0.50$	$\tau=0.75$	$\tau=0.90$
EDU	.088 (17.96)**	.075 (14.40)**	.087 (22.94)**	.095 (26.17)**	.104 (26.06)**	.099 (18.34)**
EXP	.063 (7.20)**	.077 (8.09)**	.068 (9.68)**	.067 (9.86)**	.064 (8.57)**	.043 (3.93)**
EXP^2	-.113 (-2.14)*	-.238 (-4.36)**	-.159 (-3.92)**	-.133 (-3.40)**	-.081 (-1.91)	.048 (.78)
SEOUL	.054 (2.45)*	.062 (2.64)**	.059 (3.50)**	.041 (2.47)*	.044 (2.44)*	.048 (2.04)*
REGUL	.144 (6.73)**	.169 (5.87)**	.167 (8.38)**	.163 (8.65)**	.131 (6.52)**	.137 (5.39)**

주. 1. *: $p<0.05$, **: $p<0.01$
2. 괄호 안의 값은 t값임.
3. 변수설명: EDU=교육년수, EXP=경력년수(AGE-6-EDU), EXP^2=경력년수의 제곱, SEOUL=거주지여부(서울 1, 서울 이외 0), REGUL=정규직여부(정규직 1, 비정규직 0), Y02-Y06=연도별 가변수(각 연도 1, 아니면 0)

률의 편차가 그다지 크지 않아 소득분포에 따른 수익률 추정치가 고른 양상을 보여주었다. 〈표 4-7〉을 보면 남성의 경우 소득분위 하위 10%($\tau=0.10$)를 제외한 모든 소득분위($\tau=0.25$, $\tau=0.50$, $\tau=0.75$, $\tau=0.90$)에서 교육투자수익률 추정치가 8.7-9.9%로 측정되어 OLS 추정치(8.8%)와 비슷한 결과를 나타냈다. 즉, 남성의 경우에는 모든 소득분위에서 교육투자에 대한 금전적 보상이 비슷하게 이루어지고 있는 반면, 여성의 경우에는 상위소득일수록 교육투자에 대한 대가가 상대적으로 더 많이 지불되고 있는 것으로 나타나 극명한 대조를 보여주었다.

〈표 4-8〉의 연도별 추정결과를 보면 여성의 경우 모든 분위에서 연도별로 교육투자수익률은 증가한 것으로 추정되었으나 소득분위별로 비교해 보면 투자수익률 추정치($\tau=0.10$: 10.9%, $\tau=0.90$: 12.6%)는 편차가 큰 것으로 나타났다.

〈표 4-8〉 연도별 분위회귀분석 추정결과(YP/여성)

소득 분위	2001	2002	2003	2004	2005	2006
$\tau = 0.10$	.078 (9.16)**	.067 (5.62)**	.076 (6.98)**	.110 (7.70)**	.078 (6.94)**	.109 (7.70)**
$\tau = 0.25$	.084 (10.88)**	.087 (8.26)**	.087 (12.66)**	.109 (11.64)**	.103 (12.34)**	.110 (10.63)**
$\tau = 0.50$	.093 (16.72)**	.096 (11.17)**	.101 (14.00)**	.120 (15.53)**	.124 (15.04)**	.118 (15.30)**
$\tau = 0.75$	.117 (10.41)**	.104 (8.56)**	.104 (10.88)**	.132 (12.66)**	.133 (14.21)**	.132 (12.27)**
$\tau = 0.90$	.129 (5.30)**	.136 (4.65)**	.112 (7.17)**	.136 (8.58)**	.140 (11.06)**	.126 (9.44)**

주. 1. *: $p<0.05$, **: $p<0.01$
2. 괄호 안의 값은 t값임.

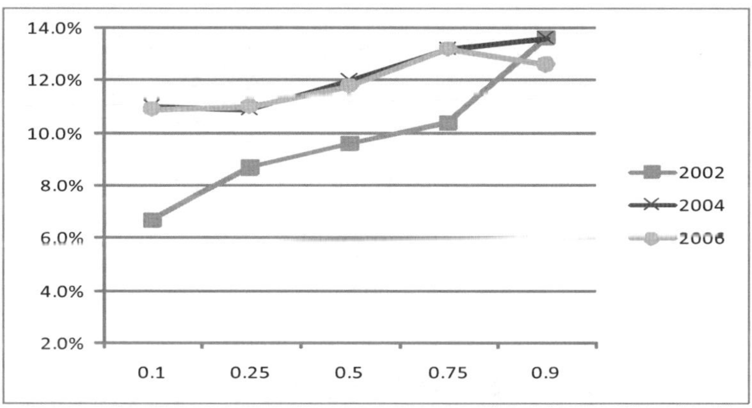

〈그림 4-2〉 분위회귀분석에 의한 수익률 추이(YP/여성)

〈표 4-9〉의 연도별 추정결과를 보면 남성의 경우 모든 분위에서 연도별로 교육투자수익률은 증가한 것으로 추정되었으나 소득분위별로 비교해 보면 투자수익률 추정치($\tau=0.10$: 10.4%, $\tau=0.90$: 10.5%)는 비교적 안정적인 것으로 추정되었다.

〈표 4-9〉 연도별 분위회귀분석 추정결과(YP/남성)

소득분위	2001	2002	2003	2004	2005	2006
$\tau = 0.10$	.057 (4.33)**	.067 (5.79)**	.084 (5.50)**	.081 (5.45)**	.101 (9.07)**	.104 (7.58)**
$\tau = 0.25$	.068 (8.41)**	.084 (8.90)**	.101 (9.94)**	.102 (9.74)**	.106 (11.71)**	.106 (11.02)**
$\tau = 0.50$	.074 (8.35)**	.103 (10.81)**	.104 (11.49)**	.113 (12.85)**	.119 (13.02)**	.117 (13.15)**
$\tau = 0.75$	.086 (8.40)**	.116 (11.37)**	.112 (8.66)**	.112 (9.84)**	.122 (13.67)**	.108 (12.03)**
$\tau = 0.90$	.103 (5.91)**	.088 (4.58)**	.093 (6.12)**	.110 (7.42)**	.131 (10.22)**	.105 (7.48)**

주. 1. *: $p<0.05$, **: $p<0.01$
2. 괄호 안의 값은 t값임.

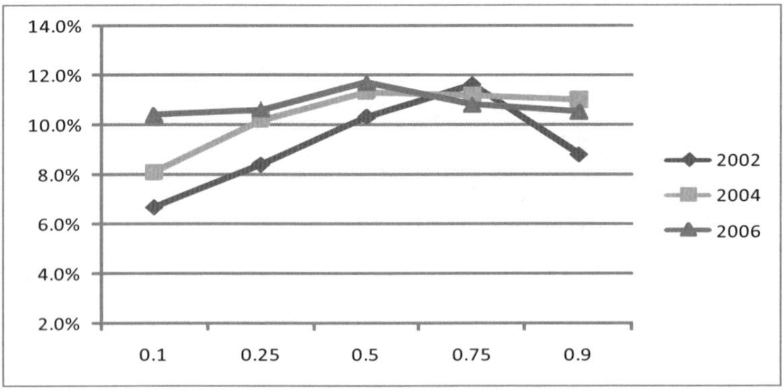

〈그림 4-3〉 분위회귀분석에 의한 수익률 추이(YP/남성)

라. 패널자료 추정결과

청년패널자료를 이용하여 청년층 여성의 연도별 교육투자수익률을 인적자본 모형과 직업특성 모형으로 각각 구분하여 참조집단인 남성의 교육투자수익률과 비교해 보면, 자료수집이 시작된 2001년부터

2006년까지 모든 연도에서 여성이 남성의 투자수익률보다 높게 추정되는 것으로 나타났다. 또한 교육투자에 대한 소득함수추정모형의 설명력(R^2)을 분석해 보면 여성의 경우 교육투자에 대한 추정모형의 설명력(R^2)이 2001년 12.4%에 그치고 있으나 2003년부터 모형의 설명력(R^2)이 지속적으로 증가하여 2005년에는 피설명변수인 노동소득의 총 분산 중에서 학교교육과 현직훈련의 설명변수만으로 28.0%를 설명해주고 있다. 인적자본 모형의 연도별 설명력(R^2) 추이는 〈그림 4-4〉와 같다.

이와 같이 동일한 설명변수를 포함한 소득함수를 사용했음에도 불구하고 남성과 여성의 경우 시기별로 설명력의 차이가 발생하는 이유는 종속변수로 사용한 노동소득의 변동성(fluctuation)에 기인한다고 볼 수 있다. 남성의 경우 시간의 경과에 따른 노동소득의 변동성이 비교적 안정적(smooth)인 변화를 보여주고 있으나 여성의 노동소득은 청년패널자료 초기에 편차가 심한 분포를 보여주었다는 것이다. 하지만 2000년대 이후 여성 인적자본 모형의 설명력이 증가하고 있다는 것

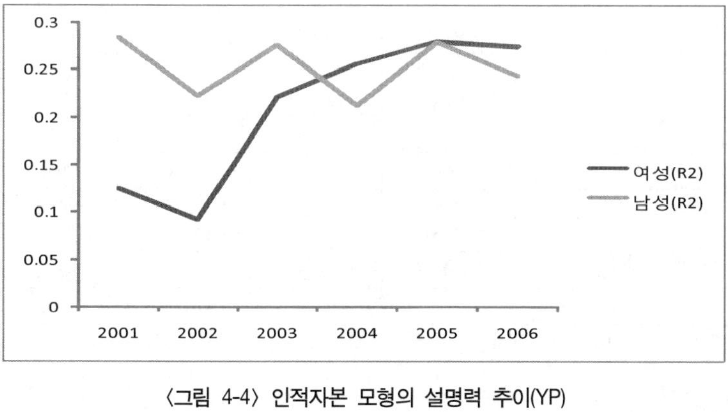

〈그림 4-4〉 인적자본 모형의 설명력 추이(YP)

은 청년층 여성의 급증하는 고등교육투자가 노동시장의 적극적인 이행으로 연결됨에 따라 교육의 투자가 기대수익의 안정적인 증가에 직접적으로 상당히 기여하고 있다는 것을 의미하는 것이다. 청년패널자

〈표 4-10〉 연도별 교육투자수익률 추이(YP)

		인적자본 모형		직업특성 모형	
		여성	남성	여성	남성
2001년	EDU	.104 (11.99)**	.065 (6.67)**	.098 (10.99)**	.049 (4.76)**
	$Adj\,R^2$	.124	.283	.152	.226
	N	1021	769	1018	763
2002년	EDU	.093 (8.67)**	.078 (8.43)**	.085 (7.56)**	.066 (6.76)**
	$Adj\,R^2$	.092	.222	.126	.244
	N	925	835	918	834
2003년	EDU	.099 (13.54)**	.097 (12.79)**	.090 (12.44)**	.080 (10.51)**
	$Adj\,R^2$	.221	.275	.283	.361
	N	859	799	859	799
2004년	EDU	.123 (15.07)**	.103 (12.98)**	.117 (14.11)**	.077 (9.39)**
	$Adj\,R^2$	.257	.212	.317	.311
	N	918	857	918	857
2005년	EDU	.120 (16.19)**	.114 (15.84)**	.112 (15.35)**	.084 (11.45)**
	$Adj\,R^2$	.280	.278	.366	.374
	N	968	921	968	921
2006년	EDU	.115 (13.15)**	.103 (13.84)**	.107 (12.13)**	.077 (9.95)**
	$Adj\,R^2$	.275	.243	.238	.338
	N	1035	894	1034	892

주. 1. *: $p<0.05$, **: $p<0.01$
2. 괄호 안의 값은 t값임.
3. 변수설명: EDU=교육년수

료를 사용하여 청년층 여성의 교육투자에 대한 수익률을 연도별로 추정한 결과는 〈표 4-10〉과 같다.

패널자료를 사용하여 추정하는 평균추정기법은 주로 개별 관측치에 대한 시계열 정보가 정확하지 않을 가능성이 존재하는 경우에 주로 측정오차(measurement error)문제[7]를 해결하기 위해서 사용된다. 이

〈표 4-11〉 패널자료를 이용한 교육투자수익률의 평균추정치 추정결과(YP)

	여성		남성	
	평균	한계	평균	한계
EDU	.117 (25.24)**		.099 (22.75)**	
HIGH		.134 (2.38)*		.139 (3.12)**
2COLL		.319 (5.63)**		.259 (5.44)**
4COLL		.607 (10.73)**		.567 (12.13)**
GRAD		.872 (9.32)**		.802 (11.39)**
EXP	.062 (7.57)**	.037 (4.42)**	.081 (9.99)**	.047 (5.41)**
EXP^2	-.257 (-4.76)**	-.125 (-2.25)*	-.213 (-4.15)**	-.048 (-.88)
Overall R^2	.232	.214	.288	.274
N	5591		5010	

주. 1. *: $p<0.05$, **: $p<0.01$
2. 괄호 안의 값은 t값임.
3. 학교급별 수익률의 참조집단은 중졸(MID)임.
4. 변수설명: EDU=교육년수, HIGH=고졸여부(고졸 1, 아니면 0), 2COLL=전문대졸여부(전문대졸 1, 아니면 0), 4COLL=4년제 대졸여부(4년제 대졸 1, 아니면 0), GRAD=대학원졸여부(대학원졸 1, 아니면 0), EXP=경력년수(AGE-6-EDU), EXP^2= 경력년수의 제곱

7) 측정오차로 인해 교육투자에 대해 조사된 표본의 개인 교육년수가 과장될 가능성이 존재하는 경우에 이러한 측정오차문제를 해결하기 위해서는 t년도 모든 개인의 교육년수에 대한 평균치를 계산함으로써 교육투자수익률을 추정하게 된다.

에 6개 연도의 청년패널자료를 이용하여 평균추정기법으로 교육투자 수익률을 추정한 결과는 〈표 4-11〉과 같다.

2) 임금차별이론에 기초한 임금차별 추정결과

가. 선택편의와 내생성을 고려한 임금차별 추정결과

노동시장에서 일하는 개인만을 대상으로 추출된 표본[8]은 표본의 선택성으로 인해 모집단으로부터 무작위 추출되지 않은 경우이므로 표본선택편의(sample selection bias)가 발생한다. 이러한 선택편의를 조정하기 위해 헤크만 2단계 추정기법(HECKIT)을 사용하여 임금격차를 분해한 결과 〈표 4-12〉에 제시된 바와 같이 총임금격차(G_{mf})는 교육수준이 높아짐에 따라 감소(.415→.239)하는 것으로 나타났다. 그러나 선택편의를 조정하지 않은 OLS 임금분해 결과와 비교해 보면 차별에 따른 차이에서 여성의 페널티가 차지하는 비중이 증가하고 있음을 알 수 있다.

특히, 고졸 여성근로자의 경우 선택편의를 조정했을 때 전체 임금격차 중에서 여성페널티가 차지하는 비율이 80%로 나타나 노동시장에서 겪는 임금차별이 심각한 상태인 것으로 밝혀졌다. 반면 4년제 대졸 이상 여성근로자의 경우 성별 임금격차에서 여성페널티가 차지하는 비율이 22%로 줄어들었다는 사실은 여성의 교육수준이 향상됨에 따라 노동시장에서 여성에 대한 임금차별의 크기가 상대적으로 감소하는 것으로 추론할 수 있다.

---

8) 중도 절단된 표본(censored sample) 또는 절삭된 표본(truncated sample)을 의미한다.

〈표 4-12〉 선택편의를 고려한 교육수준별 임금차별 추정결과(YP)

	교육수준	총 임금 격차 (A+B+C)	옥사카와 랜섬(1994)			
			생산성 차이 (C)	잔여임금격차		
				남성 프리미엄(A)	여성 페널티(B)	소계 (A+B)
OLS	고졸	.241 (100%)	.081 (34%)	.078 (32%)	.082 (34%)	.160 (66%)
	전문대졸	.225 (100%)	.120 (53%)	.042 (19%)	.063 (28%)	.105 (47%)
	대졸이상	.174 (100%)	.154 (88%)	.010 (6%)	.010 (6%)	.020 (12%)
HECKIT	고졸	.415 (100%)	.081 (20%)	.004 (1%)	.330 (79%)	.334 (80%)
	전문대졸	.350 (100%)	.120 (34%)	.062 (18%)	.168 (48%)	.230 (66%)
	대졸이상	.239 (100%)	.185 (78%)	.034 (14%)	.020 (8%)	.054 (22%)

주. 괄호 안은 총임금격차에서 차지하는 비중임.

〈표 4-13〉 내생성을 고려한 교육수준별 임금차별 추정결과(YP)

	교육수준	총 임금 격차 (A+B+C)	옥사카와 랜섬(1994)			
			생산성 차이 (C)	잔여임금격차		
				남성 프리미엄(A)	여성 페널티(B)	소계 (A+B)
OLS	고졸	.614 (100%)	.466 (76%)	.058 (9%)	.090 (15%)	.148 (24%)
	전문대졸	.245 (100%)	.125 (51%)	.038 (16%)	.082 (33%)	.120 (49%)
	대졸 이상	.172 (100%)	.167 (97%)	.002 (1%)	.003 (2%)	.005 (3%)
IV	고졸	.614 (100%)	.464 (75%)	.059 (10%)	.091 (15%)	.150 (25%)
	전문대졸	.245 (100%)	.133 (54%)	.036 (15%)	.076 (31%)	.112 (46%)
	대졸 이상	.172 (100%)	.168 (98%)	.002 (1%)	.002 (1%)	.004 (2%)

주. 괄호 안은 총임금격차에서 차지하는 비중임.

한편, 도구변수를 이용하여 교육수준별로 임금차별을 추정한 결과는 〈표 4-13〉과 같다. 부모학력을 도구변수로 이용하여 교육수준별로 임금격차를 분해한 결과, 차별의 크기는 OLS 방법으로 분해한 결과와 비슷한 것으로 나타났다. 교육수준이 높아질수록 생산성의 차이로 설명할 수 있는 부분이 많아지고 차별의 크기는 상대적으로 감소하였다.

2절. 노동패널 분석결과

노동패널(KLIPS)자료의 분석결과는 〈그림 4-5〉와 같이 연구문제에 맞추어 청년층 여성의 고등교육 투자가 생산성 향상과 임금차별 개선으로 소득의 증가에 영향을 미치는지를 분석하였다. 먼저 인적자본이론에 기초하여 교육투자수익률을 추정하는 과정에서 횡단자료에서는 표본의 선택편의를 수정하기 위한 HECKIT 추정결과와 내생성을 고려한 도구변수 추정결과 그리고 표본의 이질성을 고려한 분위회귀분석 결과를 순서대로 제시하였으며 패널자료에서는 평균추정(BE) 및 임의효과(RE) 결과를 각각 제시하였다.

다음으로 임금차별이론을 바탕으로 임금격차를 분해하기 위해서 옥사카-블라인더(1973)와 옥사카와 랜섬(1994)의 방법을 사용하여 추정결과를 비교·분석하였다. 아울러 여성의 자기선택(self-selection)과 교육변수의 내생성을 고려하여 HECKIT과 도구변수 추정결과도 함께 제시하였다.

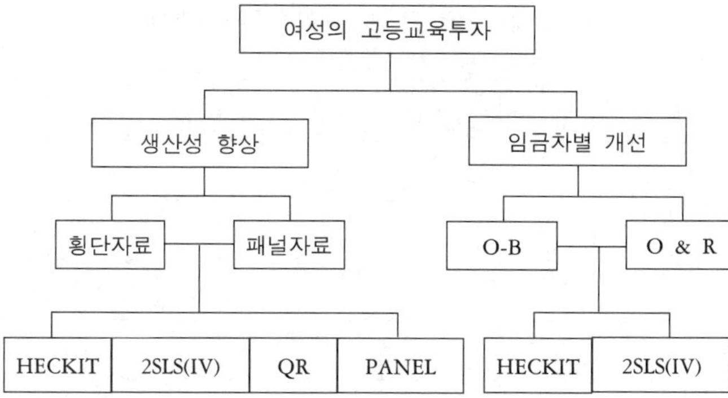

〈그림 4-5〉 노동패널(KLIPS) 분석 결과구조

1) 인적자본이론에 기초한 교육투자수익률 추정결과

가. OLS와 HECKIT 추정결과

노동패널 8차년도 자료를 사용하여 교육을 추가적으로 1년 더 받음으로써 기대되는 소득의 증가율을 의미하는 평균기대수익률을 추정하면 〈표 4-14〉와 같다. 인적자본 모형에서 여성인력의 교육투자에 대한 수익률은 9.7%로 남성의 7.9%에 비해 약 2% 더 높은 것으로 나타났다. 또한, 직업특성을 추가로 통제한 모형에서는 여성의 한계수익률은 고졸과 전문대졸에서는 남성의 수익률보다 낮은 것으로 나타났으나 대졸과 대학원졸 이상에서는 오히려 남성의 수익률보다 월등하게 증가하는 것으로 밝혀졌다. 한편, 참조집단인 중졸집단과 비교했을 때 고졸 남성의 경우 19.4%의 임금을 더 받는 반면 고졸 여성은 16.3%의 임금 프리미엄이 존재하는 것으로 나타났다. 하지만 대졸 이상 학력을 갖춘 여성의 경우는 58.2-73.2%의 임금 프

〈표 4-14〉 교육투자에 대한 평균 및 한계수익률 추정결과(KLIPS)

	인적자본				직업특성			
	여성		남성		여성		남성	
	평균	한계	평균	한계	평균	한계	평균	한계
EDU	.097 (20.32)**		.079 (22.76)**		.056 (11.57)**		.046 (11.66)**	
HIGH		.277 (7.64)**		.269 (8.67)**		.163 (4.71)**		.194 (6.47)**
2COLL		.579 (12.43)**		.473 (11.80)**		.293 (6.23)**		.306 (7.62)**
4COLL		.921 (21.07)**		.657 (19.31)**		.582 (12.48)**		.409 (10.97)**
GRAD		1.183 (12.13)**		.932 (17.35)**		.732 (7.70)**		.591 (10.47)**
AGE	.017 (2.19)*	.038 (5.14)**	.146 (20.01)**	.142 (19.56)**	.040 (5.61)**	.050 (7.18)**	.132 (18.64)**	.130 (18.41)**
AGE^2	-.001 (-1.31)	-.001 (-4.69)**	-.002 (-18.23)**	-.002 (-17.97)**	-.001 (-4.07)**	-.001 (-6.12)**	-.001 (-16.93)**	-.001 (-16.77)**
SEOUL					.094 (3.81)**	.087 (3.60)**	.011 (.51)	.009 (.41)
REGUL					.182 (7.15)**	.173 (6.89)**	.125 (5.07)**	.128 (5.18)**
FULL					.091 (2.46)*	.064 (1.78)	.117 (1.94)	.076 (1.27)
LSIZE					.182 (2.95)**	.175 (2.89)**	.419 (10.17)**	.412 (9.97)**
MSIZE					.160 (3.57)**	.169 (3.84)**	.056 (1.62)	.060 (1.72)
PROF					.435 (10.98)**	.376 (9.40)**	.292 (10.79)**	.269 (9.70)**
OFFICE					.360 (9.40)**	.344 (9.01)**	.214 (7.17)**	.204 (6.80)**
SALE					.014 (.45)	.002 (.07)	.004 (.13)	.001 (.04)
Adj R^2	.277	.342	.303	.318	.426	.448	.384	.388
N	1536		2401		1536		2401	

주. 1. *: $p<0.05$, **: $p<0.01$

2. 괄호 안의 값은 t값임.

3. 학교급별 수익률의 참조집단은 중졸(MID)임.

4. 변수설명: EDU=교육년수, HIGH=고졸여부(고졸 1, 아니면 0), 2COLL=전문대졸여부(전문대졸 1, 아니면 0), 4COLL=4년제 대졸여부(4년제 대졸 1, 아니면 0), GRAD=대학원졸여부(대학원졸 1, 아니면 0), AGE=연령년수, AGE^2=연령년수의 제곱, SEOUL=거주지여부(서울 1, 서울 이외 0), REGUL=정규직여부(정규직 1, 비정규직 0), FULL=전일제여부(전일제 1, 시간제 0), LSIZE=대규모사업체여부(종업원이 500명 이상 1, 아니면 0), MSIZE=중간규모사업체여부(종업원이 100명 이상 500명 미만 1, 아니면 0), PROF=전문직여부(전문직 1, 아니면 0), OFFICE=사무직여부(사무직 1, 아니면 0), SALE=서비스판매직(서비스판매직 1, 아니면 0)

리미엄이 발생하여 동일학력 남성의 40.9-59.1%에 비해 학력에 따른 임금격차가 더욱 크게 발생하였다. 다시 말해 우리나라의 경우 여성의 교육수준이 임금에 미치는 영향이 남성보다 훨씬 크고 직접적이라고 볼 수 있다.

남성의 경우 거주지역에 따라 임금에 미치는 유의미한 차이가 없는 것으로 나타났으나 서울에 거주하는 여성은 기타지역의 여성보다 8.7-9.4%의 임금을 더 받는 것으로 밝혀졌다. 허식(2007)의 연구결과에 의하면 교육년수가 임금에 미치는 영향이 비수도권보다 수도권에서 월등히 높기 때문에 지역 간 임금격차가 발생한다고 설명한다. 이러한 결과는 최근 수도권을 중심으로 여성의 고학력화가 집중되고 있으며 동시에 노동시장에서 전문 인력에 대한 수요가 증가하는 현상을 반영하고 있다는 추론도 가능하다(정진호 외, 2004).

여성은 정규직과 전일제로 일하는 경우에 비정규직과 시간제근무 여성보다 각각 18.2%, 9.1%의 임금을 더 받는 것으로 나타났다. 기업의 규모면에서 보면 종업원 500명 이상 대규모 사업체에 일하는 경우가 100명 미만의 소규모 사업체에서 일하는 경우보다 17.5-18.2%의 임금을 더 받는 것으로 나타나 기업의 규모가 여성 근로자의 기대수익에 긍정적인 영향을 미치는 것으로 밝혀졌다(Krueger, 1988).

무엇보다, 가장 주목할 점은 전문직에 종사하는 여성근로자의 경우 참조집단인 단순기술직 여성근로자의 임금에 비해 37.6-43.5%의 프리미엄이 발생함으로써 동일한 조건으로 통제했을 때 남성 전문직 종사자가 누리는 26.9-29.2%의 임금 프리미엄보다 월등히 높게 나타났다는 것이다. 이와 같이 여성의 경우 정규직과 전문직의 높은 임금 프리미엄은 직업 자체가 전문적인 지식과 기술을 축적한 인력을 요구하기 때문에 저학력 비정규직 여성인력으로의 대체가 어려운 직업에서 주로 나타나는 현상으로 해석할 수 있을 것이다(권혜자, 2005).

하지만 임금근로자를 대상으로 표본을 사용하는 경우 표본선택(sample selection)으로 인해 교육투자수익률의 추정에 오류가 발생할 수 있다. 왜냐하면 노동시장 참가여부에 영향을 미치지만 관찰되지 않는 개인의 특성이 체계적으로 이루어지는 경우, 수집된 표본의 대표성이 상실되어 모수의 추정치가 편의(bias)될 가능성이 있기 때문이다. 이에 노동시장 참가에 따른 프로빗 모형을 추정하고 선택편의를 수정하여

〈표 4-15〉 교육투자에 대한 OLS와 HECKIT 추정결과(KLIPS)

	PROBIT		OLS		HECKIT	
	여성	남성	여성	남성	여성	남성
EDU	.013 (1.47)	.035 (3.92)**	.048 (10.73)**	.039 (10.80)**	.048 (10.55)**	.042 (10.47)**
AGE	.118 (7.47)**	.153 (8.83)**	.011 (1.38)	.078 (10.60)**	.026 (5.61)**	.099 (7.59)**
AGE^2	-.002 (-8.96)**	-.002 (-10.60)**	-.000 (-1.31)	-.000 (-10.84)**	-.000 (-2.88)**	-.001 (-7.17)**
FINCOME	-.000 (-10.11)**	-.000 (-4.68)**				
NCHILD	-.409 (-9.90)**	.112 (1.80)				
MARR	-.568 (-8.97)**	.652 (8.33)**	.076 (3.09)**	.135 (5.84)**	-.009 (-.26)	.210 (4.71)**
SEOUL	.138 (2.67)**	-.057 (-.92)	.112 (4.95)**	.038 (1.87)	.125 (5.35)**	.032 (1.49)
IMR($\hat{\lambda}$)					.167 (3.24)**	.263 (2.01)*
Adj R^2			.530	.494	.534	.494
N	3731	3105	1532	2386	3731	3105

주. 1. *: $p<0.05$, **: $p<0.01$

2. 괄호 안의 값은 t값임.

3. 변수설명: EDU=교육년수, AGE=연령년수, AGE^2=연령년수의 제곱, FINCOME=타가구원의 소득, NCHILD=8세 미만의 자녀 수, MARR=혼인여부(기혼 1, 미혼 0), SEOUL=거주지여부(서울 1, 서울 이외 0)

추정한 여성의 교육투자수익률 추정결과는 〈표 4-15〉와 같다.

교육을 추가적으로 1년 더 받음으로써 평균적으로 기대되는 소득의 증가율인 평균기대수익률이 여성은 4.8%로 추정되어 남성의 수익률 3.9%보다 높은 것으로 나타났다. 학교급 간의 한계수익률 추정에서도 4년제 대졸 이상의 고학력 여성근로자는 동일학력의 남성보다 교육투자수익률이 높은 것으로 밝혀졌다.

헤크만의 추정기법 중 1단계 노동시장 참여여부를 종속변수로 하는 프로빗 분석결과, 남녀 모두 가구소득이 높을수록 노동시장 참여가 감소하는 것으로 나타났다. 남성의 경우 교육과 혼인 변수가 각각 노동시장 참여에 긍정적인 영향을 미치는 것으로 밝혀졌다. 반면에 여성은 8세 미만 자녀 수와 혼인 변수가 노동시장 참여와 음(−)의 상관이 있는 것으로 나타나 결혼과 출산으로 인해 여성의 노동시장 진출이 제한되고 있음을 알 수 있다.[9)]

또한, 여성의 경우 IMR($\hat{\lambda}$) 계수의 부호가 통계적으로 유의미한 양(+)의 값으로 나타남에 따라 우리나라 여성이 노동시장 진입에 따른 자기선택(self-selection)이 존재하는 것으로 밝혀졌다. 표본선택편의를 조정한 결과를 미조정한 값과 비교해 보면 남성의 경우 회귀모형의 설명력(Adj R^2)이 동일했으나 여성은 IMR값이 유의미하게 나타남으

9) 자녀가 여성의 노동시장 참가에 미치는 부정적 영향뿐만 아니라 여성의 임금에 미치는 불이익(motherhood penalty)에 대해서도 다양한 접근이 가능하다(Mincer & Polachek, 1974; Becker, 1985; Hakim, 1996). 자녀는 여성이 직무에 투자하는 노력을 제한함으로써 직접적으로 영향을 주기도 하고 경험이나 근속년수가 단축됨으로써 간접적인 영향을 주기도 한다. 시간과 저임금과의 교환(trade-off)을 통한 여성근로자의 자발적 선택이거나 혹은 고용주의 선입견 혹은 차별을 반영하기도 한다. 하지만 데이터에서 여성 개인의 노력, 경험, 근속년수, 근로자의 자기선택, 고용주의 선호를 통제하기가 쉽지 않기 때문에 자녀의 임금 불이익 효과를 지나치게 확대해석하기는 어렵다.

로써 설명력이 증가(.530→.534)하였다.

위머와 체즘(Wimmer & Chezum, 2003)은 IMR($\hat{\lambda}$) 계수의 부호가 임금함수의 오차항과 노동시장 참여방정식의 오차항 간에 공분산을 의미한다고 지적하였다. 따라서 여성 집단의 IMR($\hat{\lambda}$) 계수가 양(+)의 값을 갖는 경우는 여성의 노동시장 참여여부와 임금소득 간에 양의 상관(positive correlation)이 있음을 의미한다. 다시 말해, 동일한 교육수준에서 노동시장에 참여한 여성은 노동시장에 참여하지 않은 여성보다 더 높은 임금을 받을 가능성이 존재하는 것으로 추론할 수 있다.

나. 도구변수방법 추정결과

정밀한 교육투자수익률 추정을 위해 부모의 교육년수를 도구변수(IV)로 사용하기 위해서는 부모의 학력이 자녀의 학력에 직접적인 영향을 주고 있음을 입증해야 한다. 이에 아이언넬리(Iannelli, 2002)는 12개 유럽 국가를 대상으로 실시된 유럽연합 노동력조사자료를 이용하여 부모의 학력과 자녀의 학력 및 직업지위 간에 관련성이 존재한다는 연구결과를 보고했다. 이와 관련하여 국내연구를 살펴보면, 아버지의 교육수준과 자녀의 수능성적 간에 양의 상관관계가 있을 뿐만 아니라 아버지의 교육수준이 높을수록 자녀가 상위대학에 입학할 가능성이 높은 것으로 밝혀졌다(방하남 · 김기헌, 2002; 장미혜, 2002).

한편, 남기곤(2008)의 연구에서는 우리나라의 경우 부모의 학력이 자녀의 학력에 미치는 효과는 크지만 소득과 직결된 자녀의 직업지위에 미치는 효과는 매우 제한적이라고 지적한다. 〈표 4-16〉을 보면 노동패널에서 제공하는 아버지의 교육수준은 도구변수의 적합성 검증결과 남성보다는 여성의 경우에 더 적절한 것으로 나타났다.[10] 이에 따라 남성의 경우는 OLS와 IV의 수익률 추정치 결과에 별 차이가 없었으나 여성의 교육투자수익률은 OLS 9.9%에서 IV 추정에서는 15.7%로 증가하였다.[11)]

트로스텔 외(Trostel et al., 2002)는 국가별 교육투자수익률 비교연구에서 배우자 간의 교육수준은 양(+)의 상관관계를 갖는 반면 배우자의 교육수준과 소득수준 간에는 독립이라는 전제하[12)]에 배우자의 교육년수를 도구변수로 사용하여 수익률을 측정하였다. 실제로 펜카벨(Pencavel, 1998)은 미국 인구센서스자료를 분석한 결과 배우자 간의 학력수준이 점차 비슷해지고 있음을 보여주고 있다. 마찬가지로 최강식(2002)은 우리나라의 경우도 학력수준이 비슷하고 개인특성도 동질적인 배우자 간 결합이 보편화되고 있음을 지적하였다. 이에 따라, 노동패널자료에서 도구변수(IV)로서 배우자 학력을 추출하여 여성의 교육투자수익률을 추정한 결과 〈표 4-16〉에 제시된 바와 같이 OLS 추정치 10.4%에서 IV 추정치 14.5%로 증가하였다. 반면에 남성의 교육투자수익률은 OLS와 IV의 추정치가 각각 7.9%, 10.3%로 측정되어 여성교육에 대한 투자수익률이 남성의 투자수익률보다 더 높은

10) 남성의 경우 부의 학력을 도구변수로 사용한 경우 하우스만 테스트에서 t검정량이 통계적으로 유의미하지 않아 도구변수로는 적절하지 못한 것으로 밝혀졌다(Hausman, 1978).

11) 국가별 교육투자수익률 추정결과와 비교해 보면 최근 여성의 인적자본투자가 집중적으로 이루어진 아일랜드의 여성교육투자수익률과 비슷한 결과를 보여주고 있다. 아일랜드의 인적자원개발지수(human development index)는 2005년 기준 세계 5위(.959)였으며 한국의 개발지수는 세계 26위(.921)를 차지했다(UNDP, 2007).

12) 배우자의 교육수준을 도구변수(Z_i)로 사용함으로써 개인의 교육수준(S_i)과 도구변수 간에 $Cov(Z_i, S_i) \neq 0$, 도구변수와 소득함수의 오차항(u_i)간에 $Cov(Z_i, u_i) = 0$이 성립함을 전제한다. 즉, 여성 개인의 교육년수는 도구변수로 사용하는 배우자의 교육년수와 통계적으로 상관관계(correlation)가 매우 높으나 배우자의 교육년수와 여성 개인의 소득 간에는 논리적 인과관계(causality)가 성립하지 않는다.

〈표 4-16〉 도구변수별 교육투자수익률 비교(KLIPS)

	부의 학력				배우자의 학력				부・배우자의 학력			
	여성		남성		여성		남성		여성		남성	
	OLS	IV	OLS	IV	OLS	IV	OLS	IV	OLS	IV	OLS	IV
EDU	.099 (19.81)**	.157 (11.71)**	.080 (22.16)**	.082 (8.39)**	.104 (17.12)**	.145 (16.42)**	.079 (19.02)**	.103 (17.11)**	.108 (16.60)**	.156 (16.64)**	.078 (18.30)**	.103 (16.91)**
Hausman test (t-value)		-4.93**		-.24		-6.88**		-5.72**		-7.94**		-5.82**
F-test		205.52**		322.50**		489.72**		1035.48**		244.26**		569.88**
Sargan test (p-value)										.318		.043
Partial R^2		.152		.136		.499		.482		.512		.504
Adj R^2	.275	.208	.302	.302	.324	.288	.252	.237	.323	.277	.245	.229
N	1463		2287		869		1694		817		1613	

주. 1. *: $p<0.05$, **: $p<0.01$
2. 괄호 안의 값은 t값임.

것으로 밝혀졌다.

〈그림 4-6〉에서 도구변수별 남녀 투자수익률 추정치를 비교해 보면, 2005년 노동패널(KLIPS)과 2007년 여성가족패널(KLoWF) 모두 선행연구와 일치된 결과를 보여주고 있음을 알 수 있다. 즉, 도구변수를 이용한 교육투자수익률 추정치에 비해 OLS의 추정치가 과소 추정되어 있다는 것이다. 〈표 4-17〉을 살펴보면 2007년 여성가족패널(KLoWF)자료가 제공하는 모(母)의 학력과 직업수준 변수를 도구변수로 사용하는 경우에도 부(父)의 도구변수 추정치와 비슷한 결과를 보여주었다. 더욱이 흥미로운 점은 우리나라 여성의 경우에도 선행연구에서 입증된 바와 같이, 형제자매의 수가 증가할수록 교육의 기회가 감소하는 것이 통계적으로 검증됨으로써 형제자매의 수가 여성의 교육투자수익률을 추정하기 위한 도구변수로써 적절하다는 것이 밝

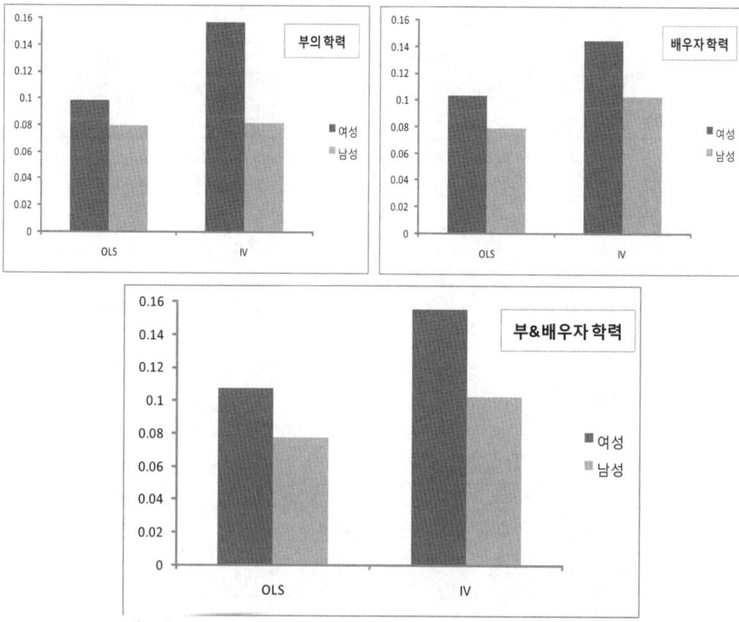

〈그림 4-6〉 도구변수별 남녀 교육투자수익률 추정치 비교(KLIPS)

혀졌다(Butcher & Case, 1994).[13]

13) 중국 임금근로자를 대상으로 교육투자수익률을 추정한 Li(2003)의 연구에서도 중국여성의 경우 부모의 학력보다는 형제자매의 수를 도구변수(IV)로 활용하는 것이 더 타당한 것으로 나타났다. 왜냐하면 가족구성원 중에 형제자매의 수가 많을수록 여성 개인의 교육년수에는 음(−)의 유의미한 영향을 미치는 반면, 형제자매의 수와 여성 개인의 능력 간에는 상관관계(correlation)가 존재하지 않기 때문이다. 이러한 결과는 중국사회가 전통적으로 유교의 문화적 배경에 근간을 두고 있다는 점에서 중국여성의 교육기회가 상당히 제한되어 왔다는 사실을 뒷받침하고 있다.

〈표 4-17〉 도구변수를 이용한 여성교육의 평균기대수익률 비교

			KLIPS(2005)		KLoWF(2007)	
		2SLS	1단계	2단계	1단계	2단계
		종속변수	EDU	LWAGE	EDU	LWAGE
부(父)	교육	고졸	2.226 (9.66)**		1.399 (18.86)**	
		전문대졸	2.677 (4.81)**		1.841 (9.46)**	
		대학교졸	2.937 (7.87)**		2.061 (17.38)**	
		석사 이상	4.570 (5.58)**		2.493 (9.13)**	
	직업	상위수준	1.670 (4.43)**		1.274 (13.60)**	
		중간수준	.522 (3.16)**		.963 (15.09)**	
IV(부의 학력 · 직업)				.154 (10.53)**		.165 (11.61)**
OLS				.107 (19.83)**		.108 (20.76)**
N			1229		1968	
배우자 교육년수						
IV(배우자 학력)				.145 (16.42)**		.128 (12.35)**
OLS				.104 (17.12)**		.106 (18.58)**
N			869		1599	
형제자매		형제 수			-.223 (-9.89)**	
		자매 수			-.157 (-8.24)**	
IV(형제자매 수)						.126 (2.75)**
OLS						.108 (20.74)**
N					1966	

주. 1. *: p<0.05, **: p<0.01
2. 괄호 안의 값은 t값임.
3. 도구변수(IV)로는 부의 학력, 부의 직업, 배우자 학력, 형제자매 수를 사용하였음.
4. 변수설명: EDU=교육년수, LWAGE=시간당 임금 자연대수 취한 값

출처: 백일우, 임정준(2008c)의 연구결과를 재구성함.

다. 분위회귀분석 추정결과

노동패널(KLIPS)의 8개 연도 자료를 바탕으로 분위회귀분석을 사용하여 연령별로 여성의 교육투자수익률을 추정한 결과는 〈표 4-18〉과 같다.[14] 회귀식에서 추정하는 계수들의 통계적 유의성을 확인하기 위해 300회를 반복한 부트스트랩(Bootstrap) 방법을 이용하여 t값을 계산하였다. 추정결과 교육변수의 회귀계수값인 교육투자수익률은 모든 분위에서 통계적으로 유의미하게 나타났다.

〈표 4-18〉을 살펴보면 소득분위가 높을수록 교육투자수익률의 크기가 증가함을 알 수 있다. 남성의 경우에는 모든 소득분위에서 교육투자에 대한 금전적 보상이 대체로 비슷한 반면에 여성의 경우에는 상위소득일수록 교육투자에 대한 대가를 더 많이 지불받는 것으로 나타나 두 집단이 극명한 대조를 보여주었다. 여성근로자 집단이 남성근로자 집단에 비해 상대적으로 (동일한 교육수준에서) 소득분위별로 소득편차가 더 크다는 것을 의미하는 것으로 표본이 매우 이질적(heterogeneous)이라는 것을 확인할 수 있었다.

또한, 여성의 경우 상위소득일수록 교육수준이 노동시장의 임금격차에 미치는 영향은 매우 큰 것으로 나타났다. 이는 여성의 경우 소득분위가 상위로 올라갈수록 교육의 한계효과가 더 커짐에 따라 인적자본의 가격이 더 높아진다는 것을 의미하는 것이다. 이렇게 소득분위가 높을수록 여성교육에 대한 투자수익률이 높게 추정되는 주된 이유는 여성의 고학력화 현상과 더불어 고소득을 보장하는 전문직과 사무직 등의 화이트 컬러직종에 종사하는 여성의 비율이 현저히 증가했

---

14) 소득분위별 충분한 표본 수를 확보하기 위하여 인적자본과 직업특성 모형으로 구분하지 않고 적절한 설명변수를 추가하여 추정하였다.

〈표 4-18〉 연도 및 연령별 분위회귀분석 추정결과(KLIPS/여성)

분위	연도	18-29	30-39	40-49	50-59
$\tau=0.10$	1999	.042 (2.48)*	.115 (7.62)**	.077 (2.17)*	.039 (.68)
	2001	.085 (4.04)**	.095 (4.62)**	.027 (.53)	.048 (.96)
	2003	.067 (3.46)**	.071 (5.42)**	.079 (2.57)*	.013 (.26)
	2005	.124 (6.41)**	.078 (3.35)**	.029 (1.41)	.009 (.27)
$\tau=0.25$	1999	.046 (4.62)**	.136 (6.62)**	.075 (3.97)**	.042 (3.66)**
	2001	.065 (4.86)**	.122 (5.77)**	.031 (1.80)	.038 (3.20)**
	2003	.084 (6.10)**	.115 (3.57)**	.044 (2.71)**	.039 (2.75)**
	2005	.149 (9.11)**	.094 (6.07)**	.046 (3.91)**	.007 (.30)
$\tau=0.50$	1999	.067 (6.72)**	.125 (5.16)**	.087 (5.54)**	.034 (1.96)
	2001	.072 (6.43)**	.122 (5.43)**	.042 (3.70)**	.054 (3.13)**
	2003	.106 (10.51)**	.115 (7.10)**	.086 (5.25)**	.082 (6.15)**
	2005	.143 (10.66)**	.161 (8.10)**	.078 (6.84)**	.042 (2.07)*
$\tau=0.75$	1999	.088 (7.52)**	.118 (5.70)**	.110 (5.60)**	.070 (2.88)**
	2001	.082 (7.15)**	.136 (4.91)**	.078 (5.76)**	.073 (3.31)**
	2003	.126 (8.50)**	.116 (4.10)**	.102 (4.65)**	.116 (5.38)**
	2005	.136 (5.96)**	.134 (6.04)**	.117 (5.22)**	.119 (4.27)**
$\tau=0.90$	1999	.088 (5.36)**	.123 (4.00)**	.126 (3.99)**	.071 (1.93)
	2001	.094 (4.88)**	.128 (4.59)**	.092 (3.34)**	.079 (2.38)*
	2003	.109 (7.99)**	.113 (3.59)**	.141 (5.52)**	.113 (3.89)**
	2005	.119 (4.40)**	.102 (4.52)**	.152 (3.98)**	.159 (3.02)**

〈표 4-19〉 연도 및 연령별 분위회귀분석 추정결과(KLIPS/남성)

분위	연도	18-29	30-39	40-49	50-59
$\tau = 0.10$	1999	.061 (3.19)**	.067 (7.61)**	.096 (5.79)**	.095 (3.59)**
	2001	.062 (3.21)**	.058 (4.16)**	.094 (5.76)**	.070 (5.82)**
	2003	.039 (1.75)	.059 (3.19)**	.073 (3.90)**	.078 (5.74)**
	2005	.140 (4.88)**	.110 (6.94)**	.062 (3.10)**	.009 (.27)
$\tau = 0.25$	1999	.075 (7.34)**	.070 (10.15)**	.106 (9.77)**	.094 (6.84)**
	2001	.086 (7.50)**	.082 (9.34)**	.106 (8.87)**	.067 (5.85)**
	2003	.095 (6.90)**	.085 (10.16)**	.102 (8.94)**	.084 (11.51)**
	2005	.121 (6.44)**	.114 (10.62)**	.094 (6.71)**	.020 (1.06)
$\tau = 0.50$	1999	.074 (7.90)**	.084 (10.12)**	.099 (10.14)**	.107 (18.77)**
	2001	.084 (8.13)**	.083 (8.62)**	.097 (11.24)**	.093 (10.08)**
	2003	.096 (8.53)**	.093 (9.29)**	.109 (11.43)**	.093 (8.90)**
	2005	.124 (9.90)**	.112 (14.24)**	.094 (8.40)**	.051 (4.07)**
$\tau = 0.75$	1999	.082 (6.86)**	.073 (7.55)**	.102 (8.82)**	.089 (9.76)**
	2001	.097 (7.68)**	.100 (10.14)**	.089 (9.23)**	.077 (8.47)**
	2003	.104 (11.32)**	.101 (14.72)**	.101 (8.43)**	.082 (6.35)**
	2005	.146 (8.56)**	.126 (10.76)**	.108 (7.08)**	.054 (2.91)**
$\tau = 0.90$	1999	.091 (6.72)**	.080 (8.41)**	.104 (7.10)**	.082 (7.48)**
	2001	.088 (5.37)**	.096 (8.23)**	.083 (6.52)**	.067 (4.74)**
	2003	.097 (6.55)**	.117 (9.94)**	.091 (6.25)**	.086 (5.44)**
	2005	.146 (5.41)**	.123 (8.77)**	.098 (4.42)**	.075 (2.99)**

기 때문일 것이라는 추론이 가능하다.

특히, 1990년대 후반까지 소득분위가 낮은 저학력 여성의 경우 저임금 직종의 단순기능직에 대거 투입된 반면 소득분위가 높은 고학력 여성의 경우 경제활동 참가율이 매우 저조하였다. 흥미로운 사실은 소득분위별 여성의 교육투자수익률을 연령으로 구분한 결과 중장년층 여성의 수익률에서 이러한 시기적 변화가 그대로 반영되고 있다는 것이다. 1999년과 2005년 사이의 소득분위별 교육투자수익률 변동 추이를 살펴보면 40대와 50대 여성의 경우 낮은 소득분위에서는 교육투자수익률이 급감($\tau=0.25$: 7.5%→4.6%, 4.2%→7%)하는 반면 높은 소득분위에서는 교육투자수익률이 지속적으로 증가하는 현상($\tau=0.90$: 12.6%→15.2%, 7.1→15.9%)을 보여주었다.

한편, 연령별 분위회귀분석결과를 살펴보면 청년층 여성근로자를 중심으로 교육투자수익률이 높은 것으로 나타났다. 이러한 결과는 미국 여성을 대상으로 소득분위별 투자수익률을 분석한 부친스키(Buchinsky, 2001)의 연구결과와도 일치한다고 할 수 있다. 이는 과거와 달리 청년층 여성의 고등교육투자 확대가 경제적 환경변화에 대한 적응력을 높여주고 있다는 것을 의미한다. 다시 말해, 연령이 낮은 여성일수록 (연령이 높은 여성에 비해) 상대적으로 고학력일 가능성이 높기 때문에 산업구조의 변화에 요구되는 새로운 기술과 전문지식을 갖추고 있다는 판단이다.

하지만 단순히 교육수준의 양(量)적 성장뿐만 아니라 전공계열의 폭넓은 선택과 교육의 질(質)적인 차이가 투자수익률에 미치는 긍정적인 영향에 대한 논의도 필요하다(Goldin, 1990). 특히, 전통적으로 이공계열과 같이 여성이 지원을 기피하던 대학전공에서 여성의 비율이 증가함에 따라 졸업 후에 남성이 주도하던 고소득·고숙련 직종으로 진출하는 고학력 여성인력의 비중도 증가하는 추세이다(강우란, 2002). 전공계열 이외에도 고등교육기관에서 이루어지는 전문지식과 기술의 축적과정에서 관찰되지 않는 교육의 질적 차이가 소득분위별로 임금에 미치는 영향에 차이를 초래할 수 있는 가능성이 존재하는 것이다.

이와 같이 분위회귀분석은 OLS의 계량경제학적 문제를 해결할 뿐만 아니라 교육정책 입안자의 의사결정과정에 현실적으로 유용한 시사점을 제공한다. 즉, 종속변수인 노동임금의 조건부 분위별 교육투자수익률 추정결과를 분석함으로써 교육투자를 통하여 우리 사회 고소득과 저소득 집단 간 소득격차의 원인을 진단할 수 있으며 나아가 저소득층의 소득향상에 정책적 주안점을 맞추려는 정부의 교육정책 수립과 결과검증에 실증적 근거를 마련해 줄 것이다.

〈표 4-20〉은 각 학교급에 대한 소득분위별 교육투자수익률을 계산할 수 있도록 스플라인(spline)변수를 포함시켜 추정하였다. 추성결

〈표 4-20〉 학력별 교육투자수익률 분위회귀분석 추정결과(KLIPS/여성)

	OLS	분위(Quantile)				
		$\tau=0.10$	$\tau=0.25$	$\tau=0.50$	$\tau=0.75$	$\tau=0.90$
HIGH	.247 $(7.02)^{**}$	.051 (.89)	.087 $(2.50)^{*}$	.203 $(5.12)^{**}$	.372 $(8.25)^{**}$	.521 $(6.61)^{**}$
2COLL	.502 $(11.01)^{**}$	.236 $(3.33)^{**}$	.277 $(6.20)^{**}$	.498 $(9.70)^{**}$	.704 $(11.68)^{**}$	.765 $(7.15)^{**}$
4COLL	.828 $(19.19)^{**}$	.496 $(7.32)^{**}$	.619 $(14.49)^{**}$	.860 $(17.71)^{**}$	.991 $(17.14)^{**}$	1.025 $(9.85)^{**}$
GRAD	1.053 $(11.07)^{**}$	.983 $(7.01)^{**}$	.984 $(10.77)^{**}$	1.091 $(10.35)^{**}$	1.110 $(9.02)^{**}$	1.017 $(5.24)^{**}$

주. 1. *: $p<0.05$, **: $p<0.01$
2. 괄호 안의 값은 t값임.
3. 학교급별 수익률의 참조집단은 중졸(MID)임.
4. 변수설명: HIGH=고졸여부(고졸 1, 아니면 0), 2COLL=전문대졸여부(전문대졸 1, 아니면 0), 4COLL=4년제 대졸여부(4년제 대졸 1, 아니면 0), GRAD=대학원졸여부(대학원졸 1, 아니면 0)

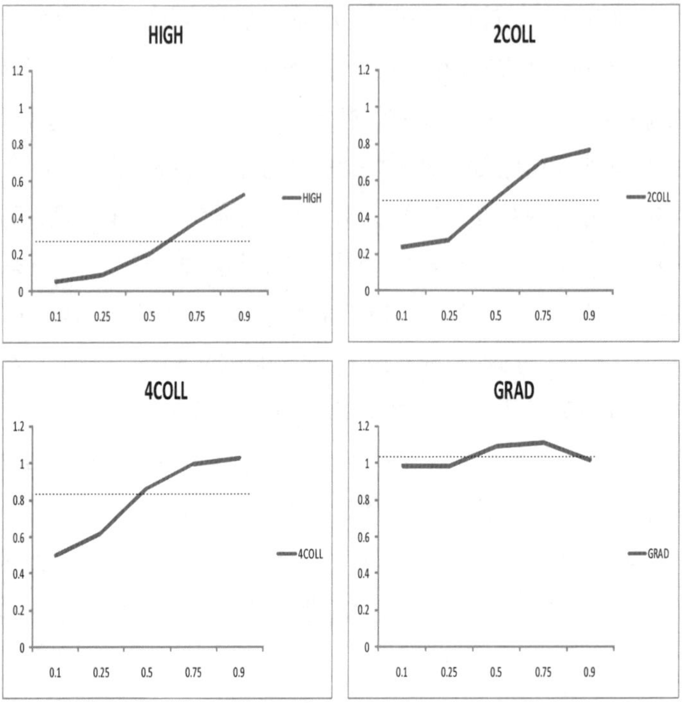

〈그림 4-7〉 학력별 분위회귀분석과 OLS 수익률 추정비교(KLIPS/여성)

주. 점선은 OLS 추정치임.

과 여성의 고졸학력 더미변수는 $\tau = 0.10$ 분위에서 통계적으로 유의하지 않은 것으로 나타났다.[15] 각 교육수준별 소득분위 $\tau = 0.50$의 수익률과 OLS 추정결과가 비슷한 결과를 보여주었으며 공통적으로 교육수준이 높아질수록 투자수익률이 증가하는 것으로 입증되었다. 4년제 대졸여성의 경우 $\tau = 0.10$에서 49.6%로 추정되었으나 $\tau = 0.90$에서는 102.5%로 증가하였다. 여기서 특히 주목할 점은 여성의 경

15) 물론 관찰치의 숫자를 증가시키면 좀 더 유의미한 결과를 얻을 가능성이 있으나 대체로 분위가 낮을수록 수익률의 크기가 감소하는 추세를 보여주었다.

우 동일한 고등교육을 받았음에도 불구하고 소득분위가 높을수록 교육투자수익률이 높게 추정되고 있다는 것이다.

만일 인적자본 소득함수의 잔차항(residual)이 관찰되지 않는 개인의 능력(ability)을 반영한다고 가정하자. 마부와 슐츠(Mwabu & Schultz, 1996)에 의하면 이러한 능력은 종속변수인 자연대수를 취한 로그임금에 영향을 미칠 수 있으나 동일한 교육수준에서 소득분위별로 미치는 영향의 크기는 각각 다르다는 것이다. 따라서 동일한 교육수준임에도 불구하고 소득격차가 발생하는 이유는 개인의 관찰되지 않는 능력의 차이라고 설명한다. 이러한 경우 교육과 능력은 개인의 역량을 향상시킨다는 점에서 보완재(complement) 관계로 간주할 수 있을 것이다.

하지만 남성의 경우 〈표 4-21〉에 제시된 바와 같이 각 학교급에 따른 OLS 추정치와 소득분위별 교육투자수익률 추정치를 비교해 보면 큰 차이가 없는 것으로 나타났다. 만일 잔차항이 전적으로 개인이

〈표 4-21〉 학력별 교육투자수익률 분위회귀분석 추정결과(KLIPS/남성)

	OLS	분위(Quantile)				
		$\tau=0.10$	$\tau=0.25$	$\tau=0.50$	$\tau=0.75$	$\tau=0.90$
HIGH	.235 (7.59)**	.085 (1.57)	.181 (4.36)**	.249 (6.53)**	.306 (9.41)**	.322 (6.58)**
2COLL	.405 (9.98)**	.337 (4.68)**	.359 (6.54)**	.419 (8.40)**	.454 (10.61)**	.407 (6.41)**
4COLL	.579 (16.53)**	.449 (6.81)**	.523 (10.76)**	.605 (14.02)**	.647 (17.71)*	.594 (10.79)**
GRAD	.850 (15.75)**	.685 (7.44)**	.897 (12.63)**	.924 (13.90)**	.837 (14.72)**	.809 (9.74)**

주. 1. *: $p<0.05$, **: $p<0.01$
2. 괄호 안의 값은 t값임.
3. 학교급별 수익률의 참조집단은 중졸(MID)임.
4. 변수설명: HIGH=고졸여부(고졸 1, 아니면 0), 2COLL=전문대졸여부(전문대졸 1, 아니면 0), 4COLL=4년제 대졸여부(4년제 대졸 1, 아니면 0), GRAD=대학원졸여부(대학원졸 1, 아니면 0)

능력을 반영한다면 고등교육으로 올라갈수록 능력이 뛰어난 사람일 가능성이 크기 때문에 대졸남성의 경우 교육투자수익률 추정치가 소득분위별로 편차가 클 것이다. 그러나 대졸남성의 경우 $\tau = 0.10$의 수익률이 44.9%로 추정되었고 $\tau = 0.90$에서는 59.4%로 추정되어 여성에 비해 차이가 크지 않았다.

결국 동일한 교육수준에서 소득분위가 높을수록 투자수익률이 높다는 것을 개인의 능력(ability) 차이 때문이라고 설명하는 것만으로는 충분하지 않다. 이러한 대졸여성의 소득분위별 교육에 대한 상이한

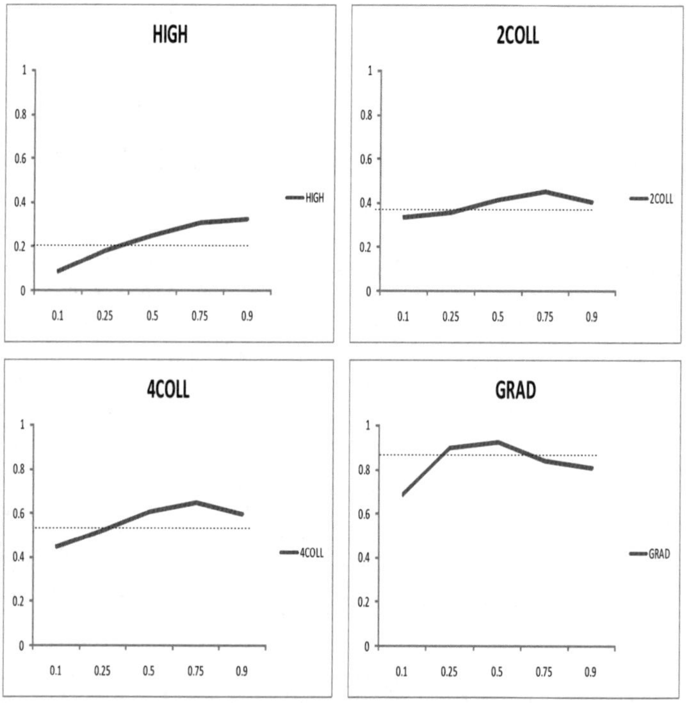

〈그림 4-8〉 학력별 분위회귀분석과 OLS 수익률 추정비교(KLIPS/남성)

주. 점선은 OLS 추정치임.

투자수익을 대졸남성의 비교적 안정된 투자수익과 비교·분석해 보면 다음과 같은 세 가지 측면에서 논의가 가능하다. 첫째, 마부와 슐츠(Mwabu & Schultz, 1996)가 지적한 바와 같이 잔차항에 포함된 개인의 능력은 종속변수인 자연대수를 취한 로그임금에 영향을 미칠 수 있으나 동일한 교육수준에서 소득분위별로 미치는 영향의 크기는 각각 다르다는 것이다. 따라서 동일한 교육수준임에도 불구하고 소득격차가 발생하는 것은 개인의 관찰되지 않는 능력의 차이에서 기인하는 것이라고 설명하였다. 예컨대 관찰되지 않은 여성 개인의 능력이 교육과 양(+)의 상관관계라면 상위분위에서의 고등교육투자에 대한 수익이 하위분위에서의 고등교육투자에 대한 수익보다 더 크다는 것이다. 왜냐하면 상위분위에서는 동일한 대학교육을 받았더라도 관찰되지 않은 여성 개인의 능력이 더 높기 때문에 이러한 능력에 대한 수익(reward)이 교육이라는 변수를 통하여 나타나는 정도가 클 것이기 때문이다(최강식·정진욱, 2005). 이러한 경우 교육과 능력은 여성 개인의 근로소득을 향상시킨다는 점에서 보완재(complement) 관계로 간주할 수 있을 것이다.

둘째, 교육과 능력의 보완적 관계 이외에도 전공계열 선택이 소득분위별 교육투자수익률 추정과 관련하여 새로운 시각을 제공할 수도 있다. 여성의 대학전공별 투자수익률을 추정한 국외연구에서는 의약계열과 법학계열을 선택한 여성의 교육투자수익률이 참조집단인 인문계열의 수익률보다 높게 추정되었다(O'Leary & Sloane, 2004; Wahrenburg & Weldi, 2007). 국내연구에서도 대학전공별 투자수익률을 추정한 결과, 여성의 경우 의약 및 사범계열 졸업생의 임금 프리미엄이 타계열에 비해 훨씬 더 큰 것으로 밝혀졌다(이희숙, 2008; 백일우·임정준, 2008a).

셋째, 마틴스와 페레이라(Martins & Pereira, 2004)는 관찰되지 않은 교육의 질(quality)이 잔차항에 흡수됨에 따라 소득분위별 근로소득의 격차가 발생했을 가능성이 존재한다는 관점을 보여주었다. 전통적으로 소득함수식의 교육(EDU)변수는 단순히 교육의 양(quantity)적인 투자를 측정함으로써 교육의 질(quality)적인 투자를 간과한다는 비판이 제기되었다. 분위회귀분석을 이용한 마틴스와 페레이라(2004)의 연구에서는 관찰되지 않는 교육의 질이 잔차항에 반영되어 교육(EDU)변수와 상생작용을 일으킬 수 있다고 지적했다. 이러한 접근방법은 16년 동안 교육에 투자한 대졸여성일지라도 졸업한 대학의 서열(rank)과 같은 교육의 질적 차이로 인해 소득분위가 높을수록 투자수익률이 증가하는 현상을 해석하려는 대안적인 시도라고 볼 수 있다.

최근 분위회귀분석을 사용한 교육투자수익률 추정연구에서는 특히 관찰 불가능한 개인의 이질성(heterogeneity)이 교육을 통해 노동소득에 미치는 영향에 주목하고 있다(Goldin, 1990; Mwabu & Schultz, 1996; Buchinsky, 2001). 즉, 동일한 교육수준임에도 불구하고 소득집단별로 교육투자수익률이 다르게 추정되는 이유를 설명하는 과정에서 관찰되지 않는 개인의 능력(ability)변인에 연구의 초점을 맞추고 있다. 예컨대 우리나라 여성의 경우, 동일한 대학교육을 받았음에도 교육과 관련하여 관찰되지 않는 여성 개인의 능력이 잔차항에 포함된다고 가정한다면, 양(+)의 상관관계로 보이는 교육과 능력의 상호작용으로 인해 소득분위가 높을수록 투자수익률이 높다는 해석이 가능한 것이다.

더욱이 관찰되지 않는 여성 개인의 능력(ability) 이외에도 전공계열 선택 및 대학교육의 질(quality)이 근로소득에 미치는 영향을 고려해 볼 필요가 있다. 최근에는 이공 계열과 같이 전통적으로 여성이 지원을 기피하던 대학전공에서도 여성의 비율이 늘어남에 따라 노동시장에서 남성이 주도하던 고숙련·고소득 직종으로 고학력 여성인력의 비중이 증가하는 추세이다(강우란, 2002; 김지현, 2007). 이제는 단순히 여성의 고등교육투자에 대한 양(量)적 성장뿐만 아니라 대학교육의 질(質)적인 차이가 여성의 교육투자수익에 미치는 영향에 대해 충분한 논의가 이루어져야 할 시점이다. 왜냐하면 대학전공별로 고등교육기관에서 이루어지는 전문지식과 기술의 축적과정에서 관찰되지 않는 교육의 질적 차이가 소득분위별로 임금에 미치는 영향에 차이를 초래할 수 있다는 가능성도 존재하기 때문이다.

따라서 향후 분위회귀분석방법에 기초하여 대학의 전공계열과 교육의 질(質)을 고려한 고등교육의 투자수익추정이 좀 더 정밀해지고, 이러한 추정결과가 대학재정지원의 참고자료로 활용된다면 고급여성인력을 배출하기 위한 개별대학의 개선의지를 활성화시키는 기폭제가 될 것이다. 미국의 사례에서도 주정부의 대학지원금이 주로 입학생 수에 따라 결정되었으나 최근에는 대학전공의 질(質) 향상 차원에서 인센티브 제도로 지원 형태가 전환되고 있다는 점에서도 시사점을 찾을 수 있을 것이다(Menon, 2003).

라. 패널자료 추정결과

노동패널자료를 이용하여 여성의 연도별 교육투자수익률을 인적자본 모형과 직업특성 모형으로 각각 구분하여 참조집단인 남성의 교육투자수익률과 비교해 보면, 자료수집이 시작된 1998년부터 2005년까지 모든 연도에서 여성이 남성의 교육투자수익률보다 높게 추정되는 것으로 나타났다.

〈표 4-22〉에 제시된 연도별 교육투자수익률 비교결과를 살펴보면

〈표 4-22〉 연도별 교육투자수익률 추이(KLIPS)

		인적자본		직업특성	
		여성	남성	여성	남성
1998년	EDU	**.086**	**.082**	**.061**	**.050**
		(14.46)**	(25.92)**	(8.58)**	(10.85)**
	Adj R^2	.183	.333	.415	.422
	N	1,410	2,478	1,298	2,262
1999년	EDU	**.082**	**.079**	**.043**	**.037**
		(12.93)**	(22.53)**	(6.39)**	(7.98)**
	Adj R^2	.140	.310	.395	.396
	N	1,497	2,340	1,465	2,292
2000년	EDU	**.093**	**.087**	**.043**	**.036**
		(15.57)**	(22.95)**	(9.86)**	(5.70)**
	Adj R^2	.194	.274	.382	.393
	N	1,365	2,201	1,361	2,185
2001년	EDU	**.099**	**.088**	**.042**	**.041**
		(14.54)**	(19.53)**	(5.77)**	(7.66)**
	Adj R^2	.172	.233	.322	.346
	N	1,448	2,205	1,442	2,179
2002년	EDU	**.107**	**.086**	**.053**	**.038**
		(16.64)**	(20.43)**	(7.98)**	(8.02)**
	Adj R^2	.205	.260	.371	.411
	N	1,508	2,298	1,505	2,277
2003년	EDU	**.115**	**.096**	**.051**	**.048**
		(16.87)**	(22.35)**	(7.41)**	(9.98)**
	Adj R^2	.216	.267	.429	.419
	N	1,585	2,422	1,505	2,284
2004년	EDU	**.125**	**.103**	**.062**	**.054**
		(20.56)**	(24.48)**	(10.28)**	(12.02)**
	Adj R^2	.278	.298	.491	.464
	N	1,597	2,464	1,595	2,451
2005년	EDU	**.116**	**.090**	**.059**	**.037**
		(18.19)**	(17.67)**	(9.87)**	(7.40)**
	Adj R^2	.304	.287	.546	.521
	N	1,226	1,761	1,225	1,755

주. 1. *: $p<0.05$, **: $p<0.01$
2. 괄호 안의 값은 t값임.
3. 변수설명: EDU=교육년수

남성의 경우 교육투자에 대한 평균기대수익률이 인적자본 모형에서 1998년 8.2%로 추정되었으며 2004년 10.3%까지 증가하였다. 특히, 1997년 IMF 경제위기 여파로 인해 투자수익률이 감소하였으나 2000년부터 회복하는 추세를 보여주었다. 더불어 인적자본소득함수 모형의 설명력(R^2)을 기준으로 연도별 추이를 보면 남성의 경우 1998년부터 2005년까지 평균적으로 25%를 유지하는 것으로 나타났다.

한편, 여성의 경우 교육투자에 대한 평균기대수익률이 인적자본모형에서 1999년 8.2%로 추정되었으며 2004년 12.5%까지 증가하였다. 특히, 여성의 경우 교육투자에 따른 소득함수 모형의 설명력(R^2)이 꾸준히 증가하고 있음을 알 수 있다. 1999년에 여성 임금근로자를 대상으로 추정한 인적자본 모형에서 설명력(R^2)이 14.0%에 그치고 있으나 2002년부터 모형의 설명력(R^2)이 증가하기 시작하여 드디어 2005년에는 피설명변수인 자연대수 임금의 총 분산 중에서 정규학교교육과 현직교육훈련의 설명변수만으로 30.4%를 설명해주기에 이르렀다.

〈표 4-23〉에 제시된 것처럼 동일한 설명변수를 포함한 소득함수를 사용했음에도 불구하고 남성과 여성의 경우 시기별로 설명력(R^2)의 차이가 발생하는 이유는 종속변수로 사용한 노동소득의 변동성(fluctuation)에 기인한다고 볼 수 있다. 즉, 남성의 경우 시간의 경과

〈표 4-23〉 연도별 인적자본 모형의 설명력(R^2) 추이(KLIPS)

	1998	1999	2000	2001	2002	2003	2004	2005
여성(Adj R^2)	.183	.140	.194	.172	.205	.216	.278	.304
남성(Adj R^2)	.333	.310	.274	.233	.260	.267	.298	.287

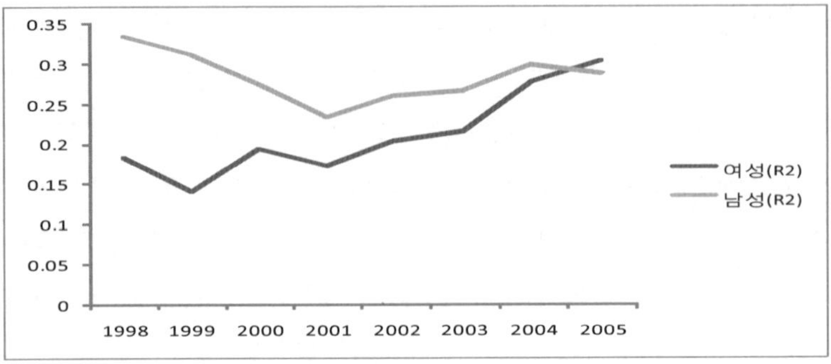

〈그림 4-9〉 인적자본 모형의 설명력 추이(KLIPS)

에 따른 노동소득의 변동성이 비교적 안정적(smooth)인 변화를 보여주고 있으나 여성 노동소득은 패널자료 초기에 편차가 심한 분포를 보여주었다는 것이다.

이와 같이 성별 인적자본 모형의 설명력에서 차이가 발생하는 현상은 〈그림 4-9〉를 보면 설명력(R^2)의 변화추이를 통해서도 쉽게 확인할 수 있다. 흥미로운 사실은 여성의 경우 모형의 설명력이 증가하면서 남성의 변화추이에 수렴하는 경향을 보인다는 점이다. 이러한 경향은 우리나라의 경우 여성의 교육수준이 높아지고 노동시장에 적극적으로 진출하면서 이에 따른 여성의 기대수익이 점차 안정적으로 증가하고 있음을 추론할 수 있게 해주었다.

1998년부터 2005년까지 8년 동안 학교급별 교육투자수익률을 산출한 결과는 〈표 4-24〉에 제시된 바와 같다. 1997년의 경우 IMF 경제위기로 상당수 기업들이 실시한 구조조정의 직접적인 피해대상은 남성보다 주로 여성이었던 것으로 판단된다. 출산 및 육아 등의 사유로 정리해고의 우선순위였다는 점에서 노동시장에서 비자발적인 이탈이 대규모로 발생했을 가능성이 크다. 이러한 국내 경제침체의

〈표 4-24〉 학교급별 교육투자수익률 추이(KLIPS)

		인적자본		직업특성	
		여성	남성	여성	남성
1998년	HIGH	.301 (5.43)**	.320 (8.32)**	.090 (1.77)	.160 (4.37)**
	2COLL	.536 (7.63)**	.508 (10.61)**	.145 (2.16)*	.241 (5.17)**
	4COLL	.771 (11.78)**	.712 (17.17)**	.368 (5.64)**	.367 (8.42)**
	GRAD	.958 (7.57)**	.941 (16.89)**	.515 (4.39)**	.528 (8.94)**
1999년	HIGH	.287 (4.98)**	.253 (6.29)**	.116 (2.10)*	.118 (3.15)**
	2COLL	.578 (7.85)**	.453 (8.99)**	.244 (3.33)**	.231 (4.78)**
	4COLL	.766 (11.16)**	.633 (14.52)**	.402 (5.59)**	.341 (7.58)**
	GRAD	.805 (6.77)**	.954 (15.71)**	.405 (3.43)**	.643 (10.27)**
2000년	HIGH	.222 (3.79)**	.241 (6.33)**	.095 (1.67)	.162 (4.46)**
	2COLL	.490 (6.77)**	.404 (8.47)**	.265 (3.66)**	.264 (5.67)**
	4COLL	.696 (9.96)**	.615 (14.74)**	.401 (5.41)**	.372 (8.49)**
	GRAD	.683 (5.46)**	.909 (15.43)**	.327 (2.59)*	.624 (10.11)**
2001년	HIGH	.229 (3.77)**	.234 (5.91)**	.119 (2.13)**	.099 (2.64)**
	2COLL	.542 (7.47)**	.427 (8.77)**	.307 (4.50)**	.214 (4.58)**
	4COLL	.748 (10.72)**	.615 (14.21)**	.461 (6.71)**	.298 (6.75)**
	GRAD	.980 (7.33)**	.863 (14.72)**	.625 (4.99)**	.471 (7.84)**
2002년	HIGH	.287 (4.84)**	.182 (4.64)**	.082 (1.50)	.046 (1.24)
	2COLL	.564 (7.99)**	.385 (8.06)**	.232 (3.50)**	.161 (3.50)**
	4COLL	.822 (12.00)**	.552 (12.99)**	.427 (6.39)**	.255 (5.89)**

		인적자본		직업특성	
		여성	남성	여성	남성
2002년	GRAD	.782 (5.55)**	.782 (13.06)**	.395 (3.06)**	.414 (6.77)**
2003년	HIGH	.365 (5.76)**	.183 (4.40)**	.102 (1.74)	.041 (1.05)
	2COLL	.670 (9.02)**	.362 (7.38)**	.248 (3.55)**	.128 (2.71)**
	4COLL	.933 (12.89)**	.580 (12.92)**	.429 (6.05)**	.275 (6.11)**
	GRAD	.997 (7.94)**	.801 (13.88)**	.529 (4.48)**	.417 (7.13)**
2004년	HIGH	.155 (2.52)*	.168 (3.76)**	.029 (.55)	.051 (1.25)
	2COLL	.452 (6.33)**	.387 (7.39)**	.143 (2.24)*	.168 (3.45)**
	4COLL	.735 (10.50)**	.610 (12.74)**	.350 (5.43)**	.317 (6.86)**
	GRAD	.877 (7.93)**	.811 (13.38)**	.460 (4.61)**	.468 (7.89)**
2005년	HIGH	.170 (2.78)**	.145 (2.64)**	.080 (1.49)	.071 (1.46)
	2COLL	.418 (5.99)**	.297 (4.87)**	.164 (2.59)*	.137 (2.50)*
	4COLL	.700 (10.16)**	.478 (8.26)**	.387 (6.08)**	.237 (4.41)**
	GRAD	.760 (6.56)**	.621 (8.46)**	.409 (3.91)**	.326 (4.77)**

주. 1. *: $p<0.05$, **: $p<0.01$
2. 괄호 안의 값은 t값임.
3. 학교급별 수익률의 참조집단은 중졸(MID)임.
4. 변수설명: HIGH=고졸여부(고졸 1, 아니면 0), 2COLL=전문대졸여부(전문대졸 1, 아니면 0), 4COLL=4년제 대졸여부(4년제 대졸 1, 아니면 0), GRAD=대학원졸여부(대학원졸 1, 아니면 0)

영향으로 여성들의 교육투자수익률은 2000년까지 계속 감소하였으나 2001년부터 대내외 경제적 환경이 개선되면서 다시 상승추세로 전환하였다.

또한, 참조집단인 중졸에 비해 고졸 근로자가 누리는 임금 프리미엄은 남녀 모두 감소하는 추세를 보여주고 있다. 인적자본 모형결과를 살펴보면 고졸 여성(남성)의 경우 1998년 30.1%(32.0%)의 임금을 더 받는 것으로 추정되었으나 2004년에는 15.5%(16.8%)로 절반 가량 감소하였으며 직업특성 모형결과에서는 고졸의 임금 프리미엄은 거의 사라진 것으로 밝혀졌다. 여성 전문대졸 투자수익률의 경우 고졸보다는 높고 4년제 대졸여성에 비해서는 낮은 것으로 나타났으며 직업특성 모형에서는 평균 20%대를 유지하는 것으로 추정되었다.

한편, 4년제 대학을 졸업한 여성(남성)은 참조집단인 중졸 여성(남성)에 비해 평균적으로 약 70%(55%)정도 더 높은 임금 프리미엄을 누리는 것으로 밝혀졌다. 또한, 직업특성을 추가한 모형에서도 대졸 여성(남성)은 40%(25%) 가량 더 높은 수익률을 올리는 것으로 측정되었다. 이러한 결과는 고학력 여성과 저학력 여성의 임금격차가 고학력 남성과 저학력 남성의 임금격차에 비해 상대적으로 더 크게 벌어지고 있다는 사실을 입증해주는 것이다. 대학원졸 수익률의 경우 남녀의 수익률이 대체로 비슷하게 추정되었으며 여성은 4년제 대졸의 수익률과 비교했을 때 큰 차이가 없는 것으로 나타났다.

패널자료분석을 위해 사용되는 평균추정기법은 통상적으로 개별 관측치에 대한 시계열 정보가 정확하지 않을 가능성이 존재하는 경우에 우려되는 측정오차(measurement error)문제를 해결할 목적으로 사용되는 경우가 많다. 노동패널(KLIPS)과 같이 설문조사결과를 바탕으로 개인 및 가구정보를 수집하는 경우에도 이러한 측정오차의 문제가 제기될 수 있다. 예를 들면, 교육투자에 대해 조사된 표본의 개인 교육년수가 과장될 가능성이 존재하는 경우에 평균추정기법이 유용하게 활용될 수 있는 것이다. 이러한 측정오차문제를 극복하기 위해 t년도의

〈표 4-25〉 패널자료를 이용한 교육투자수익률 비교(KLIPS)

	POLS		BE		RE	
	여성	남성	여성	남성	여성	남성
EDU	.072 (14.32)**	.060 (24.00)**	.064 (5.45)**	.054 (9.33)**	.114 (10.67)**	.094 (14.23)**
Pagan test					1405.04**	4043.50**
Hausman test					88.67**	210.87**
Adj R^2	.229	.249	.656	.487	.228	.250
N	1,400	3,904	1,400	3,904	1,400	3,904

주. 1. *: p<0.05, **: p<0.01
2. 괄호 안의 값은 t값임.
3. 변수설명: EDU=교육년수

모든 개인의 교육년수에 대한 평균치를 계산함으로써 개별 t년도 마다 평균교육년수를 사용하여 교육투자수익률을 추정하게 된다. 노동패널(KLIPS)을 이용하여 여성교육의 평균기대수익률을 산출하기 위해 평균추정치(BE: Between Estimator)와 임의효과(RE: Random Effects)추정치를 추정한 결과는 〈표 4-25〉와 같다.

2) 임금차별이론에 기초한 임금차별 추정결과

가. 학력 · 직종별 임금차별 추정결과

교육수준에 따른 남녀 임금차별의 크기를 연도별로 살펴 본 결과는 〈표 4-26〉에 제시된 것처럼 교육수준이 높을수록 임금격차 중에서 차별이 차지하는 비중이 상대적으로 감소하였다. 우선, 옥사카(1973)의 분해방법에 의하면 남녀 임금격차 중에서 잔여임금격차로 반영되는 차별의 비중이 1999년의 경우 고졸은 75%, 대졸 이상은

〈표 4-26〉 교육수준에 따른 연도별 임금차별 추정결과(KLIPS)

연도	교육수준	옥사카와 랜섬(1994)				옥사카(1973)	
		생산성 차이	잔여임금격차				
			남성 프리미엄(A)	여성 페널티(B)	소계 (A+B)	생산성	차별
1999	고졸	.150 (30%)	.219 (44%)	.133 (26%)	.352 (70%)	.128 (25%)	.375 (75%)
	전문대졸	.242 (61%)	.090 (23%)	.064 (16%)	.154 (39%)	.191 (48%)	.206 (52%)
	대졸이상	.255 (62%)	.106 (26%)	.048 (12%)	.154 (38%)	.166 (40%)	.244 (60%)
2001	고졸	.145 (27%)	.242 (45%)	.149 (28%)	.391 (73%)	.090 (17%)	.447 (83%)
	전문대졸	.241 (59%)	.092 (23%)	.075 (18%)	.167 (41%)	.156 (38%)	.251 (62%)
	대졸이상	.307 (74%)	.070 (17%)	.037 (9%)	.107 (26%)	.191 (46%)	.222 (54%)
2003	고졸	.095 (18%)	.264 (51%)	.160 (31%)	.424 (82%)	.057 (11%)	.461 (89%)
	전문대졸	.261 (66%)	.070 (18%)	.065 (16%)	.135 (34%)	.192 (48%)	.205 (52%)
	대졸이상	.239 (68%)	.076 (21%)	.039 (11%)	.115 (32%)	.160 (45%)	.195 (55%)
2005	고졸	.093 (18%)	.261 (50%)	.168 (32%)	.429 (82%)	.059 (11%)	.463 (89%)
	전문대졸	.209 (48%)	.120 (28%)	.104 (24%)	.224 (52%)	.128 (30%)	.305 (70%)
	대졸이상	.240 (72%)	.060 (18%)	.032 (10%)	.092 (28%)	.216 (65%)	.116 (35%)

주. 괄호 안은 총임금격차 중에서 차지하는 비중임.

60%를 차지하는 것으로 추정되었다. 특히, 고졸의 경우는 시간이 경과함에 따라 차별의 크기가 계속 증가하여 2005년에는 89%에 이르는 것으로 밝혀졌다. 반면에 대졸 이상의 경우 임금차별의 크기가 꾸준히 감소하는 추세를 보이고 있으며 2005년에는 35%에 이르는 것

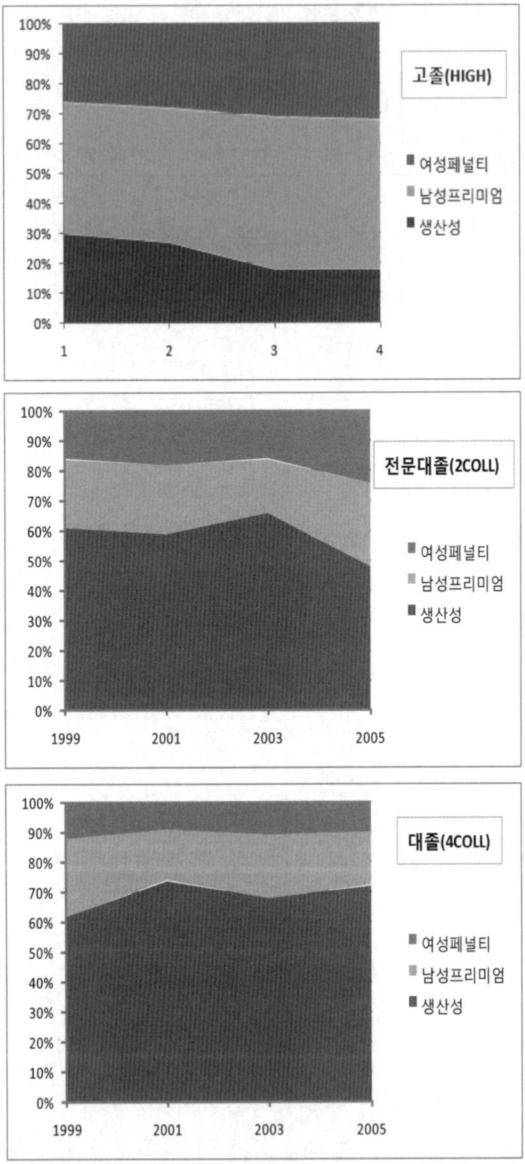

〈그림 4-10〉 학력별 임금차별의 변화 추이(KLIPS)

으로 나타났다.

이렇게 옥사카와 랜섬(1994) 추정법을 사용한 임금분해 결과에서는 전반적으로 여성프리미엄에 비해 남성페널티가 큰 것으로 밝혀졌다. 먼저 고졸여성근로자의 경우, 남성프리미엄(44%→50%)과 여성페널티(26%→32%)가 시간이 경과할수록 모두 증가하는 것으로 나타났다. 반면, 대졸 이상에서는 차별을 반영하는 잔여임금격차 중에서 남성프리미엄과 여성페널티가 1999년 각각 26%, 12%에서 2005년 18%, 10%로 모두 감소하였다. 전문대졸 여성근로자(39%→52%)의 임금분해결과를 살펴보면, 고졸 여성근로자(70%→82%)보다는 차별의 정도가 적었지만, 대졸 이상 여성근로자(38%→28%)에 비하면 여전히 임금차별의 정도가 큰 것으로 추정되었다.

이와 같이 교육수준별로 임금차별의 크기가 다른 주요 원인으로는 산업구조의 변화에 대응하여 노동시장에서 고학력 전문 인력의 수요가 증가함에 따라 저학력 여성에 비해 높은 생산성을 갖춘 대졸 이상의 고학력 여성이 고소득을 받는 것 때문인 것으로 판단된다. 즉, 여성이 고등교육을 받을수록 저학력 여성으로 대체하기 어려운 고숙련 전문직에 종사할 수 있는 학력과 자격을 갖추게 될 것이며 타 직종에 비해 임금차별의 피해가 적을 것으로 추측된다.

〈표 4-27〉에서 직종별 남녀 임금격차를 분해하여 임금차별의 크기를 연도별로 분석한 추이를 전체적으로 살펴보면, 1999년과 2005년은 임금차별 추정결과가 유사하면서도 약간 완화된 것으로 나타난 반면, 2002년은 서비스직을 제외하고는 잔여임금격차가 더 커지고 있음을 알 수 있다. 이는 1997년 우리나라의 국가부도사태가 초래한 경제위기의 후폭풍으로 고용구조가 매우 불안했던 2000년대 초반까지 (고용주 입장에서 볼 때) 상대적으로 취약계층인 여성의 노동시장 소

〈표 4-27〉 직종에 따른 임금차별의 크기 연도별 비교(KLIPS)

연도	직종	옥사카와 랜섬(1994)				옥사카(1973)	
		생산성 차이	잔여임금격차				
			남성 프리미엄(A)	여성 페널티(B)	소계 (A+B)	생산성	차별
1999	전문직	.338 (74%)	.054 (12%)	.062 (14%)	.116 (26%)	.274 (60%)	.180 (40%)
	사무직	.293 (56%)	.111 (21%)	.115 (22%)	.226 (43%)	.106 (20%)	.412 (80%)
	서비스직	.130 (26%)	.162 (32%)	.211 (42%)	.373 (74%)	.085 (17%)	.422 (83%)
	기능직	.090 (18%)	.260 (51%)	.160 (31%)	.420 (82%)	.026 (5%)	.549 (95%)
2002	전문직	.223 (54%)	.092 (22%)	.097 (24%)	.189 (46%)	.214 (52%)	.195 (48%)
	사무직	.191 (40%)	.140 (30%)	.143 (30%)	.283 (60%)	.072 (15%)	.403 (85%)
	서비스직	.122 (24%)	.163 (32%)	.223 (44%)	.386 (76%)	.065 (13%)	.437 (87%)
	기능직	.078 (11%)	.504 (70%)	.140 (19%)	.644 (89%)	.020 (3%)	.572 (97%)
2005	전문직	.274 (73%)	.057 (15%)	.044 (12%)	.101 (27%)	.226 (65%)	.123 (35%)
	사무직	.234 (59%)	.080 (20%)	.161 (21%)	.161 (41%)	.092 (18%)	.414 (82%)
	서비스직	.256 (52%)	.129 (26%)	.112 (22%)	.241 (48%)	.089 (12%)	.634 (88%)
	기능직	.181 (29%)	.343 (54%)	.109 (17%)	.452 (71%)	.057 (9%)	.566 (91%)

주. 괄호 안은 총임금격차 중에서 차지하는 비중임.

외현상이 심화되었기 때문으로 추측할 수 있다. 즉, 1999년은 IMF 직후라 노동시장에 반영되기까지 시차가 존재했으나, 2002년에는 성차별적인 구조조정의 결과가 본격적으로 반영된 결과로 볼 수 있으며, 다행스럽게도 2005년에 이르러서야 1999년 수준으로 다시 복귀

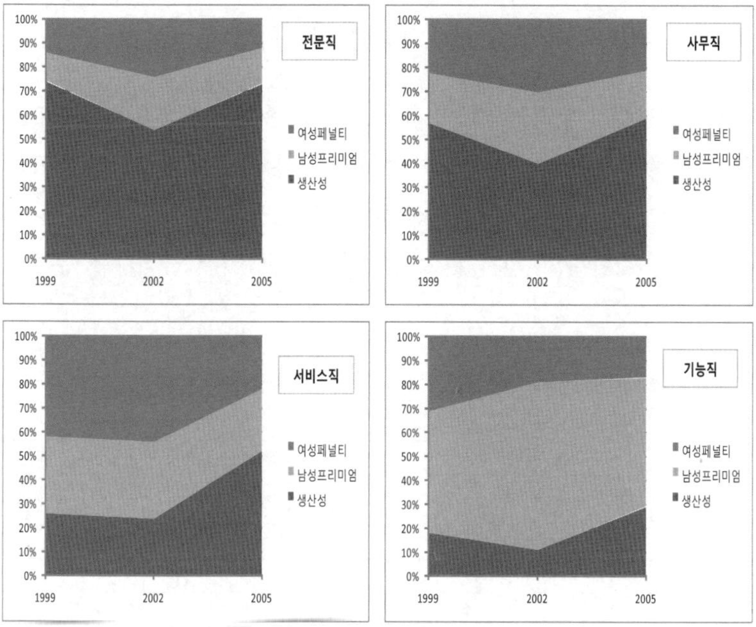

〈그림 4-11〉 직종별 임금차별의 변화 추이(KLIPS)

했다는 것이다

또한, 주목할 점은 2005년 타 직종에 비해 고학력 여성인력이 진출하는 전문직에서 임금차별을 구성하는 남성프리미엄(15%)과 여성페널티(12%)의 비율이 상대적으로 제일 작은 것으로 나타났다. 하지만 연도별 추이에서는 전문직의 남성프리미엄 비율은 1999년 12%에서 2005년 15%로 견고하게 유지되는 반면, 서비스업종 임금차별의 크기는 1999년 74%에서 2005년 48%로 크게 개선되고 있음을 보여주었다. 이러한 결과는 사회서비스 분야의 교육수준별 다양한 일자리 확대와 여성노동자의 적극적인 진출이 노동시장의 임금차별개선에 기여하고 있음을 추론할 수 있다.16)

나. 선택편의와 내생성을 고려한 임금차별 추정결과

노동시장에서 일하는 개인만을 대상으로 추출된 표본은 모집단으로부터 무작위 추출되지 않은 경우이므로 표본의 선택성으로 인해 표본 선택편의를 일으킨다. 이러한 선택편의를 조정하기 위해 헤크만(1979)이 소개한 2단계 추정기법(HECKIT)을 사용하여 임금격차를 분해한

〈표 4-28〉 추정기법에 따른 임금차별 추정결과(KLIPS)

	OLS			HECKIT 자기선택 편의 해결			IV 교육변수 내생성 해결		
	생산성	남성 프리 미엄	여성 페널티	생산성	남성 프리 미엄	여성 페널티	생산성	남성 프리 미엄	여성 페널티
고졸	18	50	32	6	4	90	26	39	35
전문대졸	48	28	24	29	30	71	35	36	29
대졸 이상	72	18	10	65	15	20	75	1	24

주. 학교급별로 남녀 총임금격차(100) 중에서 생산성과 차별(남성프리미엄과 여성페널티)이 각각 차지하는 비중임.

---

16) 통계청 경제활동인구연보에 따르면 우리나라의 2007년 산업별 여성 취업자는 전체 여성취업자 982만 6천 명 중에서 개인·공공서비스업 취업자가 38.5%로 가장 많고 다음으로 도소매·음식숙박업이 31.5%로 나타나고 있는데 이들 업종의 여성 취업자를 합하면 전체 여성취업자의 70%를 차지하고 있다. 이것은 서비스산업과 지식기반사회로의 이행이 여성의 고용창출을 증가시키는 데 용이하다는 것을 보여주고 있는 것이다. 2007년도 직업별 여성취업자 분포를 보면 서비스 비중이 35.5%로 가장 높으며 기계·기능·조작·조립·단순노무직이 20.2%, 의회의원·고위임직원·전문가·기술공 및 준전문가 19.3%, 사무직은 17.5%로 나타났다.
이렇게 산업구조가 경제발전으로 인하여 3차 산업인 서비스 업종으로 확대되고 있는 것은 선진국에서 공통적으로 발견되는 현상이다. 3차 산업중심의 산업구조의 변화는 서비스업 종사자와 함께 전문직, 기술직 및 사무직 종사자를 늘리며 산업구조 변화에 따라 여성들의 산업별 취업구조도 변화시키고 있다. 서비스업종은 기존의 제조업과 1차 산업에 비해 여성의 취업이 확대되고 있는 직종으로 향후 여성경제활동 참여도 서비스업 확대와 함께 증가할 것이다.

결과 〈표 4-28〉에 제시된 바와 같이 임금차별의 수준은 교육수준이 높아짐에 따라 감소하는 것으로 나타났다. 그러나 선택편의를 조정하지 않은 임금분해 결과(OLS)와 비교해 보면 임금차별 중에서 여성페널티가 차지하는 비율이 모든 학교급에서 증가하고 있음을 알 수 있다. 특히, 임금차별 중에서 여성페널티가 증가했다는 이러한 결과는 남성이 생산성만큼 임금을 받고 있다고 가정했을 때, 여성은 생산성에 비해 적은 임금을 받고 있는 것이라고 해석할 수 있을 것이다.

노동시장에 참가한 남녀 근로자를 대상으로 옥사카와 랜섬(1994) 방법으로 임금격차를 분해한 결과 교육수준이 높아질수록 총임금격차(G_{mf})는 크게 감소(.494→.232)하는 것으로 나타났다. 특히, 고졸 여성 근로자의 경우 성별 임금격차의 26%가 생산성 차이에 의한 임금격차이고 나머지 74%가 잔여임금격차인 것과 달리, 4년제 대졸 이상 고학력 여성근로자는 성별 임금격차의 75%가 생산성 차이에 의한 임금격차이고 나머지 25%만이 잔여임금격차이다. 이러한 결과는 교육수준이 높아짐에 따라 노동시장에서 여성에 대한 차별이 상대적으로 작아진다는 가설에 부합한다. 여기서 주목할 점은 고학력 여성인력의 경우 임금에서 차지하는 남성프리미엄(40%→17%)과 여성페널티(38%→8%) 모두 저학력 여성인력에 비해 월등하게 감소한다는 것이다.

또한, 뉴먼과 옥사카(Newman & Oaxaca, 2005)는 헤크만의 2단계 추정기법을 사용하는 경우 거의 예외 없이 관찰된 성별임금격차가 더 크게 벌어지는 것을 입증했다. 임금함수에서 여성의 노동시장 참가여부에 따른 자기선택(self selection)[17]을 고려했을 때 남녀 임금격차가

17) 헤크만의 추정기법 중 1단계 노동시장 참여여부를 종속변수로 하는 프로빗 분석결과, 남녀모두 가구소득(INCOME)이 높을수록 노동시장 참여가 감소하는 것으로 나타났다. 특히, 여성은 6세 미만 자녀 수(NKID6)와 혼인(MAR) 변수

증가했다는 것은 노동공급과 노동수요 측면에서 각각 원인을 유추해 볼 수 있다. 무엇보다 공급 측면에서 여성은 결혼, 출산, 육아 등으로 인해 노동시장에 중도이탈할 개연성이 (남성에 비해) 매우 크다는 점이다. 이러한 기혼여성의 노동시장 이탈은 임금감소로 이어지고, 동시에 남녀 소득격차에도 직접적인 영향을 주고 있다는 것이다.

한편 선택편의를 고려했을 때 모든 학교급에서 성별 총임금격차 중에서 특히 여성페널티가 크게 증가하는 것으로 나타났다. 특히, 고졸 여성근로자의 경우 선택편의를 고려했을 때 전체 임금격차 중에서 여성페널티가 차지하는 비율이 90%로 나타나 노동시장에서 겪는 임금차별의 정도가 심각한 상태인 것으로 밝혀졌다. 이러한 결과는 노동시장에서 여성의 임금차별 해소를 위한 정부의 정책적 노력이 단순히 임금차별에만 국한되어 이루어질 것이 아니라 여성의 노동시장 참가에 영향을 미치는 요인을 복합적으로 검토하는 데까지 미쳐야 한다는 시사점을 제공한다. 나아가, 노동공급 측면의 여성 개인특성과 노동수요 측면의 고용주의 차별 중에 어느 편이 여성의 노동시장 참가에 더 큰 영향을 미치고 있는지도 고려할 필요가 있을 것이다.

본 연구에서는 교육변수와 능력변수 간의 상관으로 인해 추정치가 편의(bias)되는 내생성을 해결하기 위해 임금격차분해모형에 도구변수를 사용하였다. 이에 따라 개인의 능력(ability)과는 상관이 낮고 교육과는 상관이 높은 도구변수(IV)로서 아버지의 교육수준과 직업수준을 채택하였다. 궁극적으로, 임금함수에서 도구변수를 사용하여 임금격차를 분해하면 (능력이 아닌) 순수하게 교육수준의 차이로 인해 발생하는 생산성의 차이뿐만 아니라 차별의 크기까지 추정할 수 있는 것이다.

가 노동시장 참여와 음(−)의 상관이 있는 것으로 나타나 결혼과 출산으로 인해 여성의 노동시장 진출이 제한되고 있음을 보여주었다.

이렇게 도구변수를 사용하여 임금격차를 추정한 결과를 살펴보면 〈표 4-28〉에 제시된 것처럼, 대졸 이상의 학력에서는 총임금격차 중에서 생산성이 차지하는 비율이 OLS에 비해 다소 증가했다(72%→75%). 이러한 결과는 교육수준이 높아질수록 주로 생산성의 차이로 임금격차가 발생하고, 교육수준이 낮을수록 차별로 인한 임금격차가 존재한다는 OLS의 결과를 재확인해 주는 것이다.

3절. 청년패널과 노동패널 비교분석

1) 여성의 고등교육투자에 대한 수익률 추정결과 비교

청년패널과 노동패널을 사용하여 여성의 교육투자에 대한 수익률을 추정한 결과, 대졸 이상 고학력 여성의 투자수익률이 동일학력수준 남성의 투자수익률보다 높은 것으로 나타났다. 이러한 결과는 여성의 경우 노동시장 중도이탈로 인해 수익률이 낮을 것이라는 예측과 달리 교육투자에 대한 수익이 남성에 비해 높다는 것을 입증해 주었다. 한편, 만 15-29세 청년층을 대상으로 조사된 청년패널에서는 인적자본 모형과 직업특성 모형에서 여성의 교육투자수익률 추정치가 비슷하게 추정됨으로써 청년층 여성의 경우 교육투자가 소득에 미치는 영향이 매우 크고 직접적인 것으로 밝혀졌다. 최근 청년여성의 교육투자가 증가함에 따라 고졸여성의 임금 프리미엄은 거의 사라지고 있으며 상대적으로 대졸여성이 고졸여성에 비해 누리는 임금 프리미엄은 큰 폭으로 증가하였다.

먼저 만 15-65세 전 연령층을 대상으로 하는 노동패널에서는 고졸과 전문대졸의 여성은 동일학력의 남성에 비해 모형별로 수익률이 비슷하거나 오히려 낮은 것으로 나타났다. 그러나 교육수준이 높아질수록 여성의 교육투자수익률이 남성의 수익률을 상회하는 것으로 밝혀졌다. 〈표 4-29〉에 나타난 바와 같이 4년제 대학을 졸업한 남성(40.9-65.7%)에 비해 동일학력의 여성교육투자수익률(58.2-92.1%)이 더 높은 것으로 추정되었다.

노동시장 참가에 따른 자기선택편의를 고려한 수익률 추정결과를 종합해 보면 청년패널과 노동패널 모두 OLS와 HECKIT의 추정치에 큰 차이가 없는 것으로 나타났다. 〈표 4-30〉의 추정결과는 국외 선행연구결과와 일치하는 것으로 이는 임금에 영향을 미치는 개인의 특성(IMR)과 교육변수와의 상관이 낮기 때문인 것으로 판단된다(Bagheri & Kara, 2005). 한편, 노동패널에서는 IMR의 회귀계수가 통계적으로 유의미한 양(+)의 값을 제공함으로써 여성의 노동시장 참가에 따른 자기선택이 존재하는 것으로 나타났다. 반면 청년패널에서는 IMR이

〈표 4-29〉 청년패널과 노동패널 학교급별 투자수익률 남녀비교(OLS)

	청년패널(15-29세)				노동패널(15-65세)			
	인적자본		직업특성		인적자본		직업특성	
	여성	남성	여성	남성	여성	남성	여성	남성
HIGH	(.140)	(.094)	(.147)	(.021)	.277	.269	.163	.194
2COLL	.283	(.211)	.296	(.102)	.579	.473	.293	.306
4COLL	.606	.480	.586	.306	.921	.657	.582	.409
GRAD	.719	.706	.718	.451	1.183	.932	.732	.591

주. 1. 참조집단은 중졸(MID)임.
2. 유의수준 1%, 5%에서 각각 통계적으로 유의미하지 않은 경우 괄호로 처리했음.
3. 변수설명: HIGH=고졸여부(고졸 1, 아니면 0), 2COLL=전문대졸여부(전문대졸 1, 아니면 0), 4COLL=4년제 대졸여부(4년제 대졸 1, 아니면 0), GRAD=대학원졸여부(대학원졸 1, 아니면 0)

〈표 4-30〉 청년패널과 노동패널 여성교육투자수익률 비교(HECKIT/IV)

	청년패널(15-29세)			노동패널(15-65세)		
	OLS	HECKIT	IV	OLS	HECKIT	IV
EDU	.118	.118	.120	.097	.096	.156
IMR		(.018)			.167	
Hausman			2.19			-7.94
Partial R^2			.552			.512

주. 1. 유의수준 1%, 5%에서 각각 통계적으로 유의미하지 않은 경우 괄호로 처리했음.
2. 변수설명: EDU=교육년수, IMR=inverse Mill's ratio
3. 청년패널에서는 도구변수(IV)로 부모학력을 사용하였으며 노동패널에서는 부・배우자 학력을 사용하였음.

통계적으로 유의미하게 나타나지 않았는데, 이러한 이유는 청년층의 경우 노동시장 참가에 따른 개인적 선택보다는 국내외 경제여건과 같은 환경적 요인이 크게 작용하기 때문인 것으로 추론된다.

한편, 교육변수의 내생성을 해결하기 위하여 도구변수를 사용하여 여성의 교육투자수익률을 추정한 결과 청년패널과 노동패널 모두 OLS 추정결과가 과소추정된 것으로 나타났다. 국내외 선행연구의 결과에서도 도구변수를 이용한 교육투자수익률 추정치는 OLS에 비해 증가하는 것으로 보고되고 있으며 우리나라 여성교육의 투자수익률도 OLS추정치에 비해 40% 이상 증가하였다. 〈표 4-30〉에서 제시된 하우스만(Hausman)의 검정결과는 여성의 교육투자에 따른 내생성이 존재하는 것을 보여주었으며 이를 해결하기 위해 사용한 부모학력과 배우자학력 등의 도구변수 설명력은 각각 55.2%, 51.2%로 높게 나타났다.

청년패널과 노동패널은 자료의 특성상 시계열 자료와 횡단면 자료의 장점을 동시에 갖추고 있다. 이러한 패널자료의 장점을 활용하여 추정방법에 따른 수익률을 추정한 결과는 〈표 4-31〉과 같다. 참조집

〈표 4-31〉 청년패널과 노동패널 여성교육투자수익률 비교(PANEL)

	청년패널(15-29세)			노동패널(15-65세)		
	POLS	BE	RE	POLS	BE	RE
HIGH	.133	.139	.143	.216	.159	.767
2COLL	.222	.259	.227	.464	.383	.947
4COLL	.481	.567	.512	.659	.590	1.132
GRAD	.732	.802	.780	.519	.406	1.179

주. 1. 참조집단은 중졸(MID)임.
2. 유의수준 1%, 5%에서 각각 통계적으로 유의미하지 않은 경우 괄호로 처리했음.
3. 변수설명: HIGH=고졸여부(고졸 1, 아니면 0), 2COLL=전문대졸여부(전문대졸 1, 아니면 0), 4COLL=4년제 대졸여부(4년제 대졸 1, 아니면 0), GRAD=대학원졸여부(대학원졸 1, 아니면 0)

단을 중졸여성으로 했을 때, 4년제 대졸여성의 수익률을 중심으로 두 패널의 추정결과를 비교해 보면, 합동자료를 이용한 추정기법(POLS)에서는 노동패널의 수익률(65.9%)이 청년패널의 수익률(48.1%)에 비해 증가하는 것으로 나타났다. 아울러, 평균추정기법(BE)을 사용했을 때는 대졸여성의 수익률이 비슷한 것으로 나타났으며 임의효과(RE)추정기법에서는 노동패널의 경우 대졸여성의 수익률(113.2%)이 매우 높게 추정되었다.

분위회귀분석을 이용하여 소득분위별로 여성의 교육투자수익률을 추정한 결과, 청년패널과 노동패널 모두 고졸여성의 경우 낮은 소득분위(τ=.10)에서는 투자수익률이 유의하지 않은 것으로 나타났다. 〈표 4-32〉에 제시된 분위회귀분석 추정결과를 비교해 보면, 두 패널 모두 교육수준이 높아지고 소득분위가 상승할수록 교육투자에 대한 보상이 큰 것으로 추정되었다. 특히, 동일한 대졸여성임에도 불구하고 소득분위별로 교육투자수익률의 격차가 상당히 이질적인 것으로 밝혀졌다. 이러한 추세는 청년패널보다 노동패널에서 더욱 두드러지게 나타났다. 노동패널의 경우 4년제 대졸여성의 평균기대수익률

〈표 4-32〉 청년패널과 노동패널 여성교육투자수익률 비교(QR)

	청년패널(15-29세)			노동패널(15-65세)		
	OLS	τ=.10	τ=.90	OLS	τ=.10	τ=.90
HIGH	(.134)	(.022)	.155	.247	(.051)	.521
2COLL	.288	(.074)	.359	.502	.236	.765
4COLL	.598	.370	.693	.828	.496	1.025
GRAD	.745	.647	.743	1.053	.983	1.017

주. 1. 참조집단은 중졸(MID)임.
2. 유의수준 1%, 5%에서 각각 통계적으로 유의미하지 않은 경우 괄호로 처리했음.
3. 변수설명: HIGH=고졸여부(고졸 1, 아니면 0), 2COLL=전문대졸여부(전문대졸 1, 아니면 0), 4COLL=4년제 대졸여부(4년제 대졸 1, 아니면 0), GRAD=대학원졸여부(대학원졸 1, 아니면 0)

(OLS)이 82.8%인데 비해, 최상위 소득분위(τ=.90)의 교육투자수익률은 102.5%이고 최하위 소득분위(τ=.10)에서는 49.6%로 추정되었다. 이렇게 노동시장에 초기 진입했을 때보다 시간이 경과할수록 소득분위별로 소득격차가 커지는 이유로는 여성이 선택한 전공계열과 관찰되지 않는 개인의 능력 그리고 교육의 질적 차이 등을 고려해 볼 수 있을 것이다.

2) 남녀 임금격차 분해를 통한 임금차별 추정결과 비교

청년패널과 노동패널의 대졸 이상 남녀 임금격차를 분해하여 임금차별의 크기를 추정한 결과를 비교해 보면, 두 패널자료 모두 공통적으로 여성의 고등교육투자에 따른 임금차별개선의 효과를 입증해주었다. 〈표 4-33〉에서 임금차별추정결과를 비교해 보면, 만 15-29세 청년층을 대상으로 조사된 청년패널(32-40%)의 경우, 만 15세 이상 전 연령층을 대상으로 하는 노동패널(48-58%)에 비해 상대적으로 남녀 임금차별의 크기가 감소하는 것으로 나타났다. 특히, 표

〈표 4-33〉 청년패널과 노동패널 임금차별 추정결과 비교(OLS)

		옥사카와 랜섬(1994)			옥사카(1973)	
		생산성	남성 프리미엄	여성 페널티	생산성	차별
청년패널 (15-29세)	전체	68	15	17	60	40
	대졸 이상	98	1	1	87	13
노동패널 (15-65세)	전체	52	29	19	46	54
	대졸 이상	72	18	10	65	35

주. 1. 주어진 숫자는 총 임금격차 중에서 해당항목이 차지하는 비중(%)임.

본에서 대졸 이상 여성이 차지하는 비율(28%)이 상대적으로 높은 청년패널을 사용하여 잔여임금격차를 추정한 결과, 남성프리미엄(1%)과 여성페널티(1%)의 비율이 매우 낮게 산출됨으로써 청년층 고학력 여성일수록 임금차별의 불이익을 거의 받지 않는 것으로 밝혀졌다. 한편, 노동패널의 경우에도 전체 여성(48-58%)에 비해 대졸 이상 학력을 보유한 여성(28-35%)은 임금차별의 크기가 크게 감소하는 것으로 나타났다.

특히, 총임금격차에서 생산성의 차이로 설명되지 않는 부분을 임금차별로 추정하게 되는데 이러한 설명되지 않는 임금격차가 노동의 공급 측면에서 발생할 가능성이 존재한다. 다시 말해, 노동시장 참가에 따른 두 패널자료의 선택성을 교정하기 위해 헤크만의 2단계 추정기법을 사용하여 임금격차를 분해할 필요가 있는 것이다.

이러한 표본의 선택성을 조정한 결과를 〈표 4-34〉에서 비교해 보면, 대졸 이상의 학력에서는 청년패널의 경우 남성프리미엄과 여성페널티의 비율이 각각 14%, 8%로 추정되었으나 노동패널에서는 남성프리미엄(15%)에 비해 여성페널티(20%)가 다소 증가하였다. 여기서 주목할 만한 사실은 청년패널의 경우 전체 여성을 대상으로 차별을

〈표 4-34〉 청년패널과 노동패널 임금차별 추정결과 비교(HECKIT/IV)

		HECKIT			IV		
		생산성	남성 프리미엄	여성 페널티	생산성	남성 프리미엄	여성 페널티
청년패널 (15-29세)	전체	50	11	39	75	10	15
	대졸 이상	78	14	8	98	1	1
노동패널 (15-65세)	전체	45	28	27	31	37	32
	대졸 이상	65	15	20	75	1	24

주. 1. 주어진 숫자는 총 임금격차 중에서 해당항목이 차지하는 비중(%)임.

추정한 결과, 여성페널티의 비율(39%)이 월등하게 증가하였다는 점이다. 임금격차에서 관찰되지 않는 자기선택(self-selection)은 노동시장 진입에 따른 차별장벽의 영향을 반영할 수 있다는 점에서 취업단계에서 청년층 여성에게 발생하는 차별의 정도가 심각한 수준인 것을 짐작할 수 있다.

한편, 교육변수의 내생성을 해결하기 위해 도구변수(IV)를 사용하여 임금격차를 분해한 결과는 청년패널과 노동패널 모두 OLS 추정결과와 전반적으로 비슷한 경향을 보여주었으나, OLS에 비해 여성페널티의 비율이 증가하는 것으로 추정되었다.

4절. 연구 시사점 및 제언

인적자본 투자는 교육학자와 경제학자 모두에게 친숙한 개념이 되고 있다. 인적자본이론에 따르면 정규학교교육이 생산성 향상을 가져오고 이로 인해 노동자의 소득이 증가한다고 설명한다. 하지만 임금차별이론에서는 여성의 경우 생산성의 향상만큼 소득의 증가로 연결되지 않는 차별적 요인을 고려해야 한다고 지적한다. 그렇다고 볼 때, 두 이론은 교육투자에 대한 상반된 견해가 아니라 자원배분의 왜곡을 줄이고 효율성을 높여야 한다는 교육경제학적 관점의 상호보완적 시각이라고 볼 수 있다.

이에 본 연구는 여성의 고등교육투자에 대한 경제적 수익의 추정과 관련하여 선행연구에서 제기한 분석자료와 연구모형 등의 제한점을 개선하고 청년패널과 노동패널 자료를 통하여 여성의 고등교육투자가 생산성 향상과 임금차별 개선을 통하여 노동소득증가에 미치는 영향을 규명하고자 하였다. 이러한 본 연구의 경험과 연구결과를 바탕으로 이론적 분석틀 및 방법론과 관련한 시사점을 논의한 다음 정책적 제언과 후속연구에 대한 제언을 하고자 한다.

1) 이론 및 방법론 관련 시사점

첫째, 우리나라 여성의 교육투자에 대한 기대소득을 분석하는 이론적 관점으로는 인적자본이론의 전통적인 관점과 직무경쟁이론의 보완적 시각을 종합적으로 수용하는 배치이론의 분석틀이 매우 적절한 것으로 판단된다. 그 이유는 여성의 교육투자로 인해 받는 기대수익은 직종에 상관없이 생산성과 일치한다는 인적자본이론은 본 연구의 소득함수 추정결과에서 나타난 것처럼 수정의 필요성이 제기되었기 때문이다. 특히, 직업특성 모형에서 대기업 혹은 전문관리직에 속해 있는 여성은 남성에 비해 임금 프리미엄이 더 높은 것으로 추정되었다. 이러한 결과는 직업적 특성이 소득에 영향을 미치는 것으로 설명하는 직무경쟁이론의 타당성을 부분적으로 입증한다고 할 수 있다.

그럼에도 불구하고 그러한 직종에 진입할 수 있는 자격과 조건을 갖추기 위한 인적자본투자의 중요성을 역설한 배치이론은 인적자본이론을 보다 큰 틀에서 이해할 수 있도록 여성교육투자에 대한 이론적 지평을 더 넓혀주었다고 평가할 수 있을 것이다.

둘째, 우리나라 여성교육의 투자수익을 분석하기 위해서는 인적자본이론과 임금차별이론을 동시에 고려하는 이론적 분석틀을 갖추어야 할 것으로 판단된다. 만약 인적자본이론에만 근거하여 투자수익을 분석한다면 교육으로 인해 향상된 노동생산성에 대한 가치를 보상한다고 할 수 있지만 남녀 총임금격차에서 생산성의 차이만으로 설명할 수 없는 잔여임금격차가 여전히 존재하는 것으로 밝혀졌다. 이처럼 우리나라 여성교육투자에 대한 이론적 관점은 생산성 향상에 기반을 두는 인적자본이론을 근간으로 하되, 생산성의 차이로 설명할 수 없는 차별적 요인을 지적하는 임금차별이론의 보완적 접근이 필요하다는 시사점을 얻을 수 있다.

셋째, 여성교육투자에 대한 수익률을 계산하는 과정 중 전통적인 OLS 추정방법에서 제기된 계량경제학적 문제점을 해결하기 위해 본 연구에서는 다양한 추정방법으로 교육투자수익률을 산출하고자 하였다. 이는 여성교육이 소득에 미치는 진정한 투자효과를 규명하는 교육투자수익률의 추정치가 다양한 값들을 제시하는 이유는 수익률을 산출하기 위해 사용된 각각의 추정방법들이 서로 다른 가정(assumption) 위에 기초하기 때문이다. 아울러 동일한 데이터를 사용했음에도 불구하고 추정기법에 따라 모수의 편의(bias)를 수정하는 방법이 서로 다르기 때문이기도 하다. 따라서 여성교육투자수익률의 정밀한 추정을 위해 다양한 방법을 시도하는 노력은 매우 의미 있는 작업이라고 할 수 있다(Machin & Vignoles, 2005).

넷째, 도구변수(IV)를 이용한 2단계 최소자승법과 패널자료의 고정 및 임의효과를 이용한 교육투자수익률의 추정방법은 우리나라 임금근로자의 경우 능력(ability) 등의 변수누락(omitted variable)으로 발생하는 교육투자수익률의 편의가 그렇게 심각하지 않다는 결과를 보여주었다. 특히, 도구변수 추정방법은 설문조사를 기초로 작성된 자료에서 흔히 발견되는 표본의 측정오차(measurement error)로 인해 수익률이 과소추정되는 문제를 해결함으로써 교육투자에 대한 진정한 수익률 추정에 기여했다고 평가할 수 있을 것이다. 더욱이 하우스만(1978) 검정결과는 여성의 경우 전통적인 OLS 추정방법보다는 도구변수를 이용한 수익률 추정방법이 남성에 비해 더 적절하다는 것을 입증해 주었다.

다섯째, 교육투자수익률을 분위별로 추정한 회귀분석 방법은 우리나라 여성근로자의 임금분포에 나타난 이질적인 특성(heterogeneity)을 분석하는 데 매우 효과적이었다. 남성의 경우 소득분위별 교육투자수익률이 비교적 안정적인 추세를 보여주었으나 여성은 연령이 낮고 소득분위가 높을수록 교육투자수익률이 증가하는 것으로 나타났다. 다시 말해, 청년층 고학력 여성인력의 경우 인적자본투자에 대한 한계수익률이 높고 임금수준이 남성과 거의 대등한 고소득 직종에 진출해 있는 반면 저학력 여성인력의 경우 시간당 임금률이 낮고 남성과의 임금격차가 크게 벌어지는 서비스판매직과 단순기술직에 진출해 있다는 것이다. 이와 같이 우리나라 여성노동시장에서는 고학력 고소득 직종과 저학력 저소득 직종의 이질적인 집단으로 구성된 전형적인 분단노동 시장적(segmented labor market) 구조가 발견되고 있으며 이는 향후 더욱 고착화될 것으로 전망된다.

2) 정책적 시사점 및 제언

첫째, 고학력 여성인적자원을 관리 및 활용하기 위해서는 정부 주도하에 장기적인 비전과 구체적인 방안을 지속적으로 수립해나가야 할 것이다. OECD 국가에서 정책적으로 집중 투자하는 여성 개인의 사회경제적 지위상승과 삶의 질 향상은 물론, 국가경제 차원에서 장기적으로 지식기반경제의 성장잠재력을 확충하려는 방안들은 우리나라 여성인적자원의 개발과 활용을 대비하기 위한 벤치마킹의 대안이 될 수 있다. 또한, 선행연구에서 요약된 바와 같이 최근 OECD 국가뿐만 아니라 신흥개발국가에서 여성인적자원 양성에 대한 국가차원의 투자를 늘리고 고학력 여성노동력 활용을 극대화시키려는 전략이 국가경쟁력 강화와 긴밀하게 연계되어 있음을 간과해서는 안 될 것이다.

둘째, 정부는 여성인적자원개발과 고학력 여성인력양성을 위한 취지를 감안하여 고등교육에 투입되는 비용에 대한 교육재정지원방안을 합리적으로 추진해야 할 것이다. 고등교육투자에 따른 높은 수익률은 여성의 대학진학에 경제적인 동기부여가 될 수 있지만, 개인 및 가구마다 대학교육을 받기 위한 직접비용의 증가를 초래하게 될 것이다. 이러한 교육비용 부담과 관련하여 존스톤(Johnstone, 2004)이 제안한 것처럼 고등교육에 투입되는 비용을 정부와 학생, 학부모가 공동으로 분담하는 교육비 분담정책(cost-sharing policy)을 고려해 볼 필요가 있다. 아울러, 본 연구에서 추정한 전공별 교육투자수익률 추정결과를 고려하여 대학졸업 후 경제적 보상이 높은 전공계열의 경우에는 등록금 책정에서 수요자의 부담을 다소 늘리는 방안도 검토해 볼 수 있을 것이다(Johnes, 1993).

셋째, 경제적으로 취약한 저소득층 여성들에게도 고등교육에 대한 접근이 차단되지 않도록 대학교육 기회에 대한 형평성을 제고하는 정책이 절실히 요구된다. 본 연구의 연구결과에서 나타난 바와 같이 저학력 여성과 고학력 여성 간의 임금격차는 남성의 학력 간 임금격차에 비해 훨씬 더 크게 벌어지고 있으며, 이에 따라 대졸여성의 교육투자수익률이 대졸남성의 수익률보다 더 높게 추정되었다. 이와 관련하여 정부의 정책은 경제력 측면에서의 학자금 지원[18]도 포함하여야겠지만 실효성 있는 학업지원 프로그램도 함께 고려하여야 할 것이다(최정윤, 2008). 현재 중학교 이하 학교급의 저소득층 학생에 대한 지원은 이루어지고 있지만, 최근 고등교육기관 취학률이 80%를 넘는 고등교육 보편화 현상을 직시해 볼 때 대학교 이상 상급학위 취득을 위한 지원프로그램[19]이 적극 개발될 필요가 있다고 본다. 고등교육에서는 수혜자 부담원칙을 적용하고 있음에도 불구하고 국가적인 차원에서 지원하는 이유는 능력에 근거한 교육기회균등 보장과 우수인재 양성을 통한 국가 경쟁력 강화가 절실히 요청되기 때문이다.

넷째, 정부는 여성의 고등교육과 노동시장의 연계를 고려하여 인적자본의 효과적인 활용이라는 측면에서 노동시장 정보 인프라(infra)를

18) 정부에서 시행하는 학자금대출제도 역시 제도적 보완이 필요하다. 호주와 영국, 뉴질랜드에서 운영되고 있는 소득연동형 학자금 융자제도(ICL: Income Contingent Loan)가 벤치마킹을 위한 좋은 사례가 될 수 있다. ICL을 통하여 대학교육비용을 대출해 주고 이를 회수할 때 미래 소득과 연동하는 방식의 학자금대출제도를 도입하여 실질적인 고등교육지원효과를 기대할 수 있다는 것이다(김진영·한유경, 2009).

19) 미국은 저소득층 고등학생의 대학진학 및 석박사 학위 취득률을 향상시킬 목적으로 TRIO 프로그램을 통하여 TS(Talent Search)와 MCN(McNair Postbaccalaureate Achievement Program)을 도입하였다. McCoy et al.(2008)의 조사연구에 의하면 프로그램 수혜자를 대상으로 현황을 분석한 결과, 학위 취득 후 대학에서 근무하는 응답자가 29.0%, 대학 외 직장생활자가 64.7% 등인 것으로 조사되었다.

구축할 필요가 있다. 이를 위해 정부의 고등교육 정책담당자들은 본 연구의 교육투자수익률 추정결과에 대하여 정확하게 이해하고 이를 정책에 반영하는 노력을 경주하여야 할 것이다. 우선, 본 연구에서 여성을 대상으로 산출한 교육투자수익률은 고등교육투자에 대한 경제적 가치를 계산하는 과정에서 도출된 수익률이라는 점에서 고등교육의 수익성(profitability) 지표로 활용될 수 있을 것이다. 이러한 결과를 지표로 설정하여 공개하는 것은 대학진학을 위해 의사결정과정에 참여하는 이해당사자(학생과 학부모)들에게 합리적인 선택을 할 수 있도록 정보를 제공해 줄 것이라는 판단에서이다.

다섯째, 정부는 시장변화에 선제 대응하기 위해 전문지식과 기술을 요구하는 미래유망 직종에 대한 사전정보를 고등교육수요자와 관련 근로자에게 정확하고 신속하게 전달함과 동시에 양자 간의 매개자(matchmaker)역할을 적극적으로 수행해나가야 할 것이다. 한편, 본 연구에서 노동패널(KLIPS)자료를 이용하여 직종별 임금에 미치는 효과를 분석한 결과에서 알 수 있듯이 취업구조면에서 고학력·고숙련 노동자에 대한 노동수요가 향후 지속적으로 증가될 전망이다. 이에 따라 고학력 여성노동자와 저학력 여성노동자의 학력 간 고용기회 및 임금격차가 점점 심각해질 수 있으며 저학력·저숙련 여성노동자들의 경제적 상황은 더 악화될 소지가 있어 이에 대한 우려가 많다. 나아가 시장이 제대로 기능을 발휘하는 직종보다는 시장실패(market failure)가 일어날 가능성이 높은 취약직종에 속해 있는 여성근로자에 대한 정책적 대안마련도 시급하다. 따라서 정부는 새로운 기술변화에 대해 적응력이 취약한 계층인 저학력 여성노동자들을 대상으로 직업교육훈련기회를 지속적으로 확대함으로써 이러한 숙련의 수급불일치(skill mismatch)문제에 적극적으로 대처해 나가야 할 것이다.

여섯째, 여성고등교육의 높은 투자가치와 사회적 기여를 감안한다면 개별대학은 전문여성인력을 양성하기 위하여 경쟁력을 확보해 나가야 할 것이다. 또한 고등교육정책의 우선 과제도 대학교육의 질을 향상시키는 데 두어야 할 것이다. 선행연구에서도 살펴본 것처럼 고학력 여성이 우리사회의 주요 리더계층으로 진입하는 현실에서 인적자원의 활용도를 높이기 위해서는 고급 여성인력 양성을 위한 대학의 역할이 갈수록 커질 것임이 분명하다. 더욱이 지식정보화시대에 고등교육의 경쟁력이 곧 국가경쟁력이 되면서 대학에 대한 정부의 투자가 절실히 요구되는 시점이다. 하지만 상당수 사립대학의 경우 등록금에 의존하고 있기 때문에 열악한 대학재정난 문제가 매우 심각한 상황이다.[20]

일곱째, 개별대학은 교육의 외적 효율성 측면에서 단순히 양적인 인력수급에만 머무를 것이 아니라 여성 인력의 생산성 향상과 경제성장에 대한 기여를 감안하여 장기적인 전문여성인력양성계획을 수립해야 할 것이다. 본 연구에서 분위회귀분석을 사용하여 소득분위별로 교육투자수익률을 추정한 결과, 여성의 경우 관찰되지 않는 교육의 질(quality)과 전공계열이 소득에 미치는 영향이 남성에 비해 더 큰 것으로 나타났다. 앞으로 대학교육의 질을 반영한 교육투자수익률 추정이 좀 더 정밀해지고 이러한 결과가 대학재정지원의 참고자료로 활용된다면 고급여성인력을 배출하기 위한 개별대학의 질 향상 개선의지를 활성화시키는 기폭제가 될 것이다. 미국의 경우 주정부의 대학지

20) 대학교육재정의 안정적 확보를 위한 고등교육 교부금 제도 도입에 대한 논의가 필요하다. 초중등학교의 경우는 지방교육재정교부금법에 의해 2008년부터 내국세의 20%를 지방교육재정으로 확보한 상태이다. 고등교육 예산에 대한 정부의 부담은 현재 GDP의 0.6%로 OECD 평균 1.1%에 크게 못 미치는 수준이다.

원금은 입학생 수에 따라 결정되었으나 최근에는 대학교육의 질 향상 차원에서 지원 형태가 인센티브 제도로 개선되고 있다는 점도 시사점이 크다고 하겠다(Menon, 2003).

여덟째, 노동시장에서 여성근로자가 경험하는 임금차별의 문제는 단순히 여성의 권익 보호라는 측면뿐만 아니라 국가 경제의 측면에서 그 효율성을 향상시키기 위해서라도 시급히 해결되어야 한다. 이는 만약 여성인력의 생산성이 정당한 임금으로 반영되지 못하고 임금차별이 심화된다면 장기적으로 여성인력의 경제활동은 위축될 가능성이 높기 때문이다. 이에 본 연구에서 옥사카와 랜섬(Oaxaca-Ransom, 1994) 모형을 사용하여 남녀 임금격차를 분해한 결과, 교육수준이 높아질수록 임금차별의 크기가 감소하는 것으로 나타난 점은 매우 다행스러운 일이다. 하지만 여전히 저학력 여성근로자 중 상당수가 상당한 임금차별을 받고 있다는 사실은 경제의 효율성을 극대화하려는 국가경제정책에 걸림돌이 될 수 있다(김용성, 2007). 따라서 노동시장에 진입하는 단계뿐만 아니라 가사노동을 고려한 탄력적인 근무형태에 이르기까지 여성인력을 적극적으로 활용하기 위한 정책적인 방안을 마련하는 등 생산인구감소를 예방하기 위한 장기적인 안목을 구비하여야 할 것이다.

아홉째, 여성교육의 투자수익률과 관련한 다양한 후속연구가 수행되기를 기대한다. 1960년대 인적자본이론의 정립은 교육계획과 교육정책수립을 위한 교육투자수익률 분석연구를 촉진시켰다. 지난 40년간 교육재정정책은 교육의 사적, 사회적 투자수익률 분석결과를 바탕으로 진행되어 왔다고 볼 수 있다(Leslie, 1990). 일반적으로 교육투자수익률 추정 연구는 교육투자를 통해 노동시장에서 기대하는 개인소득의 증가와 이를 바탕으로 정부세원의 증감에 초점이 맞추어진 사적 · 사회적 수익연구가 지배적이다.[21] 하지만 여성의 고등교육투자는 본 연구에서 다루고 있는 노동시장의 금전적인 수익뿐만 아니라 비금전적 수익(non-monetary benefit) 측면에서도 포괄적으로 분석할 필요가 있다. 여성의 교육투자는 개인차원에서 제한되지 않고 국가차원에서 사회의 지속적인 발전을 위해 필수적이며 나아가 긍정적인 외부효과(social externality)가 매우 크다는 점에서 활발한 후속연구를 기대해본다.

열째, 여성의 경우 소득수준이 높은 계층일수록 소득이 낮은 계층에 비해 교육투자에 대한 보상이 월등히 큰 것으로 나타남에 따라 형평성 측면을 고려한 교육의 역할(leveler)에 대하여 더욱 심도 있는 논의가 필요하다고 본다. 대부분의 국가들은 교육의 투자수익률이 다른 사업의 투자수익률보다 높다고 생각하기 때문에 교육을 소득재분배의 수단으로 주로 사용하고 있다(김홍균 · 문용호, 2006). 이에 분위회귀분석 결과에서 밝혀진 것처럼 우리나라 여성의 고등교육투자가 소득의 양극화를 지양하고 사회자원의 효율적인 재분배를 가능하게 만들기 위해서는 소득분위별로 소외계층이 발생하지 않도록 보다 근본적인 원인을 규명하고 나아가 그 대안책을 제시하는 후속연구가 필요하다.

21) 또한 기존 연구들은 대부분 임금근로자에 맞추어 연구가 진행되었으나 여성 개인의 선호와 능력에 따라 자영업 부문에 종사하는 비중도 적지 않다. 우리나라의 경우 자영업 분야의 여성 비율은 OECD 국가들의 평균보다 높은 편이다. 이런 점에서 우리나라 여성노동시장에 자영업종사자의 교육투자에 대한 수익률 분석은 임금근로의 수익률 분석 못지않게 중요한 과제임이 틀림없다.

제Ⅲ부 여성의 고등교육투자와 비금전적 수익

제5장
여성의 고등교육투자에 대한 비금전적 수익추정

제5장 여성의 고등교육투자에 대한 비금전적 수익추정

1절. 이론적 접근

1) 교육의 비금전적 수익에 대한 선행연구

1960년대 초반, 슐츠(Schultz, 1960)가 인적자본의 개념을 정립하기 이전에는 교육은 주로 소비재[1])로 간주되어 왔다(Alstadsæter, 2004).

---

1) 교육재화는 소비재적 성격과 투자재적 성격을 동시에 갖춘 혼합재(Mixed good)이다. 즉, 교육재화를 구입하는 것은 소비적 목적과 투자적 목적 2가지를 동시에 가진다는 것이다. 교육재화를 소비재로 구입할 경우 소비적 수익이라 할 수 있으며, 투자재로 구입할 경우 투자적 수익이라 할 수 있다. 또한 교육재화를 소비할 당시뿐만 아니라 미래에 지속적으로 만족을 주는 내구소비재로서 교육재화를 구입한다면 교육을 통한 소비적·투자적 수익을 모두 기대할 수 있다. 더 구체적으로 살펴보면, 소비재로 교육재화를 구입하는 것은 교육재화를 소비할 때 생기는 즉각적인 즐거움 또는 만족 때문이다. 학생이 학교를 다니면서 매 순간 즐거움과 만족감을 얻게 된다면, 그 학생은 바로 소비재로서 교육재화를 수요하는 것이다. 물론 학교를 다니면서 얻는 소비적 만족은 교육재화를 구입하여 얻는 만족의 일부분이다. 오히려 교육을 통해서 미래의 지속적인 정신적·심리적 만족을 기대한다면 그것은 교육재화를 내구소비재로 구입한 행위라고 할 수 있다. 그러나 교육을 받는 궁극적 목적이 미래에 지속적으로 높은 금전적 수익을 얻기 위한 것이라면 이는 교육재화를 투자재로서 구입한 경우이다.

그러나 1960년에 슐츠가 도입한 인적자본이론 즉, 교육을 받으면 생산성이 향상되고 그에 따라 임금이 상승한다는 이론을 통해서 연구자들은 교육을 투자재로 보기 시작했고, 마침내 '교육투자 수익률'이라는 개념이 도입되었다. 이에 따라 1960년대 이후의 교육수익에 대한 연구는 '임금'이라는 금전적 측면에서 교육투자 수익률을 추정하는 방법과 그 규모에 대한 연구가 주를 이루었다(Elias, 2003).

나아가 베커(Becker, 1962)와 민서(Mincer, 1962)는 정교한 수리모형을 개발함으로써 슐츠(1960)가 고안한 인적자본이론을 실증분석의 단계까지 발전시켜 교육투자 수익률을 추정함으로써 '교육의 투자적 가치평가'에 대한 기반을 마련하였다. 이에 더하여 사카로폴로스(Psacharopoulos, 1975; 1981; 1985; 1989; 1994; 2004)는 교육투자의 효과성을 입증하기 위해 거의 모든 나라를 대상으로 교육의 수익률 분석 결과를 수집하여 비교·분석하는 작업을 지속적으로 발전시켜 오고 있다.

반면, 많은 연구자들은 이러한 교육투자 수익률 분석이 교육의 소비적 목적을 간과한 것임을 강조해왔다. 즉, 개인이 교육수요 여부를 결정하는 과정에서 교육의 투자적 목적과 소비적 목적을 함께 고려하기 때문에 교육을 투자재로만 분석한 교육투자 수익률은 교육의 전반적인 효과를 과소 추정한다는 것이다(Kodde & Ritzen, 1984; Oosterbeek & Webbink, 1995; Oreopoulos, 2003). 이와 같은 맥락에서 베커(Becker, 1993)와 폴센(Paulsen, 2001)은 개인이 대학진학여부를 결정할 때, 금전적 수익뿐만 아니라 비금전적 수익[2]까지도 함께 고려하여 판

2) 교육수익은 크게 금전적 수익과 비금전적 수익으로 구분된다. 교육을 받은 노동자가 노동소득의 형태로 기대하는 금전적 수익은 당연히 노동시장을 거친다. 이때 노동시장을 거친 금전적 수익은 투자적 수익으로 분류된다. 한편, 비금전적 수익은 노동시장을 거쳐 나타나는 직업의 안정성, 직업에 대한 만족과 함께 노동시장을 거치지 않고 나타나는 건전한 여가생활, 자신과 가족의 건강, 배우자

단하기 때문에 비금전적 수익의 중요성 또한 간과해서는 안 된다는 것을 강조하였다. 이와 더불어 학교를 졸업한 이후에 발생하는 수익 즉, 좋은 작업조건이나 높은 직위와 같은 노동시장에서의 비금전적 수익에 대한 연구는 보상임금격차(Compensating differential) 이론과 함께 활발히 진행되었다(Rosen, 1986; Ward & Sloane, 2000; Scott, 2001).

이에 많은 연구자들은 교육의 수익을 열거함으로써 다양하고 잠재적인 교육수익이 존재한다는 것을 보여주었고, 특히 비금전적 수익의 중요성을 강조하였다(Bowen, 1977; 1985; Solmon, 1987; Solmon & Fagnano, 1995; Riddell, 2006). 더욱이 하브만과 올페(Haveman & Wolfe, 1984)는 교육수익의 특성을 투자적 · 소비적, 노동시장 · 비노동시장, 금전적 · 비금전적, 사적 · 사회적으로 분류하여 교육수익에 대한 선행연구의 결과를 체계적으로 정리하였고, 이후에도 계속 발전시켜 나갔다(Wolfe & Zuvekas, 1997; Wolfe & Haveman, 2001; Wolfe & Haveman, 2002). 이 밖에도 특히 비금전적 수익에 대한 다양한 연구들이 지속적으로 발표되었다(McMahon, 1987; 2001; 2006; Vila, 2000; Elias, 2003).

이러한 비금전적 수익에 대한 논의는 교육의 수익을 노동시장에서 발생하는 금전적 수익으로만 인식하던 기존의 개념에서 벗어나 그 개념을 비노동시장으로까지 확대하는 데 기여하였고, 많은 연구자들은 비노동시장에서 발생하는 비금전적 수익에 대해서 더욱 관심을 갖기

선택효율 등 매우 다양한 종류가 있다. 인적자본이론에서는 비금전적 수익 중에서 노동시장을 거치는 수익을 투자적 수익이라고 분류한다. 그 이유는 아담 스미스(Adam Smith)의 보상임금법칙에 따라 금전적 수익과 대체현상이 일어나기 때문이다. 예를 들어, 높은 임금을 보장하는 직업에는 직업의 안정성이나 직업에 대한 만족이 상대적으로 낮을 가능성이 있다. 한편 비금전적 수익으로 노동시장을 거치지 않는 수익을 소비적 수익이라고 부른다.

시작하였다(Michael, 1973; 1975; 1982; Leibowitz, 1974; Bowen, 1977). 특히 마이클(Michael, 1982)은 비노동시장의 일부인 가사노동에 대한 교육의 효과에 초점을 맞추어 여성교육의 수익을 실증적으로 분석하였다. 그 연구결과에 따르면 여성의 교육수준이 높을수록 효율적인 가정소비 전략을 활용하여 같은, 교육수준의 여성이 얻는 노동소득의 60%를 얻을 수 있으며, 여성 본인과 남성 배우자의 교육수준 간의 상관계수가 약 0.4로 나타남으로써 교육받은 사람일수록 경제력과 인품이 뛰어난 배우자를 고르려는 경향이 있음을 알 수 있었다(김세화, 2005).

한편, 고등교육의 비금전적 수익에 대한 연구는 대학교육을 통해 기대되는 수익을 분류한 보웬(Bowen, 1977; 1985)과 고등교육의 사적 비금전적 수익을 정리한 콘과 게스케(Cohn & Geske, 1992)에 의해 논의되었다. 특히 보웬(Bowen, 1985)은 대학교육의 효과를 80개 이상으로 분류하여 각 효과에 대한 구체적인 사례를 제시하면서 고등교육의 금전적 수익뿐만 아니라 비금전적 수익의 중요성을 강조했다. 또한 알스타드새터(Alstadsæter, 2004)는 고등교육의 소비적 가치를 실증적으로 분석하였으며, 이후에도 고등교육의 비금전적 수익에 대한 분석을 지속적으로 발전시켜 나가고 있다(Alstadsæter & Sievertsen, 2009; Alstadsæter, 2009b).

2) 교육수익의 종류

교육수익과 관련된 선행연구를 종합하여 교육수익의 종류를 정리하면 〈표 5-1〉과 같다.

〈표 5-1〉 교육수익의 종류

	수익의 종류	수익의 성격				선행연구 결과
		금전적/비금전적	노동시장/비노동시장	사적/사회적	투자적/소비적	
I	1.노동시장 생산성	금전적	노동시장	사적	투자적	-개인의 교육수준이 높을수록 노동시장에서의 생산성이 향상되며, 이는 임금상승으로 이어진다(Schultz, 1961; Mincer, 1962; Becker, 1964).
	2.높은 임금	금전적	노동시장	사적	투자적	
	3.직업선택의 재량권 확대	비금전적	노동시장	사적	투자적	-교육수준이 높을수록 직업선택의 폭이 넓다(Kezar et al., 2005).
	4.노동시장에서의 비금전적 보상	비금전적	노동시장	사적	투자적	-교육수준이 높을수록 노동시장에서 임금 외의 요인과 작업조건 등에 차이가 존재한다(Duncan, 1976; Lucas, 1977; Freeman, 1981; Smeeding, 1983).
	5.노동시장 탐색효율	비금전적	노동시장	사적	투자적	-직업을 선택할 때, 교육수준이 높을수록 그 비용이 감소하고 시간이 단축되기 때문에 효율적인 직업탐색을 할 수 있다(Metcalf, 1973; Greenwood, 1975; DaVanzo, 1983; Vila, 2000). -여성의 경우, 교육수준이 높을수록 이직율이 낮아진다(Royalty, 1998).
	6.근로시간 연장	비금전적	노동시장	사적	투자적	-교육수준이 높을수록 시간당 임금이 증가되어 근로시간을 늘리고자 한다(Mincer, 1962; Felmlee, 1982). -교육수준이 높을수록 전문직과 관리직에 종사할 가능성이 높아지는데, 이러한 직업은 근로시간이 길다(Bowen, 1985).
	7.직업에 대한 만족도	비금전적	노동시장	사적	투자적	-교육수준이 높을수록 자신이 원하는 직업을 선택할 가능성이 높아지기 때문에 자신의 직업에 대한 만족감도

	수익의 종류	수익의 성격				선행연구 결과
		금전적/ 비금전적	노동시장/ 비노동시장	사적/ 사회적	투자적/ 소비적	
I						높아진다(김영화 외, 1998; 전광수, 2003; 성문주, 2009; Bowen, 1985).
	8.고용 안정성	비금전적	노동시장	사적	투자적	-교육수준이 높을수록 비정규직보다는 정규직에 종사할 가능성이 높아지기 때문에 고용안정성은 증대된다(Mincer, 1962; Felmlee, 1982).
	9.저축 재테크	금전적	비노동시장	사적	소비적	-교육수준과 높은 저축률 간에 정적인 상관관계를 갖는다(Solmon, 1975).
	10.효율적인 가정관리	비금전적	비노동시장	사적	소비적	-여성의 교육수준이 높을수록 가정을 효율적으로 관리한다(Hettich, 1972; McMahon, 1987)
II	11.배우자 선택효율	비금전적	비노동시장	사적	소비적	-자신과 비슷한 교육수준을 가진 배우자를 만날 확률이 높다(박미해, 1991; 김경신 외, 1997; 이선정, 2000; 이은영, 2009; 장상수, 1999; Becker et al., 1977; Bowen, 1985; Weiss & Willis, 1997; Schwartz and Mare, 2005;)
	12.결혼 안정성	비금전적	비노동시장	사적	소비적	-교육수준과 결혼안정성은 정적인 상관관계를 갖는다(황기아 외, 1996; 이미숙, 1997; 이선정, 2000; 이영호 외, 2000; 조혜선, 2003; De Graaf & Kalmijn, 2006; Becker et al., 1977). -부인이나 남편 중에 어느 한쪽이 학교교육의 수준이 높다면, 결혼 안정성은 상승한다(Weiss & Willis, 1997; Heaton, 2002).
	13.이혼율 감소	비금전적	비노동시장	사적	소비적	-교육과 이혼율 간의 관계에 대한 견해는 많지만, 최근에는 교육 수준이 높은 집단에서 이혼 경향이 더 낮은 것으로 나타난다(Martin,

수익의 종류		수익의 성격				선행연구 결과
		금전적/ 비금전적	노동 시장/ 비노동 시장	사적/ 사회적	투자적/ 소비적	
II						2002; De Graaf & Kalmijn, 2006)
	14.합리적인 가족계획	비금전적	비노동 시장	사적	소비적	-여성의 경우, 교육수준이 높을수록 피임약을 사용할 가능성이 더 높고, 자녀계획 없이 자녀를 가질 확률이 낮다(Ryder & Westoff, 1971; Michael & Willis, 1976; Michael, 1982; Bowen, 1985; Rosenzweig & Schultz, 1989).
	15.배우자의 건강	비금전적	비노동 시장	사적	소비적	-여성의 경우, 교육수준이 높을수록 배우자의 건강 상태가 양호하며 수명이 길다(Auster et al., 1969; Grossman & Jacobowitz, 1981)
	16.자녀의 건강	비금전적	비노동 시장	사적	소비적	-부모의 교육수준과 자녀의 건강상태는 정적인 상관 관계를 갖는다(Wolfe & Behrman, 1982; King & Hill 1993; Kaestner & Corman, 1995; Angrist & Lavy, 1996; Lam & Duryea, 1999; Wolfe & Haveman, 2001).
	17.자녀의 교육수준과 인지능력의 발달	비금전적	비노동 시장	사적	소비적	-부모의 높은 교육수준은 자녀의 교육과 인지발달에 긍정적인 영향을 미친다 (한미정, 1994; 이희선, 1995; 이세용, 1998; 김암이 외, 1999; 심숙영, 2000; Lam and Duryea; 1999; Angrist and Lavy, 1996; Duncan, 1994; Haveman and Wolfe, 1994; Vila, 2000; Grossman, 2006).
	18.자녀의 수 (출산율)	비금전적	비노동 시장	사적	소비적	-어머니의 교육수준이 높을수록 출산율은 낮다 (South & Baumer 2000; Haveman et al., 2001).
	19.여가생활	비금전적	비노동 시장	사적	소비적	-교육수준이 높을수록 여가활동을 많이 한다(남은영

수익의 종류		수익의 성격				선행연구 결과
		금전적/비금전적	노동시장/비노동시장	사적/사회적	투자적/소비적	
II						외, 2008; Psacharopoulos, 1970; Behrman & Wolfe, 1984)
	20.문화생활	비금전적	비노동시장	사적	소비적	-교육수준이 높을수록 독서 및 공연이나 콘서트 등 문화생활을 더 많이 한다(Michael, 1975; Schultz, 1975; McMahon, 1987; Perna, 2005)
	21.본인의 건강	비금전적	비노동시장	사적	소비적	-교육수준이 높을수록 본인의 건강상태가 양호하다(손미아 외, 2001; 김혜련, 2005; 강은정 외, 2009; 우원규 외, 2009; Vila, 2000; Wolfe and Haveman, 2002; Sainio et al., 2006).
	22.기대수명	비금전적	비노동시장	사적	소비적	-교육수준이 높을수록 기대수명이 높아진다(Feldman et al., 1989; King & Hill, 1993; Arkes, 2001; Crimmins & Saito, 2001; McMahon, 2001).
	23.합리적인 소비 의사결정	비금전적	비노동시장	사적	소비적	-여성의 교육수준이 높을수록 효율적인 소비행동을 한다(황은애, 1999; 양세정 외, 2000; Michael, 1972; Benham & Benham, 1975; Pauly, 1980; Pascarella & Terenzini, 1991; Rizzo & Zeckhauser, 1992; Morton et al., 2001)
	24.새로운 환경에의 적응력	비금전적	비노동시장	사적	소비적	-교육수준이 높은 사람일수록 직장에서의 변화, 노동시장에서의 불안정, 가정에서의 새로운 기술에 쉽게 적응한다(Schultz, 1975).
	25.생활만족도 행복지수 향상	비금전적	비노동시장	사적	소비적	-교육수준이 높을수록 생활만족도와 전반적인 행복지수가 높아진다(김정화, 1999; 이수애, 1999; 이상문, 2008; Pascarella & Terenzini, 2005).

수익의 종류		수익의 성격				선행연구 결과
		금전적/비금전적	노동시장/비노동시장	사적/사회적	투자적/소비적	
II	26.폭넓은 관계(network) 형성	비금전적	비노동시장	사적	소비적	-교육을 받은 사람은 친구관계, 결혼, 넓은 시야 등을 통해서 지역적으로 더 나아가 세계적으로 폭넓은 네트워크를 형성할 수 있다(Nerdrum, 1999; Alstadsæter, 2009a).
	27.인지적 발달	비금전적	비노동시장	사적	소비적	-고등교육을 받을수록 창의력, 비판적 사고, 언어능력, 분석능력, 의사소통 기술, 팀워크 등이 향상된다(Pascarella & Terenzini, 2005; Humphreys, 2006).
	28.경제적 노후준비	비금전적	비노동시장	사적	소비적	-교육수준이 높을수록 경제적 노후준비에 긍정적인 영향을 미친다(홍성희 외, 2006; McPherson & Guppy, 1979; Beck, 1984; Foster, 1996).
III	29.경제성장에 기여	금전적	노동시장	사회적	투자적	-국민의 교육수준 향상은 국가 전체의 생산성 증대에 기여한다(Romer, 1986; Barro, 1992)
	30.기술변화	비금전적	노동시장	사회적	투자적	-국민의 교육수준은 기술의 연구·발전·보급 및 변화에 긍정적인 영향을 미친다(Bound & Johnson 1992; Foster & Rosenzweig, 1996; Autor, Katz, & Krueger 1998; Bartel & Sicherman, 1999; Allen 2001).
IV	31.사회봉사 참여	비금전적	비노동시장	사회적	소비적	-교육수준은 봉사활동에 긍정적인 영향을 미치는 매우 중요한 요인으로 꼽힌다(장묘욱, 1992; 이희자, 1999, 김현미, 2002; 김혜경, 2004; 김태홍 외, 2007; Smith, 1994; McPherson & Rotolo, 1996; Schanning, 1999).
	32.기부	비금전적	비노동시장	사회적	소비적	-개인의 교육수준과 기부액 간에는 정적인 상관관계를

수익의 종류		수익의 성격				선행연구 결과
		금전적/ 비금전적	노동 시장/ 비노동 시장	사적/ 사회적	투자적/ 소비적	
IV						갖는다(조소라, 1995; 강철희, 1998; 오혜진, 2002; 한지선, 2004; Feldstein & Clotfelter, 1976; Morgan, Dye, & Hybels, 1977; Gallup, 1979, 1981)
	33.시민의식	비금전적	비노동 시장	사회적	소비적	-교육은 시민활동과 시민의식수준에 긍정적인 영향을 미친다(Janowitz, 1983; Brady, Verba, and Schlozman, 1995; Callan, 1997; Dagger, 1997).
	34.사회참여	비금전적	비노동 시장	사회적	소비적	-국민의 교육수준은 투표참여에 긍정적인 영향을 미친다(Wolfinger & Rosenstone, 1980; Hauser, 2000)
	35.도덕 재무장	비금전적	비노동 시장	사회적	소비적	-교육은 국민의 사회의식 수준을 향상시킨다(John et al., 1983)
	36.범죄율 감소	비금전적	비노동 시장	사회적	소비적	-교육수준 향상은 범죄율 감소에 기여한다(Freeman, 1995; Lochner & Moretti, 2003).

〈표 5-1〉에서 제시된 36가지의 교육수익 중에서 대부분 수익은 4가지로 명확하게 분류될 수 있다. 즉, 대체적으로 노동시장의 수익은 금전적 수익과 투자적 수익에 속하며, 비노동시장의 수익은 비금전적 수익과 소비적 수익에 속한다. 그러나 일부 수익의 경우, 수익 간에 상호관련성이 있기 때문에 교육수익의 성격을 명확하게 구분하기는 쉽지 않다. 예를 들어서, '7. 직업'에 대한 만족도와 같은 수익은 비금

전적 수익으로 분류하고 있으나, 개인이 자신의 직업에 대한 만족도가 높아서 직장에서 열심히 일을 하여 승진을 하거나 높은 임금을 받게 된다면 이는 금전적 수익으로도 분류할 수 있다.

3) 고등교육의 비금전적 수익

교육수익 중에서 고등교육과 관련된 비금전적 수익만을 재구성하면 〈표 5-2〉와 같다. 〈표 5-2〉에서는 고등교육의 비금전적 수익을 노동시장 관련여부(노동시장과 비노동시장)와 수혜자 형태(사적 수익과 사회적 수익)에 따라 4개의 유형으로 분류하였다.

〈표 5-2〉 고등교육의 비금전적 수익 유형

<table>
<tr><th colspan="2" rowspan="2"></th><th colspan="3">노동시장 관련여부</th></tr>
<tr><th>노동시장</th><th colspan="2">비노동시장</th></tr>
<tr><td rowspan="2">수혜 형태</td><td>사적 수익</td><td>Ⅰ-3. 직업선택의 재량권 확대
Ⅰ-4. 노동시장에서의 비금전적 보상
Ⅰ-7. 직업에 대한 만족도
Ⅰ-8. 고용안정성</td><td>Ⅱ-11. 배우자 선택효율
Ⅱ-12. 결혼안정성
Ⅱ-15. 배우자의 건강
Ⅱ-16. 자녀의 건강
Ⅱ-17. 자녀의 교육수준과 인지능력의 발달
Ⅱ-19. 여가생활
Ⅱ-20. 문화생활</td><td>Ⅱ-21. 본인의 건강
Ⅱ-23. 합리적인 소비 의사결정
Ⅱ-25. 생활만족도 및 행복지수 향상
Ⅱ-26. 폭넓은 관계 형성
Ⅱ-27. 인지적 발달
Ⅱ-28. 경제적 노후준비</td></tr>
<tr><td>사회적 수익</td><td>Ⅲ-30. 기술변화</td><td colspan="2">Ⅳ-31. 사회봉사참여
Ⅳ-32. 기부
Ⅳ-33. 시민의식
Ⅳ-34. 사회참여
Ⅳ-36. 범죄율 감소</td></tr>
</table>

출처: 배종근(1992); Kezar et al.(2005); 반상진(2008)에 근거하여 재구성하였음.

가. 유형 Ⅰ: 고등교육의 비금전적 · 노동시장 · 사적 수익

〈표 5-2〉에서 유형 Ⅰ은 노동시장에서 발생하는 고등교육의 사적 비금전적 수익이다. 표에 제시된 4개의 수익을 구체적으로 살펴보면 다음과 같다. 고등교육을 받은 개인은 생산성 향상과 더불어 직업을 선택할 수 있는 폭이 넓어진다(Ⅰ-3). 이에 따라 전문직이나 관리직에 종사할 수 있는 기회가 확대되어 안정된 작업환경에서 일을 할 수 있고, 다른 직종에 비해 고용의 안정성이 상대적으로 높으며, 은퇴시기도 상대적으로 늦다(Ⅰ-4, Ⅰ-8). 결과적으로 고등교육을 받은 사람은 자신이 원하는 직업에 종사함으로써 자기가 맡은 일에 대한 높은 성취감과 만족감을 얻게 된다(Ⅰ-7).

나. 유형 Ⅱ: 고등교육의 비금전적 · 비노동시장 · 사적 수익

〈표 5-2〉에서 유형 Ⅱ는 비노동시장에서 발생하는 고등교육의 사적 비금전적 수익이다. 표에 제시된 13개의 수익을 구체적으로 살펴보면 다음과 같다. .

첫째, 고등교육을 받은 개인은 자신과 비슷한 교육수준을 가진 배우자를 선택하는 효율성이 증대된다(Ⅱ-11). 즉, 개인의 교육수준으로 인해 자신과 비슷한 교육수준을 가진 배우자를 만나게 되며, 이러한 학력 동질혼은 계속적으로 증가하는 추세이다(Schwartz and Mare, 2005). 특히 우리나라에서는 고학력 남성보다는 고학력 여성의 경우, 배우자를 선택할 때 사회 · 경제적 지위, 안정된 직업, 높은 수입, 높은 교육수준 등을 더 선호하는 것으로 나타났다(박미해, 1991; 김경신 외, 1997; 이선정, 2000; 이은영, 2009).

둘째, 고등교육을 받은 사람은 결혼생활이 상대적으로 더 행복하고 안정적이다(II-12). 즉, 가구주의 교육수준이 대학 이상이거나 남편이나 부인의 교육수준이 대학 이상일 경우에 결혼안정성이 강화되는 것으로 나타났다(김세현 · 이성희, 1989; Lee, 2005; Chang & Lee, 2006). 많은 연구에서는 부부의 교육, 소득, 직위가 높을수록 부부 간의 의사소통이 원활하기 때문에, 높은 교육수준은 결혼만족도나 결혼안정성에 긍정적인 영향을 미친다는 결론을 내리고 있다(황기아 · 홍보선, 1996; 이미숙, 1997; 조혜선, 2003).

셋째, 고등교육을 받은 사람일수록 자신과 가족의 건강관리를 위해 노력한다(II-15, 16, 21). 많은 선행연구에서는 교육수준과 건강 및 기대수명 간의 정적인 관계를 분석하였다. 즉, 고등교육을 받을수록 본인의 건강에 긍정적인 영향을 미치며, 기대수명이 높아지는 것으로 나타났다(Grossman & Kaestner, 1997; Vila, 2000; Crimmins & Saito, 2001; Wolfe & Haveman, 2002; McMahon, 2006; Sainio et al., 2006). 이는 고등교육을 받은 사람은 노동시장에서의 가치가 높이 평가되기 때문에 본인의 건강관리에 더욱 힘쓰기 때문이다. 또한 고등교육을 받은 여성일수록 배우자와 자녀의 건강상태가 양호한 것으로 나타났다(Auster et al., 1969; Grossman & Jacobowitz, 1981).

넷째, 고등교육을 받은 사람일수록 자녀교육에 더욱 많은 관심을 갖으며, 부모의 교육수준은 자녀의 교육과 인지발달에 긍정적인 영향을 미친다(II-17). 예를 들어서, 교육수준이 높은 부모는 TV 시청 제한이나 자녀의 숙제 검사 등을 통해서 자녀가 지적인 성장을 할 수 있는 교육환경을 만들어 주는 경향이 있다(Benson, 1982). 이러한 가정의 교육환경과 기대심리는 자녀의 학업성취에도 긍정적인 영향을 미쳐 교육의 세대 간 효과가 발생한다.

다섯째, 고등교육을 받은 사람일수록 여가시간을 유익하게 활용한다(II-19, 20). 즉, 고등교육을 받은 사람은 여가시간에 TV 프로그램을 즐겨보기보다는 공연이나 음악회, 박물관 등 문화·예술활동이나 독서를 즐기고, 평생교육 프로그램에 참여함으로써 삶의 질을 향상시킨다. 이는 고등교육이 개인의 취향을 변화시키면서, 가치 있는 소비활동도 즐길 수 있는 환경을 만들어 주기 때문이다(Bowen, 1985; Haveman & Wolfe, 2001).

여섯째, 고등교육을 받은 사람은 그렇지 않은 사람에 비해 좀 더 합리적인 소비행동을 한다(II-23). 즉, 교육수준이 높은 사람일수록 보다 신속하게 정보를 획득하여 현명한 소비생활을 한다. 또한 교육을 많이 받은 사람은 식비나 기호식품과 같은 지출은 줄이는 반면, 문화비나 교육비와 같은 지출은 늘리는 경향이 있다(Hettich, 1972).

일곱째, 고등교육은 폭넓은 대인관계(network) 형성을 제공한다(II-26). 개인은 대학을 다니는 동안 학과나 동아리에서 만난 동료들과의 관계망을 형성하면서 자신과 비슷한 교육수준을 가진 사람들과 공적으로나 사적으로 친밀한 인간관계를 유지하게 된다. 더 나아가 이러한 인적 네트워크는 졸업 후에도 다방면에서 고등교육을 받은 사람들에게 긍정적으로 작용한다(Nerdrum, 1999).

다. 유형 III: 고등교육의 비금전적·노동시장·사회적 수익

〈표 5-2〉에서 유형 III는 노동시장에서 발생하는 고등교육의 사회적 비금전적 수익이다. 표에 제시된 수익을 구체적으로 살펴보면 다음과 같다.

고등교육은 국가의 기술진보에 기여한다(III-30). 즉, 고등교육의 경우 빠르게 변화하는 최첨단 산업기술을 연구·개발하여 사회 전체의 기술진보에 기여하고 기업들에게 기술을 파급함으로써 사회적 측면에서 볼 때 긍정적 외부효과를 발생시킨다.

라. 유형 Ⅳ: 고등교육의 비금전적·비노동시장·사회적 수익

〈표 5-2〉에서 유형 Ⅳ는 비노동시장에서 발생하는 고등교육의 사회적 비금전적 수익이다. 표에 제시된 5개의 수익을 구체적으로 살펴보면 다음과 같다.

첫째, 고등교육을 받을수록 사회봉사와 기부에 할애하는 시간과 금액이 증가한다(Ⅳ-31, 32). 이는 고등교육이 시민행동에 대한 의식수준을 높여 봉사활동과 기부에 참여할 수 있는 동기를 고무시켜줄 뿐만 아니라, 고등교육을 받은 사람이 사회경제적 지위가 향상됨에 따라, 봉사활동을 하거나 기부금을 내기에 유리한 위치에 있기 때문이다(Smith, 1994; Rosenthal et al., 1998; Brady et al., 1999; Wilson, 2000). 이러한 수익은 지역사회에 긍정적인 영향을 미쳐 사회적 자원이 된다는 점에서 사회적 수익으로 분류될 수도 있지만, 봉사활동과 기부를 통해서 개인이 만족감과 즐거움을 얻는다면 사적 수익으로도 분류될 수 있다(Haveman & Wolfe, 1984).

둘째, 고등교육은 시민의식과 사회참여를 강화시킨다(Ⅳ-33, 34). 많은 선행연구에 따르면 교육이 시민활동과 시민의식수준에 긍정적인 영향을 미치며, 교육수준이 높은 사람일수록 투표에 더 적극적으로 참여하였다(Wolfinger & Rosenstone, 1980; Janowitz, 1983; Brady et al., 1995; Callan, 1997; Dagger, 1997; Hauser, 2000).

셋째, 사회 구성원의 교육수준이 전반적으로 향상되면 범죄율이 감소한다(IV-36). 즉, 개인은 교육을 통해서 도덕심과 양심 등 윤리적인 가치를 배움으로써 범죄를 저지를 확률이 낮아진다. 그러나 만약 사회 구성원의 교육수준이 높아지고 있는데 범죄율이 증가하고 있다면 그것은 교육 이외의 다른 요인, 예를 들어 빈부의 격차, 가정의 파괴, 퇴폐문화 등과 같은 요인 때문에 발생한 것이다(백일우, 2007).

4) 고학력 여성의 비금전적 수익

〈표 5-3〉은 앞 절에서 논의했던 교육수익 중에서 고학력 여성과 관련이 깊은 비금전적 수익을 선행연구에 근거하여 개인영역과 가정영역으로 나누어 분류한 것이다. 일반적으로 고등교육의 수익은 남성과 여성 모두에게 발생하기 때문에 성별로 명확하게 구분하지 않는다. 그러나 본 연구에서는 고학력 여성의 사적 비금전적 수익을 분석하고자 하였기 때문에 고등교육을 받은 여성에게 긍정적으로 나타날 수 있는 수익을 선행연구에 근거하여 선정하였다.

앞서 설명한 바와 같이 교육의 비금전적 수익은 노동시장과의 관련여부에 따라 노동시장과 비노동시장으로 구분되고, 수혜자에 따라 사적 수익과 사회적 수익으로 분류된다. 이 중에서 고학력 여성의 비

〈표 5-3〉 고학력 여성의 비금전적 수익 유형

	비노동시장	
	개인영역	가정영역
사적 수익	Ⅱ-19. 여가생활 Ⅱ-20. 문화생활 Ⅱ-21. 본인의 건강 Ⅱ-25. 생활만족도 및 행복지수 향상 Ⅱ-28. 경제적 노후준비	Ⅱ-11. 배우자 선택효율 Ⅱ-12. 결혼안정성 Ⅱ-15. 배우자의 건강 Ⅱ-16. 자녀의 건강 Ⅱ-17. 자녀의 교육과 인지능력의 발달 Ⅱ-23. 합리적인 소비 의사결정

금전적 수익은 〈표 5-2〉에서 제시한 유형 II 즉, 비노동시장에서 발생하는 사적수익과 관련이 깊다. 특히 우리나라의 경우, 고학력 여성들의 경제활동참여율이 꾸준하게 증가하고 있지만 여전히 낮은 수준에 머무르고 있는 실정이기 때문에 고학력 여성의 비금전적 수익은 노동시장보다는 주로 비노동시장에서 발생한다고 할 수 있다. 또한 노동시장에서 발생한 비금전적 수익은 결국 높은 임금과 밀접한 관련이 있기 때문에 순수한 비금전적 수익이라고 볼 수 없다. 따라서 본 연구에서는 고학력 여성의 비금전적 수익을 비노동시장의 수익에서 선정하였다.

이러한 고학력 여성의 비금전적 수익을 보다 세분화하기 위해서 비노동시장 수익을 개인영역과 가정영역으로 나누었다. 즉, 가정영역의 교육수익은 가족구성원들과 여성 모두에게 발생하는 수익이며, 개인영역의 교육수익은 여성 본인에게만 발생하는 수익이다. 이러한 분류를 통한 비금전적 수익 분석은 여성의 고등교육이 가정에 긍정적인 영향을 미침으로써 가정에 발생하는 수익에서 중요한 역할을 담당한다는 것을 알 수 있게 해준다. 나아가 여성이 고등교육을 받음으로써 가족구성원에게 돌아가는 수익에서 벗어나 고학력 여성 개인에게 직접적으로 발생하는 수익을 확인할 수 있고, 이를 통하여 고학력 여성의 자아실현 및 자기계발의 중요성을 확인할 수 있다는 측면에서 의미를 갖는다.

가. 개인영역

다음은 고학력 여성의 사적 비금전적 수익 중에서 여성 개인에게 발생하는 수익과 관련된 선행연구의 결과를 정리한 내용이다.

첫째, 유형 II에서 설명한 바와 같이 고등교육을 받은 사람일수록 자기계발이나 문화생활 등으로 여가시간을 보낼 가능성이 높아진다. 더욱이 우리나라 여성의 경우, 남성보다 노동시장에 진입해 있는 시간이 짧기 때문에 여가시간이 상대적으로 많다. 따라서 여가시간은 여성들의 삶에서 큰 비중을 차지한다고 볼 수 있기 때문에 교육수준에 따른 여성들의 여가시간 활용을 분석하는 것은 의미 있는 작업이 될 것이다.

둘째, 고등교육을 받은 여성은 평균적으로 수명이 더 길고, 더 건강한 삶을 즐기면서 산다. 이러한 이유에 대하여 많은 연구자들은 건강한 생활습관을 가지고 있기 때문이라고 보았다. 즉, 고등교육을 받은 여성들은 그렇지 않은 여성에 비해 흡연을 할 가능성이 낮고 운동을 더 많이 하며 건강한 식습관을 유지한다. 또한 교육수준이 높을수록 알코올 중독에 걸릴 가능성이 낮고, 콜레스테롤 수치가 낮으며, 고섬유질을 섭취한다(Pascarella & Terenzini, 2005). 이처럼 건강한 생활습관에 따라 교육을 많이 받은 여성들은 과체중이거나 비만일 확률이 낮은 것으로 나타났다(Sainio et al., 2006; American Human Development Project, 2009). 이는 OECD에서 발표한 비만보고서에서 나타난 결과와 일맥상통한다. 이 보고서에 따르면, 한국 여성의 경우 교육 수준에 따라 비만의 불평등이 존재한다고 발표했다. 즉, 교육수준이 낮은 여성은 높은 여성보다 과체중일 확률이 5배 높았지만, 이러한 차이는 남성들에게 발견되지 않는 것으로 나타났다. 이에 대해서 전문가들은 교육수준이 낮은 여성일수록 몸매관리를 하지 못하고 있다는 것은 교육과 삶의 질의 상관관계를 보여주는 것일 수 있기 때문이라고 보았다.

셋째, 교육수준은 삶의 질과 정적인 상관관계에 있다. 즉, 교육수준이 높을수록 생활만족도나 전반적인 행복지수는 향상된다는 것이다(Pascarella & Terenzini, 2005; Frey & Stutzer, 2000; 2002). 특히 고등교육을 받은 여성들은 스트레스 상황에 쉽게 대처하고, 어려움에서 빠르게 회복할 수 있는 능력을 가지고 있기 때문에 생활만족도나 행복지수는 상대적으로 높다(Madsen et al., 2010). 이러한 맥락에서 한 연구에서는 지역 사회 내 교육을 받은 개인이 많아질수록 우울증과 자살이 발생할 확률이 줄어드는 것으로 나타났다(Thomson Healthcare, 2007).

넷째, 고학력 여성일수록 경제적 노후준비를 통해 노후생활을 대비한다. 노후경제대책을 장기적으로 수립하기 위해서는 각종 금융상품의 장단점 및 정보에 대한 지식, 가계재정 상태에 대한 정확한 평가, 합리적인 의사결정 등이 요구되는데 이는 교육수준과 정적인 상관관계가 있기 때문에 여성의 교육수준은 주관적 노후준비 행동에 긍정적인 영향을 미친다고 할 수 있다(김성숙・박은아, 1992; 박혜성, 2000 재인용). 이는 교육수준이 노후생활준비의식 및 행동에 긍정적인 영향을 미친다는 많은 선행연구의 결과와도 일맥상통하는 것으로 나타났다(박혜성, 2000; 홍성희・곽인숙, 2006; 박창제, 2008).

나. 가정영역

다음은 고학력 여성의 사적 비금전적 수익 중에서 가정영역에서 발생하는 수익과 관련된 선행연구의 결과를 정리한 내용이다.

첫째, 고학력 여성일수록 자신과 비슷한 교육수준을 가진 배우자를 만날 확률이 높아진다. 유형 II에서 설명한 바와 같이, 특히 우리나라에서는 고학력 남성보다는 고학력 여성의 경우, 배우자를 선택할 때, 배우자의 사회・경제적 지위, 안정된 직업, 높은 수입, 높은 교육수준 등을 더 선호하는 것으로 나타났다(박미해, 1991; 김경신 외, 1997; 이선정, 2000; 이은영, 2009). 이러한 이유는 첫째, 고등교육을 받은 여성일수록 결혼시장에서 다양한 조건을 가진 배우자 후보들의 정보를 좀 더 효과적으로 탐색·수집하여 이를 바탕으로 합리적인 의사결정을 하기 때문이다(Becker et al., 1977; 김세화, 2005). 둘째, 한국 여성에게 배우자의 교육수준은 사회경제적 지위를 결정하는 중요한 요인으로 인식되고 있기 때문이다(정민자, 1987). 이러한 인식에 따라서 남성은 자신과 동등하거나 낮은 교육수준의 배우자를 선택하고, 여성은 자신과 동등하거나 높은 교육수준의 배우자를 선호하는 성향으로 나타난다(김경신 외, 1997).

둘째, 고등교육을 받은 여성일수록 안정적인 결혼생활을 유지할 가능성이 높아진다. 특히 고학력 남성보다는 고학력 여성의 경우, 교육수준이 결혼안정성에 더 많은 영향을 미치고 있었다(황기아·홍보선, 1996; 이미숙, 1997; 조혜선, 2003). 이러한 이유는 많은 선행연구에서는 의사소통을 중요하게 생각하는 여성들의 특성 때문인 것으로 나타났다. 즉, 개인은 고등교육을 통해 합리적이고 이성적인 의사소통 기술을 습득하게 되는데, 고등교육을 받은 여성의 경우 비슷한 교육수준을 가진 남편을 만날 가능성이 높아진다. 따라서 고등교육을 받은 남편은 부인과의 원활한 의사소통을 하게 되고, 부인은 남편과의 긍정적인 상호작용을 통해 결혼생활을 영위하는 데 만족감과 안정성을 얻게 된다.

셋째, 고등교육을 받은 여성일수록 가족구성원들의 건강상태가 양호한 것으로 나타났다(Auster et al., 1969; Grossman & Jacobowitz, 1981). 즉, 교육을 많이 받은 여성들은 질병예방 서비스나 보건의료 서비스 등 의료정보에 관심을 가지고 정보를 확보하며, 그에 따라 가족구성원들의 건강을 위해 더 나은 의료서비스를 선택할 확률이 높아진다(Feldstein, 1979; Adler et al.. 1993; Vila, 2000; Barbara Wolfe & Robert Haveman, 2002). 또한 고학력 여성일수록 음주나 흡연 등의 행위를 적게 하기 때문에 건강한 자녀를 출산할 가능성이 커지고, 자녀가 태어난 후에도 건강한 생활습관을 형성하는 데 주의를 기울인다(Meara, 2001; Madsen et al., 2010).

넷째, 여성의 고등교육은 자녀의 양육에도 긍정적인 영향을 미치고, 그 요인은 다양하게 나타난다(Madsen et al., 2010). 교육을 받은 여성은 초등학교에 다니는 자녀에게 일찍부터 학문적으로 더 많은 준비를 시키고, 과외활동에 적극적으로 참여하게 한다(Baum & Ma, 2007). 또한 대학을 다닌 여성들은 그들의 자녀에게 책을 읽어주는 데 더 많은 시간을 할애하고, 이는 자녀가 학업성취를 향상시키는 데 훌륭한 기초가 된다(Denton et al., 2003). 또한, 취업을 원하는 경우, 고등교육을 받은 여성은 좀 더 자율적이고 융통성 있게 직업을 선택할 수 있다. 이에 따라 고학력 여성들은 가족구성원들을 고려하여 취업을 하게 되고, 결과적으로 일을 하면서도 교육을 적게 받은 여성에 비해 자녀와 함께 보낼 수 있는 시간이 더 많아져 아이들의 정서 안정에 도움이 된다. 특히, 자녀가 고등교육에 진학하는 데 어머니의 교육수준은 긍정적인 영향을 미친다. 한 연구에서는 학업성취가 높은 고등학생의 39%는 그들의 삶에 어머니의 영향이 매우 크다고 응답했고, 그들의 교육목표와 직업목표에 대해서 어머니의 열정뿐만 아니라, 어머니의 교육수준이 자녀에게 미치는 영향력과 기대에 기초가 된다는 것을 발견하였다(Perry, 1999). 또한 다른 연구자들은 자녀의 학업성취에 대한 어머니의 기대가 자녀의 실제 학업성취와 관련이 된다는 것을 보여주었다(Flouri & Hawkes, 2008). 대학교육을 받은 부모의 자녀들은 더 높은 학위에 대한 열정, 낮은 자기 회의, 대학 등록과 생활에 대한 풍부한 지식으로 고등교육 기관에 들어간다.

다섯째, 고등교육을 받은 여성은 합리적인 소비 의사결정을 한다. 즉, 고등교육을 받은 여성일수록 소비를 보다 합리적이고 효율적으로 하고, 이는 마치 실질소득이 더 높아진 것과 같은 효과를 얻게 된다(McMahon, 1987). 예를 들면 가정 내에서 음식, 의상, 담배, 술 등에 대한 소비지출을 줄이고 문화 활동, 가족의 건강, 자녀 교육에 지출을 늘리는 것이다(백일우, 2007). 이러한 가정 내의 합리적인 소비행동은 가정의 간접소득 증대에 긍정적인 영향을 줄 뿐만 아니라 가족 구성원의 삶의 질 향상에 기여한다(Michael, 1972; Schultz, 1975).

2절. 노동패널 분석결과

1) 분석변수의 선정

가. 개인의 건강에 미치는 영향요인

〈표 5-4〉는 개인의 건강상태 및 건강관련 행위에 관련된 선행연구의 분석결과를 정리한 표이다. 선행연구에서 개인의 건강상태 및 건강관련 행위에 미치는 영향요인으로 분석에 사용된 독립변수는 직업유무, 연령, 교육수준, 가구총소득, 규칙적 운동여부, 직업, 거주지역, 가족 수, 결혼상태, 전반적 직무만족도 등이 있다.

〈표 5-4〉 개인의 건강에 미치는 영향요인에 관련된 선행연구

관련연구	종속변수	독립변수
손미아 외 (2001)	주관적 불건강상태[3]	직업(−), 교육수준(−), 소득(−), 흡연(+), 운동여부(+), 규칙적 식사(·), BMI 지수(+)
김세화 (2005)	건강검진 여부	연령(+), 교육수준(+), 전문직(+), 사무직(+), 단순노무직(·), 건강상태(+), 지병 있음(+), 가구총소득(+), 비수도권(+), 가족 수(−)
	정기적 운동여부	연령(+), 교육수준(+), 전문직(·), 사무직(−), 단순노무직(−), 건강상태(·), 지병유무(·), 가구월총소득(+), 거주지역(·), 가족 수(−)
김혜련 (2005)	주관적 건강수준	교육수준(−), 직업계층(−), 소득수준(−), 흡연(+), 음주(+), 과체중(+), 운동실천(−), 아침식사 결식(−), 수면 부적절(+)
김진영 (2007)	주관적 건강인식	여성(+), 연령(+), 교육수준(−), 월소득(−), 주관적 생활수준(−), 흡연(·), 음주(·), 규칙적 운동여부(−), 지난 2년간 건강검진 여부(·), 스트레스 인지도(+), 피로 인지도(+), 우울증 인지도(−)
최선희 외 (2007)	건강상태	소득(·), 혼인상태(·), 남성(−), 학력(·), 전반적 생활만족도(+), 전반적 직무만족도(+), 급여출처(−), 종사상지위 변화(−), 주관적 고용불안정(−)

주. (+)는 정적 상관관계, (−)는 부적 상관관계, (·)는 유의미하지 않음.

나. 생활만족도에 미치는 영향요인

〈표 5-5〉는 개인의 건강상태 및 건강관련 행위에 관련된 선행연구의 분석결과를 정리한 표이다. 선행연구에서 개인의 건강상태 및 건강관련 행위에 미치는 영향요인으로 분석에 사용된 독립변수는 연령, 교육수준, 배우자 유무, 건강상태, 여가활동, 직업유무, 결혼여부, 경제수준, 거주지역, 로그가구소득 등이 있다.

3) 주관적 불건강 상태는 자신을 건강하지 않거나 매우 건강하지 않다고 대답한 경우의 건강상태라고 정의했다(손미아 외, 2001).

〈표 5-5〉 생활만족도에 미치는 영향요인

관련연구	종속변수	독립변수
김미라 (2000)	생활 만족도	성별(·), 연령(−), 종교유무(·), 학력수준(·), 직업유무(·), 건강수준 높음(+), 생활수준 높음(+), 배우자 있음(+), 자녀유무(·), 자녀동거유무(·)
고승덕 (1995)	생활 만족도	남성(+), 연령(−), 교육정도(+), 배우자 있음(+), 가족형태(+), 만성질환 없음(+), 스트레스 없음(+), 가족지지(+), 정기적인 건강검진(−), 건강상태(+), 수입(+), 여가활동(+), 직업 있음(+), 건강진단 받음(+), 의사결정권 있음(+), 사회활동 함(+)
구현진 (2008)	생활 만족도	남성(+), 연령(+), 기혼(+), 경제수준(+), 교육정도(+), 종교 있음(+), 대도시(+), 직업 없음(+), 건강수준(+), 스트레스 수준(−), 스트레스해소 수준(−), 건강생활행동(−), 우울도 수준(−)
남은영 외 (2008)	전체 삶의 만족도	여성(·), 대도시(·), 연령(·), 교육(·), 로그가구소득(·), 동거가족수(·), 관리전문직(·), 사무/준전문직(·), 판매서비스직(·), 생산/기능/노무직(·), 주부(·), 학생(·), 여가활동지수(+)

주. (+)는 정적 상관관계, (−)는 부적 상관관계, (·)는 유의미하지 않음.

다. 합리적인 소비 의사결정에 미치는 영향요인

〈표 5-6〉은 합리적인 소비 의사결정에 관련된 선행연구의 분석결과를 정리한 표이다. 선행연구에서 합리적인 소비 의사결정에 미치는 영향요인으로 분석에 사용된 독립변수는 부인 연령, 부인 학력, 남편 직업, 거주지역, 가족원 수, 주택소유형태, 가계소득 등이 있다.

2) 분석방법

회귀분석은 종속변수와 설명변수 간의 관계를 규명하거나 종속변수의 값을 예측함으로써 현실사회를 설명하고자 할 때 널리 사용되는 통계적 기법이다. 일반적으로 사용하는 선형회귀분석은 종속변수가

〈표 5-6〉 합리적인 소비 의사결정에 미치는 영향요인

관련연구	종속변수	독립변수
황은애 (1999)	식료품비	부인 연령(·), 부인 학력(·), 부인 취업(·), 남편 직업(·), 거주지역_특별시(+), 도청소재지(·), 가족원 수(·), 가족형태(·), 가족생활주기(·), 주택형태_아파트(+), 주택소유형태(·), 월평균소득(+), 부채(·), 월평균저축액(·), 총가계자산(+)
	교육·문화비	부인 연령(·), 부인 학력(+), 부인 취업(·), 남편 직업(·), 거주지역_특별시(+), 도청소재지_특별시(+), 가족원 수_특별시(+), 가족형태_확대가족(+), 가족생활주기(·), 주택형태_아파트(+), 주택소유형태(·), 월평균소득(+), 부채(·), 월평균저축액(·), 총가계자산(+)
양세정 외 (2000)	식료품비	남편-부인의 교육수준_대학원졸-고졸(+), 가계소득(+), 가구원 수(+), 남편연령_60대 이상(+), 남편 직업(·), 주거형태_자가(+), 거주지역_서울시(+), 주택자금상환여부(·), 맞벌이(+), 남성가구주(+), 미취학자녀존재(·), 중고생자녀존재(+)
	교육비	남편-부인의 교육수준_대학원졸-대졸 이상(+), 가계소득(+), 가구원 수(+), 남편연령_40대(+), 남편 직업_전문직(+), 주거형태_자가(+), 거주지역_서울시(+), 주택자금상환(+), 맞벌이여부(·), 남성가구주(·), 미취학자녀존재(+), 중고생자녀존재(+)
	문화비	남편-부인의 교육수준_대학원졸-대졸 이상(+), 가계소득(+), 가구원 수(·), 남편연령_20대(+), 남편 직업(·), 주거형태(·), 거주지역(·), 주택자금상환(·), 맞벌이여부(·), 남성가구주(·), 미취학자녀존재(·), 중고생자녀존재(+)

주. (+)는 정적 상관관계, (−)는 부적 상관관계, (·)는 유의미하지 않음.

연속적인 형태[4]이어야 하고, 종속변수와 설명변수가 선형의 관계를 유지해야 하며, 오차항의 동분산성에 대한 가정이 만족되어야 한다. 그러나 종속변수가 이항형[5] 또는 순서형[6]인데, 선형회귀모형의 일반최소자승법(OLS)을 사용할 경우 실제 설명변수의 영향이 과소평가되

4) 예를 들면 가구의 월평균 소득을 들 수 있다.
5) 예를 들면 정기 건강검진 여부(1=정기 건강검진을 받음, 0=정기 건강검진을 받지 않음)를 들 수 있다.
6) 예를 들면 주관적인 건강상태(1=매우 건강하지 않음, 2=건강하지 않음, 3=보통임, 4=건강함, 5=매우 건강함)를 들 수 있다.

는 오류와 함께 추정식의 잔차인 오차항의 이분산성 문제가 발생하는 등 부적절한 결과를 도출하게 된다. 따라서 종속변수가 이항형 또는 순서형과 같이 특정 선택 범주에 있는 경우에는 선형회귀모형으로 사회현상을 분석하는 데 한계가 있다.

이러한 이유로 종속변수가 이항형이거나 순서형인 경우에는 로짓모형(Logit Model)을 사용하여 분석해야 한다. 즉, 종속변수가 이항형일 경우에는 이항로짓모형(Binary Logit Model)을, 종속변수가 순서형일 경우에는 순서로짓모형(Ordered Logit Model)을 적용해야 한다. 이에 따라 본 연구에서는 종속변수가 연속형인 합리적인 소비 의사결정

〈표 5-7〉 **분석모형의 비교**

구분	선형회귀모형 (Linear Regression Model)	이항로짓모형 (Binary Logit Model)	순서로짓모형 (Ordered Logit Model)
의미	-종속변수와 설명변수의 관계를 규명함으로써 현실사회를 설명할 수 있는 수학적 구조식을 도출하는 통계적 기법	-가장 단순한 형태의 선택확률모형 -사회과학 분야에서 다양하게 적용 가능	-척도로 조사된 응답을 회귀식으로 처리할 수 있다는 점에서 전통적 회귀식에서 보다 발전된 형태의 모형
종속변수의 형태	-연속형	-이항형(1, 0)	-순서형
특징	-종속변수의 범위를 벗어나는 예측 값이 발생 -종속변수에 대한 확률분포가 선형 회귀모형에서 가정되는 확률분포와 다름	-종속변수가 이항형일 경우 선형회귀모형의 단점을 극복하기 위해 확률에 대한 로짓변환을 고려한 분석이 가능	-종속변수가 순서화된 다항의 선택을 다룰 수 있음
계수 추정기법	-일반최소자승법(Ordinary Least Square Method)	-최우추정법(Maximum Likelihood Method)	
본 연구에서 적용한 종속변수	-합리적인 소비 의사결정(식비 · 교육비 · 문화비 · 기부금 비율)	-정기 건강검진여부 -경제적 노후준비여부	-주관적인 건강상태 -전반적인 생활만족도 -자기계발 및 학습활동 -취미 및 레저 활동 -결혼생활 행복정도

주. 이성우 외(2005)와 김호정(2007)을 재구성함.

(식비 · 교육비 · 문화비 · 기부금 비율)은 선형회귀모형을, 이항형인 정기 건강검진 여부와 경제적 노후준비 여부는 이항로짓모형을, 순서형인 주관적인 건강상태, 전반적인 생활만족도, 자기계발 및 학습활동, 취미 및 레저활동, 결혼생활 행복정도는 순서로짓모형을 사용하여 분석하였다.

〈표 5-7〉은 사회과학 연구에서 많이 사용되는 선형회귀모형, 이항로짓모형, 순서로짓모형을 간단하게 비교분석한 내용이다.

3) 여성고등교육과 여성 개인영역의 비금전적 수익[7)]

가. 건강검진여부 분석결과

〈표 5-8〉은 정기 건강검진여부를 종속변수로 하는 모형에 대해서 이항로짓 분석을 실시한 결과이다. 모형 1-모형 3의 적합성은 우도비(Likelihood Ratio, LR)의 결과에서처럼 카이스퀘어(Chi-Square)의 값이 모두 통계적으로 유의미한 것으로 나타나 3개의 모형이 모두 적합한 것을 알 수 있다. 또한 우도비는 값이 작을수록 종속변수를 예측하는 신뢰성이 높아지기 때문에 작은 값에 대한 선호도가 높다. 따라서 3개의 모형이 모두 적합하지만, 모형 3이 종속변수를 예측하는 신뢰성이 다른 모형에 비해서 상대적으로 더 높은 모형이라고 할 수 있다.

이에 모형 1-모형 3을 보다 자세하게 살펴보면 여성의 만 나이 변수는 종속변수에 정적인 영향을 주는 변수임을 알 수 있다. 즉, 다른

---

7) 여성 개인영역의 비금전적 수익과 관련하여 계량적으로 분석한 결과는 정한나 석사학위논문 '우리나라 고학력 여성의 사적 비금전적 수익 분석(연세대학교, 2010)'의 추정결과를 재구성하였음.

〈표 5-8〉 정기 건강검진여부 이항로짓 모형 추정결과(KLIPS)

구분	전체 여성			기혼여성					
	1			2			3		
	원회귀 계수	odds ratio	odds ratio -1	원회귀 계수	odds ratio	odds ratio -1	원회귀 계수	odds ratio	odds ratio -1
연령	0.0455*** (0.0071)	1.047	0.047	0.0428*** (0.0076)	1.044	0.044	0.0392*** (0.0094)	1.040	0.040
고졸	0.4625*** (0.1637)	1.588	0.588	0.4064** (0.1662)	1.501	0.501	0.3288* (0.1972)	1.389	0.389
전문대졸	0.7454*** (0.2420)	2.107	1.107	0.5071* (0.2685)	1.660	0.660	0.3622 (0.3026)	1.437	—
대학교졸	1.3112*** (0.2013)	3.711	2.711	1.1846*** (0.2141)	3.269	2.269	0.9515*** (0.2646)	2.590	1.590
대학원졸	1.6672*** (0.3754)	5.297	4.297	1.5446*** (0.4188)	4.686	3.686	1.2535*** (0.4610)	3.503	2.503
건강	-0.3365*** (0.0747)	0.714	-0.286	-0.3286*** (0.0787)	0.720	-0.280	-0.3791*** (0.0928)	0.684	-0.316
취업여부	0.0560 (0.1151)	1.058	—	-0.0059 (0.1217)	0.994	—	-0.0175 (0.1395)	0.983	—
거주지	-0.4760*** (0.1149)	0.621	-0.379	-0.4439*** (0.1213)	0.642	-0.358	-0.4470*** (0.1377)	0.640	-0.360
가구 총소득	0.7152*** (0.1389)	2.045	1.045	0.7788*** (0.1426)	2.179	1.179	0.9578*** (0.1716)	2.606	1.606
결혼여부	0.3615 (0.2205)	1.435	—	—	—	—	—	—	—
배우자 유무	—	—	—	0.0508 (0.1954)	1.052	—	—	—	—
남편 전문직	—	—	—	—	—	—	-0.2839 (0.2597)	0.753	—
남편 사무직	—	—	—	—	—	—	-0.0276 (0.2981)	0.973	—
남편 서비스	—	—	—	—	—	—	-0.4400 (0.2856)	0.644	—
남편 기술직	—	—	—	—	—	—	-0.6731*** (0.2505)	0.510	-0.490
남편 생산직	—	—	—	—	—	—	-0.2860 (0.2752)	0.751	—
N	4,507			3,588			2,876		
LR-Chi^2 (DF)	167.09*** (10)			121.45*** (10)			120.95*** (14)		

주. 1. *: p<0.1, **: p<0.05, ***: p<0.01
2. 원회귀계수의 ( ) 안은 표준 오차임.
3. 학교급 가변수의 참조집단은 중졸 이하이며 남편직업 가변수의 참조집단은 무직임.

독립변수가 동일하다는 조건 하에 여성의 만 나이가 증가할수록 정기적으로 정기 건강검진을 받을 가능성이 높아진다.

우선, 모형 1에서 미혼여성과 기혼여성 즉, 전체 여성의 교육수준이 정기 건강검진여부에 유의한 영향을 주는 것으로 나타났고, 학교급이 높아질수록 정기 건강검진을 받을 가능성도 함께 증가하는 것을 알 수 있다. 더 구체적으로 살펴보면, 참조집단인 중졸 이하의 여성을 기준으로 했을 때, 다른 독립변수가 동일하다는 가정하에 중졸 이하의 여성보다 고졸여성의 경우 정기적으로 건강검진을 받을 가능성이 58.8% 증가하는 것을 알 수 있다. 또한 다른 독립변수가 동일할 경우에 중졸 이하의 여성보다 전문대, 4년제 대학교, 대학원을 졸업한 여성의 경우 정기 건강검진을 받을 가능성이 각각 110.7%, 271.1%, 429.7% 증가하는 것으로 나타났다.[8)]

또한 모형 1에서 취업여부와 결혼여부는 정기 건강검진여부에 유의한 영향을 보이지 않았고, 건강이 매우 안 좋거나 건강하지 않은 편이거나 건강상태가 보통인 여성보다 매우 건강하거나 건강한 편인 여성일수록 건강검진을 받을 가능성이 28.6% 감소한다는 결과가 나왔다. 그리고 수도권에 사는 여성일수록 정기 건강검진을 받을 가능

8) 이항로짓 모형의 경우, 원회귀계수(b1)보다는 EXP(b1)으로 계산된 오즈비(Odds ratio)나 오즈비에서 1을 뺀 값에 100을 곱한 비율({(odds ratio-1)*100}%)로 해석하는 것이 일반적이다. 예를 들어서 오즈비로 해석할 경우에는 오즈비가 1.862로 나왔다면, 독립변수가 한 단위 증가할 때 정기적으로 운동할 가능성이 1.862배만큼 증가한다고 해석할 수 있다. 그러나 오즈비로 해석하는 경우 그 의미를 바로 이해하기 힘들기 때문에 주로 오즈비에서 1을 뺀 값에 100을 곱한 비율로 해석하여 이해하는 것이 더 쉽다. 예를 들어서 오즈비가 1.862라면, {(1.862-1)* 100}=86.2%의 값으로 해석할 수 있다. 즉, 독립변수가 한 단위 증가할 때 정기적으로 운동할 가능성이 86.2%만큼 증가한다고 해석하여 이해할 수 있다. 따라서 본 연구에서는 원회귀계수보다는 오즈비와 (오즈비-1)의 값을 제시하였으며, (오즈비-1)의 값은 유의한 값에만 제시하였다.

성이 35.8% 감소하고, 가구 월총소득이 높은 여성일수록 정기 건강검진을 받을 가능성이 117.9% 증가하는 것으로 나타났다.

다음으로 모형 2를 살펴보면, 모형 1의 결과와 마찬가지로 교육수준이 종속변수에 모두 유의한 영향을 미쳤고, 그 영향력도 학교급별로 점차 커지는 것으로 나타났다. 즉, 참조집단인 중졸 이하의 여성을 기준으로 했을 때, 다른 독립변수가 동일할 경우에 중졸 이하의 여성보다 고등학교, 전문대, 4년제 대학교, 대학원을 졸업한 여성의 경우 정기 건강검진을 받을 가능성이 각각 50.1%, 66.0%, 226.9%, 368.6% 증가하는 것으로 나타났다. 이는 모형 1보다 영향력의 크기가 더 작아졌음을 알 수 있다.

또한 모형 2에서 취업여부와 배우자와의 동거여부는 정기 건강검진여부에 유의한 영향을 보이지 않았고, 건강이 매우 안 좋거나 건강하지 않은 편이거나 건강상태가 보통인 여성보다 매우 건강하거나 건강한 편인 여성일수록 건강검진을 받을 가능성이 28.0% 감소한다는 결과가 나왔다. 그리고 수도권에 사는 여성일수록 정기 건강검진을 받을 가능성이 35.8% 감소하고, 가구 월총소득이 높은 여성일수록 정기 건강검진을 받을 가능성이 117.9% 증가하는 것으로 나타났다.

마지막으로 모형 3을 살펴보면, 교육수준의 경우 전문대졸을 제외한 나머지 변수들이 종속변수에 유의한 영향을 미치는 것으로 나타났고, 그 영향력도 학교급별로 점차 커지는 것으로 나타났다. 즉, 참조집단인 중졸 이하의 여성을 기준으로 했을 때, 다른 독립변수가 동일할 경우에 중졸 이하의 여성보다 고등학교, 4년제 대학교, 대학원을 졸업한 여성의 경우 정기 건강검진을 받을 가능성이 각각 38.9%, 159.0%, 250.3% 증가하는 것으로 나타났다. 이는 모형 1과 모형 2보다 영향력의 크기가 더 작아졌음을 알 수 있다.

또한 모형 3에서 취업여부와 남편직업이 고위전문직이거나 사무직, 판매서비스직, 생산단순노무직일 경우에는 정기 건강검진여부에 유의한 영향을 보이지 않는 것으로 나타났다. 그리고 건강이 매우 안 좋거나 건강하지 않은 편이거나 건강상태가 보통인 여성보다 매우 건강하거나 건강한 편인 여성일수록 건강검진을 받을 가능성이 31.6% 감소한다는 결과가 나왔다. 그리고 수도권에 사는 여성일수록 정기 건강검진을 받을 가능성이 36.0% 감소하고, 가구 월총소득이 높은 여성일수록 정기 건강검진을 받을 가능성이 160.6% 증가하는 것으로 나타났다.

지금까지 살펴본 모형 1-모형 3을 전체적으로 분석해 보면, 미혼여성과 기혼여성을 대상으로 분석한 모형 1에 비해서 기혼여성만을 대상으로 분석한 모형 2와 모형 3은 교육수준의 영향력이 떨어졌지만 다른 변수에 비해서 그 영향력의 크기는 여전히 크다는 것을 알 수 있다. 또한 모형 1보다는 모형 2와 모형 3에서 주관적 건강상태와 가구 월총소득의 영향력이 더 큰 것으로 보아, 기혼여성의 경우 주관적 건강상태와 가구 월총소득이 정기 건강검진여부에 중요한 영향을 미치는 변수로 작용하고 있음을 알 수 있다.

나. 주관적 건강상태 분석결과

〈표 5-9〉는 주관적 건강상태를 종속변수로 하는 모형에 대해서 순서형 로짓(Ordered Logit) 분석을 실시한 결과이다. 모형 1-모형 3의 적합성은 우도비(Likelihood Ratio, LR)의 결과에서처럼 카이스퀘어(Chi-Square)의 값이 모두 통계적으로 유의미한 것으로 나타나 3개의 모형이 모두 적합한 것을 알 수 있다. 또한 우도비는 값이 작을수록 종속

〈표 5-9〉 주관적 건강상태 순서로짓 모형 추정결과(KLIPS)

구분	전체 여성			기혼여성					
	1			2			3		
	원회귀 계수	odds ratio	odds ratio^{-1}	원회귀 계수	odds ratio	odds ratio^{-1}	원회귀 계수	odds ratio	odds ratio^{-1}
연령	-0.0501*** (0.0038)	0.951	-0.049	-0.0478*** (0.0042)	0.953	-0.047	-0.0492*** (0.0053)	0.952	-0.048
고졸	0.5606*** (0.0853)	1.752	0.752	0.5113*** (0.0889)	1.667	0.667	0.4155*** (0.1039	1.515	0.515
전문대졸	0.4759*** (0.1209)	1.615	0.615	0.3882*** (0.1403)	1.474	0.474	0.2080 (0.1581)	1.231	—
대학교졸	0.5637*** (0.1130)	1.757	0.757	0.5330*** (0.1297)	1.704	0.704	0.3484** (0.1550)	1.417	0.417
대학원졸	0.7720*** (0.2648)	2.164	1.164	0.6584** (0.3184)	1.932	0.932	0.3516 (0.3367)	1.421	—
운동 여부	0.1208* (0.0730)	1.128	0.128	0.0917 (0.0790)	1.096	—	0.0692 (0.0900)	1.072	—
취업 여부	0.0403 (0.0609)	1.041	—	0.0670 (0.0682)	1.069	—	-0.0693 (0.0776)	0.933	—
거주지	0.1641*** (0.0597)	1.178	0.178	0.1611** (0.0662)	1.175	0.1750	0.0977 (0.0750)	1.103	—
가구 총소득	0.7187*** (0.0873)	2.052	1.052	0.6455*** (0.0947)	1.907	0.907	0.5874*** (0.1135)	1.799	0.799
결혼 여부	0.1724* (0.0994)	1.188	0.188	—	—	—	—	—	—
배우자 유무	—	—	—	0.5669*** (0.1044)	1.763	0.763	—	—	—
남편 전문직	—	—	—	—	—	—	0.1789 (0.1535)	1.196	—
남편 사무직	—	—	—	—	—	—	0.0964 (0.1786)	1.101	—
남편 서비스	—	—	—	—	—	—	0.0001 (0.1589)	1.000	—
남편 기술직	—	—	—	—	—	—	0.0651 (0.1368)	1.067	—
남편 생산직	—	—	—	—	—	—	-0.2477 (0.1554)	0.781	—
N	4,507			3,588			2,876		
LR-Chi^2 (DF)	791.93*** (10)			645.80*** (10)			337.83*** (14)		

주. 1. *: p<0.1, **: p<0.05, ***: p<0.01
2. 원회귀계수의 ( ) 안은 표준 오차임.
3. 학교급 가변수의 참조집단은 중졸 이하이며 남편직업 가변수의 참조집단은 무직임.

변수를 예측하는 신뢰성이 높아지기 때문에 작은 값이 더 선호된다. 따라서 3개의 모형이 모두 적합하지만, 모형 3이 다른 모형에 비해서 종속변수를 예측하는 신뢰성이 상대적으로 더 높은 모형이라고 할 수 있다.

이에 모형 1-모형 3까지의 결과를 보면, 정기 건강검진여부와 마찬가지로 여성의 만 나이 변수는 종속변수에 정적인 영향을 주는 변수이다. 즉, 다른 독립변수가 동일하다면 여성의 만 나이가 증가할수록 건강이 매우 안 좋거나 건강하지 않은 편이거나 보통일 가능성에 비해서 건강한 편이거나 매우 건강할 가능성이 높아진다는 것을 알 수 있다.

우선, 모형 1에서 미혼여성과 기혼여성 즉, 전체 여성의 교육수준이 주관적 건강상태에 모두 유의한 영향을 주는 것으로 나타났고, 전문대를 제외하고는 학교급이 높아질수록 주관적 건강상태가 좋을 가능성도 함께 증가하는 것을 알 수 있다. 더 구체적으로 살펴보면, 참조집단인 중졸 이하의 여성을 기준으로 했을 때, 다른 독립변수가 동일하다는 가정하에 중졸 이하의 여성보다 고등학교, 전문대, 4년제 대학교, 대학원을 졸업한 여성의 경우 건강이 매우 안 좋거나 건강하지 않은 편이거나 보통일 가능성에 비해서 건강한 편이거나 매우 건강할 가능성은 75.2%, 61.5%, 75.7%, 116.4%만큼 증가한다.9) 이

9) 순서형 로짓 모형의 경우도 이항로짓 모형과 마찬가지로 원회귀계수(b1)보다는 EXP(b1)으로 계산된 오즈비(Odds ratio)나 오즈비에서 1을 뺀 값에 100을 곱한 비율({(odds ratio-1)*100}%)로 해석하는 것이 일반적이다. 그러나 해석하는 데에 종속변수가 이항변수인 이항로짓 모형과는 약간 차이가 있다. 순서형 로짓의 경우 종속변수가 3개 이상의 범주로 구성되며, 그 범주에 순서가 있지만, 범주 간의 간격이 동일하지 않다. 예를 들면 '1=건강이 매우 안 좋음/2=건강하지 않은 편/3=보통임/4=건강한 편/5=매우 건강함'과 같은 주관적 건강상태에 대한 응답이 있다. 이러한 경우 순서형 로짓을 사용하며, 해석을 할 때는

때 전문대졸 여성의 비율을 제외한 다른 학교급에서는 학교급이 증가할수록 주관적 건강상태가 건강한 편이거나 건강할 가능성이 더 높아지는 것으로 나타났다.

또한 모형 1에서 취업여부는 주관적 건강상태에 유의한 영향을 보이지 않았다. 그리고 건강이 매우 안 좋거나 건강하지 않은 편이거나 보통일 가능성에 비해서 건강한 편이거나 매우 건강할 가능성이 정기적으로 운동을 하는 여성일수록, 수도권에 사는 여성일수록, 가구 월총소득이 높은 여성일수록, 결혼한 여성일수록 각각 12.8%, 17.8%, 105.2%, 18.8% 증가하는 것으로 나타났다.

다음으로 모형 2를 살펴보면, 모형 1의 결과와 마찬가지로 교육수준이 종속변수에 모두 유의한 영향을 미쳤고, 전문대를 제외하고는 학교급이 높아질수록 주관적 건강상태가 좋을 가능성도 함께 증가하는 것을 알 수 있다. 즉, 참조집단인 중졸 이하의 여성을 기준으로 했을 때, 다른 독립변수가 동일할 경우에 중졸 이하의 여성보다 고등학교, 전문대, 4년제 대학교, 대학원을 졸업한 여성의 경우 건강이 매우 안 좋거나 건강하지 않은 편이거나 보통일 가능성에 비해서 건강

독립변수가 한 단위 증가할 때 종속변수의 낮은 범주들에 비해서 높은 범주들일 가능성이 증가 혹은 감소한다고 해석할 수 있으며, 오즈(odds)의 형성이 누적적으로 이루어지므로 해석은 정확하게 종속변수 내 범주 간 누적비교로 설명해야 한다. 예를 들어서 고졸의 오즈비가 1.524이라면, 참조집단인 중졸 이하보다 고졸일 경우에 건강이 매우 안 좋거나 건강하지 않은 편이거나 보통일 가능성에 비해서 건강한 편이거나 매우 건강할 가능성은 1.524배만큼 증가한다고 해석할 수 있다. 또한 {(1.524-1)*100}=52.4%의 값으로도 해석이 가능하다. 즉, 중졸 이하보다 고졸일 경우에 건강이 매우 안 좋거나 건강하지 않은 편이거나 보통일 가능성에 비해서 건강한 편이거나 매우 건강할 가능성은 52.4%만큼 증가한다고 해석할 수 있다. 또는 중졸 이하보다 고졸일 경우에 건강이 매우 안 좋거나 건강하지 않을 가능성에 비해서 보통이거나 건강한 편이거나 매우 건강할 가능성은 52.4%만큼 증가한다고 해석해도 동일한 의미가 된다.

한 편이거나 매우 건강할 가능성이 각각 66.7%, 47.4%, 70.4%, 93.2% 증가하는 것으로 나타났다. 이는 모형 1보다 영향력의 크기가 더 작아졌음을 알 수 있다.

또한 모형 2에서 운동여부와 취업여부는 주관적 건강상태에 유의한 영향을 보이지 않았다. 그리고 수도권에 사는 여성일수록, 가구월총소득이 높은 여성일수록, 배우자와 함께 사는 여성일수록 건강이 매우 안 좋거나 건강하지 않은 편이거나 보통일 가능성에 비해서 건강한 편이거나 매우 건강할 가능성이 각각 17.5%, 90.7%, 76.3% 증가하는 것으로 나타났다.

마지막으로 모형 3을 살펴보면, 교육수준의 경우 고졸과 대학교졸을 제외한 나머지 변수들이 종속변수에 유의한 영향을 미치지 않는 것으로 나타났고, 모형 3에서 포함한 남편의 직업변수는 모두 유의한 영향을 미치지 않은 것으로 나타났다. 다만, 가구 월총소득이 높아질수록 건강이 매우 안 좋거나 건강하지 않은 편이거나 보통일 가능성에 비해서 건강한 편이거나 매우 건강할 가능성이 79.9% 증가하는 것으로 나타났다.

지금까지 살펴본 모형 1-모형 3을 전체적으로 분석해 보면, 미혼여성과 기혼여성을 대상으로 분석한 모형 1에 비해서 기혼여성만을 대상으로 분석한 모형 2는 교육수준의 영향력이 떨어졌지만 다른 변수에 비해서 그 영향력의 크기는 여전히 크다는 것을 알 수 있다. 또한 결혼한 여성(모형 1)이면서 배우자와 함께 살고 있는 여성(모형 2)의 경우 주관적 건강상태가 높다고 할 수 있다. 마지막으로 모형 3의 변수들이 대체적으로 유의하지 않게 나타난 것은 여성의 주관적 건강상태에 남편의 직업이 미치는 영향은 거의 없음을 시사한다.

다. 전반적 생활만족도 분석결과

〈표 5-10〉은 전반적 생활만족도를 종속변수로 하는 모형에 대해서 순서로짓 분석을 실시한 결과이다. 모형 1-모형 3의 적합성은 우도비(Likelihood Ratio, LR)의 결과에서처럼 카이스퀘어(Chi-Square)의 값이 모두 통계적으로 유의미한 것으로 나타나 3개의 모형이 모두 적합한 것을 알 수 있다. 또한 우도비는 값이 작을수록 종속변수를 예측하는 신뢰성이 높아지기 때문에 작은 값이 더 선호된다. 따라서 3개의 모형이 모두 적합하지만, 모형 3이 다른 모형에 비해서 종속변수를 예측하는 신뢰성이 상대적으로 더 높은 모형이라고 할 수 있다.

미혼여성과 기혼여성을 대상으로 분석한 모형 1에서는 교육수준이 전반적 생활만족도에 모두 유의한 영향을 주는 것으로 나타났고, 대학원을 제외하고는 학교급이 높아질수록 전반적 생활만족도가 높아질 가능성도 함께 증가하는 것을 알 수 있다. 더 구체적으로 살펴보면, 참조집단인 중졸 이하의 여성을 기준으로 했을 때, 다른 독립변수가 동일하다는 가정하에 중졸 이하의 여성보다 고등학교, 전문대, 4년제 대학교, 대학원을 졸업한 여성의 경우 전반적인 생활이 불만족스럽거나 매우 불만족스럽거나 보통일 가능성에 비해서 전반적인 생활이 만족스럽거나 매우 만족스러울 가능성은 27.1%, 85.0%, 126.5%, 117.4%만큼 증가한다. 이때 대학원을 졸업한 여성의 비율을 제외한 다른 학교급에서는 학교급이 증가할수록 전반적인 생활이 만족스럽거나 매우 만족스러울 가능성이 더 높은 것으로 나타났다.

또한 모형 1에서 여성의 만 나이를 제외한 나머지 변수들이 모두 유의한 것으로 나타났다. 더 구체적으로 살펴보면, 주관적 건강상태가 좋은 여성일수록, 자가를 소유한 여성일수록, 가구 월총소득이 높

〈표 5-10〉 전반적 생활만족도 순서로짓 모형 추정결과(KLIPS)

구분	전체 여성			기혼여성					
	1			2			3		
	원회귀 계수	odds ratio	odds ratio -1	원회귀 계수	odds ratio	odds ratio -1	원회귀 계수	odds ratio	odds ratio -1
연령	-0.0048 (0.0042)	—	—	-0.0011 (0.0047)	0.999	—	-0.0073 (0.0058)	0.993	—
고졸	0.2397** (0.0935)	1.271	0.271	0.2177** (0.0977)	1.243	0.243	0.1550** (0.1133)	1.168	0.168
전문대졸	0.6151*** (0.1273)	1.850	0.850	0.7085*** (0.1484)	2.031	1.031	0.5210*** (0.1670)	1.684	0.684
대학교졸	0.8176*** (0.1205)	2.265	1.265	0.8979*** (0.1390)	2.454	1.454	0.6613*** (0.1648)	1.937	0.937
대학원졸	0.7764*** (0.2647)	2.174	1.174	1.0835*** (0.3304)	2.955	1.955	0.9821*** (0.3594)	2.670	1.670
건강상태	0.8144*** (0.0461)	2.258	1.258	0.7693*** (0.0505)	2.158	1.158	0.7449*** (0.0590)	2.106	1.106
취업여부	-0.3141*** (0.0641)	0.730	-0.270	-0.4218*** (0.0723)	0.656	-0.344	-0.3885*** (0.0818)	0.678	-0.322
거주지	-0.3524*** (0.0637)	0.703	-0.297	-0.4155*** (0.0716)	0.660	-0.340	-0.5025*** (0.0806)	0.605	-0.395
입주형태	0.5364*** (0.0683)	1.710	0.710	0.5274*** (0.0778)	1.694	0.694	0.5155*** (0.0873)	1.674	0.674
가구총소득	1.3432*** (0.0968)	3.831	2.831	1.3090*** (0.1066)	3.703	2.703	1.2522*** (0.1264)	3.498	2.498
결혼여부	0.3717*** (0.1028)	1.450	0.450	—	—	—	—	—	—
배우자유무	—	—	—	0.3055** (0.1199)	1.357	0.357	—	—	—
남편전문직	—	—	—	—	—	—	0.4002** (0.1650)	1.492	—
남편사무직	—	—	—	—	—	—	0.2763 (0.1897)	1.318	—
남편서비스	—	—	—	—	—	—	-0.0751 (0.1728)	0.928	—
남편기술직	—	—	—	—	—	—	-0.0159 (0.1503)	0.984	—
남편생산직	—	—	—	—	—	—	0.0837 (0.1723)	1.087	—
N	4,479			3,577			2,865		
LR-Chi^2 (DF)	1034.67*** (11)			906.21*** (11)			628.77*** (15)		

주. 1. *: $p<0.1$, **: $p<0.05$, ***: $p<0.01$
2. 원회귀계수의 ( ) 안은 표준 오차임.
3. 학교급 가변수의 참조집단은 중졸 이하이며 남편직업 가변수의 참조집단은 무직임.

은 여성일수록, 기혼여성일수록 전반적인 생활이 불만족스럽거나 매우 불만족스럽거나 보통일 가능성에 비해서 전반적인 생활이 만족스럽거나 매우 만족스러울 가능성이 각각 125.8%, 71.0%, 283.1%, 45.0% 증가하는 것으로 나타났다. 반면, 직장여성일수록, 비수도권에 거주하는 여성일수록 전반적인 생활이 불만족스럽거나 매우 불만족스럽거나 보통일 가능성에 비해서 전반적인 생활이 만족스럽거나 매우 만족스러울 가능성이 각각 27.0%, 29.7% 감소하는 것으로 나타났다.

다음으로 모형 2를 살펴보면, 모형 1의 결과와 마찬가지로 교육수준이 종속변수에 모두 유의한 영향을 미쳤고, 학교급이 높아질수록 전반적 생활만족도가 높아질 가능성이 함께 증가하는 것을 알 수 있다. 즉, 참조집단인 중졸 이하의 여성을 기준으로 했을 때, 다른 독립변수가 동일할 경우에 중졸 이하의 여성보다 고등학교, 전문대, 4년제 대학교, 대학원을 졸업한 여성의 경우 전반적인 생활이 불만족스럽거나 매우 불만족스럽거나 보통일 가능성에 비해서 전반적인 생활이 만족스럽거나 매우 만족스러울 가능성이 각각 24.3%, 103.1%, 145.4%, 195.5% 증가하는 것으로 나타났다.

또한 모형 2에서도 모형 1과 마찬가지로 여성의 만 나이를 제외한 나머지 변수들이 모두 유의한 것으로 나타났다. 더 구체적으로 살펴보면, 주관적 건강상태가 좋은 여성일수록, 자가를 소유한 여성일수록, 가구 월총소득이 높은 여성일수록, 배우자와 함께 사는 여성일수록 전반적인 생활이 불만족스럽거나 매우 불만족스럽거나 보통일 가능성에 비해서 전반적인 생활이 만족스럽거나 매우 만족스러울 가능성이 각각 115.8%, 69.4%, 270.3%, 35.7% 증가하는 것으로 나타났다. 반면, 직장여성일수록, 비수도권에 거주하는 여성일수록 전반적인 생활이 불만족스럽거나 매우 불만족스럽거나 보통일 가능성에 비해서 전반적인 생활이 만족스럽거나 매우 만족스러울 가능성이 각각 34.4%, 34.0% 감소하는 것으로 나타났다.

마지막으로 모형 3에서는 모형 1과 모형 2의 결과와 마찬가지로 교육수준이 종속변수에 모두 유의한 영향을 미쳤고, 학교급이 높아질수록 전반적 생활만족도가 높아질 가능성이 함께 증가하는 것을 알 수 있다. 즉, 참조집단인 중졸 이하의 여성을 기준으로 했을 때, 다른 독립변수가 동일할 경우에 중졸 이하의 여성보다 고등학교, 전문대, 4년제 대학교, 대학원을 졸업한 여성의 경우 전반적인 생활이 불만족스럽거나 매우 불만족스럽거나 보통일 가능성에 비해서 전반적인 생활이 만족스럽거나 매우 만족스러울 가능성이 각각 16.8%, 68.4%, 93.7%, 167.0% 증가하는 것으로 나타났다.

또한 모형 3의 나머지 변수들 중에서 남편직업과 관련된 변수들이 모두 유의하지 않게 나타났다. 그리고 건강상태, 취업여부, 거주지역, 입주형태, 가구 월총소득 변수는 유의한 영향을 보였다. 더 구체적으로 살펴보면, 주관적 건강상태가 좋은 여성일수록, 자가를 소유한 여성일수록, 가구 월총소득이 높은 여성일수록 전반적인 생활이 불만족스럽거나 매우 불만족스럽거나 보통일 가능성에 비해서 전반적인 생활이 만족스럽거나 매우 만족스러울 가능성이 각각 110.6%, 67.4%, 249.8% 증가하는 것으로 나타났다. 반면, 직장여성일수록, 비수도권에 거주하는 여성일수록 전반적인 생활이 불만족스럽거나 매우 불만족스럽거나 보통일 가능성에 비해서 전반적인 생활이 만족스럽거나 매우 만족스러울 가능성이 각각 32.2%, 39.5% 감소하는 것으로 나타났다.

4) 여성고등교육과 여성 가정영역의 비금전적 수익

가. 합리적인 소비 의사결정(식비, 교육비) 분석결과

〈표 5-11〉은 월평균 생활비 중에서 식비 비율과 교육비 비율을 종속변수로 하는 모형에 대해서 OLS를 실시한 결과이다. 모형 1과 모형 2는 식비 비율을 종속변수로 분석한 결과이고, 모형 3과 모형 4는 교육비 비율을 종속변수로 분석한 결과로 각 모형에 대한 설명력은 각각 13.2%, 14.9%, 23.1%, 26.9%로 나타났다.

우선, 모형 1과 모형 2는 월평균 생활비 중에서 식비가 차지하는 비율, 즉 엥겔계수(Engel's coefficient)[10)]를 종속변수로 하는 모형으로, 여성의 만 나이가 1년 증가할 때마다 식비비율이 각각 0.021%, 0.024%만큼 감소하는 것으로 나타났다. 이는 여성의 연령이 증가함에 따라 식비 외에 주거비, 자녀의 교육비 등이 상대적으로 증가하여 나타난 결과라고 할 수 있다.

또한 모형 1에서는 대학원을 제외한 나머지 학교급에서 식비 비율에 유의한 영향을 주었으며, 4년제 대학교를 졸업한 여성의 식비 비율이 가장 낮은 것으로 나타났다. 즉, 참조집단인 중졸 이하의 여성보다 고등학교, 전문대, 4년제 대학교를 졸업한 여성의 경우 월평균 생활비 중에서 월평균 식비 비율이 각각 0.21%, 0.21%, 0.27% 감소하였다. 또한 모형 1에서 다른 변수들이 식비 비율에 미치는 효과

10) 가계의 총소비지출액에서 식료품비가 차지하는 비율을 말한다. 소득수준이 높아질수록 식료품관련 지출보다는 식료품 이외의 지출이 급격히 늘어난다는 점에 착안, 생활수준의 정도를 나타내기 위한 지표로 개발되었다(네이버 용어사전, http:// terms.naver.com/).

〈표 5-11〉 합리적인 소비 의사결정(식비, 교육비) 추정결과(KLIPS)

구분	식비 비율		교육비 비율	
	1	2	3	4
연령	-0.0211*** (-8.49)	-0.0241*** (-8.86)	0.0327*** (11.68)	0.0415*** (13.58)
고졸	-0.2136*** (-4.02)	-0.1595*** (-2.75)	0.3522*** (5.93)	0.2902*** (4.46)
전문대졸	-0.2128*** (-3.32)	-0.1259 (-1.82)	0.2655*** (3.73)	0.2206*** (2.87)
대학교졸	-0.2686*** (-4.22)	-0.1896*** (-2.72)	0.1626** (2.29)	0.1122 (1.44)
대학원졸	-0.1712 (-1.44)	-0.0934 (-0.76)	0.2566* (1.93)	0.1926 (1.39)
취업여부	-0.1647*** (-5.49)	-0.1461*** (-4.62)	0.1787*** (5.28)	0.1396*** (3.94)
거주지	-0.0224 (-0.76)	-0.0419 (-1.38)	0.1037*** (3.17)	0.1040*** (3.08)
입주형태	-0.0938*** (-3.10)	-0.1006*** (-3.22)	0.1671*** (4.93)	0.1594*** (4.59)
가구월총소득	-0.3216*** (-7.60)	-0.2831*** (-6.14)	0.2545*** (5.27)	0.2481*** (4.81)
자녀 수	0.0442* (1.93)	0.0327 (1.36)	0.2531*** (9.91)	0.2796*** (10.41)
배우자 유무	-0.1599** (-2.20)	—	0.1730** (2.16)	—
남편 전문직	—	-0.0540 (-0.72)	—	0.0718 (0.86)
남편 사무직	—	-0.0721 (-0.90)	—	0.0516 (0.58)
남편 서비스직	—	-0.0456 (-0.58)	—	0.0517 (0.59)
남편 기술직	—	0.0850 (1.17)	—	0.0372 (0.46)
남편 생산직	—	0.0016 (0.02)	—	0.0058 (0.06)
N	1,838	1,681	1,671	1,524
Adj R^2	.132	.149	.231	.269

주. 1. *: p<0.1, **: p<0.05, ***: p<0.01
2. 원회귀계수의 ( ) 안은 표준 오차임.
3. 학교급 가변수의 참조집단은 중졸 이하이며 남편직업 가변수의 참조집단은 무직임.

는 다음과 같다. 거주지를 제외한 나머지 변수들은 유의한 영향을 미쳤다. 즉, 직장여성일수록, 자가를 소유한 여성일수록, 가구월총소득이 높은 여성일수록, 배우자가 있는 여성일수록 식비 비율이 각각 0.16%, 0.09%, 0.32%, 0.16% 감소하였으며, 자녀가 많은 여성일수록 식비 비율이 0.04% 증가하는 것으로 나타났다.

다음으로 모형 2에서는 고졸과 4년제 대학교졸 수준에서만 유의한 영향을 보였으며, 고등학교를 졸업한 여성보다는 4년제 대학교를 졸업한 여성의 식비 비율이 더 낮은 것으로 나타났다. 더 구체적으로 살펴보면 참조집단인 중졸 이하의 여성보다 고등학교, 4년제 대학교를 졸업한 여성의 경우 월평균 생활비 중에서 월평균 식비 비율이 각각 0.16%, 0.19% 감소하였다. 또한 모형 2에서 나머지 변수 중 거주지역, 자녀 수, 남편직업은 유의한 영향을 보이지 않은 반면 취업여부, 거주형태, 가구월총소득은 유의한 영향을 보였다. 즉, 직장여성일수록, 자가를 소유한 여성일수록, 가구월총소득이 높은 여성일수록 식비비율이 각각 0.15%, 0.10%, 0.28% 감소한 것으로 나타났다.

〈표 5-11〉의 모형 3과 모형 4는 월평균 생활비 중에서 교육비가 차지하는 비율을 종속변수로 하는 모형으로서 여성의 만 나이는 종속변수에 유의한 영향을 주었다. 즉, 여성의 만 나이가 1년 증가할 때마다 교육비 비율도 각각 0.03%, 0.04% 증가하는 것으로 나타났다.

또한 모형 3에서는 모든 변수가 교육비 비율에 유의한 영향을 주는 것으로 나타났다. 더 구체적으로 살펴보면, 고등학교를 졸업한 여성의 교육비 비율이 가장 높은 것으로 나타났다. 즉, 참조집단인 중졸 이하의 여성보다 고등학교, 전문대, 4년제 대학교, 대학원을 졸업한 여성의 경우 월평균 생활비 중에서 월평균 교육비 비율이 각각 0.35%, 0.27%, 0.16%, 0.26% 높았는데, 학교급이 높아질수록 교육비 비율이 감소하다가 대학원졸 수준에서 다시 증가하는 것으로 나타났다. 또한 모형 3에서 다른 변수들이 교육비 비율에 미치는 효과는 다음과 같다. 직장여성일수록, 수도권에 거주하는 여성일수록, 자가를 소유한 여성일수록, 가구월총소득이 높은 여성일수록, 자녀가 많은 여성일수록, 배우자가 있는 여성일수록 월평균 생활비 중에서 월평균 교육비 비율이 각각 0.18%, 0.10%, 0.17%, 0.25%, 0.25%, 0.17% 높았다.

마지막으로 모형 4에서는 고졸과 전문대졸에서만 유의한 영향을 보였으며, 고졸여성이 전문대졸 여성보다 월평균 생활비 중에서 교육비로 지출하는 비율이 더 높은 것으로 나타났다. 즉, 참조집단인 중졸 이하의 여성보다 고등학교, 전문대를 졸업한 여성의 경우 월평균 생활비 중에서 월평균 교육비 비율이 각각 0.29%, 0.22%만큼 높았다. 또한 모형 4에서 다른 변수들이 교육비 비율에 미치는 효과는 다음과 같다. 남편직업을 제외한 나머지 변수들은 종속변수에 모두 유의한 영향을 미쳤다. 즉, 직장여성일수록, 수도권에 거주하는 여성일수록, 자가를 소유한 여성일수록, 가구월총소득이 높은 여성일수록, 자녀수가 많은 여성일수록 월평균 생활비 중에서 월평균 교육비 비율이 각각 0.14%, 0.10%, 0.16%, 24.8%, 0.28% 높은 것으로 나타났다.

나. 합리적인 소비 의사결정(문화비, 기부금) 분석결과

〈표 5-12〉는 월평균 생활비 중에서 문화비 비율과 기부금 비율을 종속변수로 하는 모형에 대해서 OLS를 실시한 결과이다. 모형 5와 모형 6은 문화비 비율을 종속변수로 분석한 결과이고, 모형 7과 모형

〈표 5-12〉 합리적인 소비 의사결정(문화비, 기부금) 추정결과(KLIPS)

구분	문화비 비율		기부금 비율	
	5	6	7	8
연령	-0.0016 (-1.42)	-0.0030** (-2.25)	0.0078*** (6.29)	0.05197*** (5.56)
고졸	-0.0135 (-0.58)	-0.0530** (-2.01)	0.1642** (2.21)	0.31085* (1.67)
전문대졸	0.0757** (2.14)	0.0092 (0.23)	0.2511*** (4.06)	0.89744*** (3.25)
대학교졸	0.14909*** (4.53)	0.0666* (1.73)	0.2320*** (6.61)	1.3642*** (5.05)
대학원졸	0.22123*** (2.82)	0.1581* (1.91)	0.5422*** (4.04)	2.2341*** (3.94)
취업여부	-0.0558*** (-3.26)	-0.0517*** (-2.73)	-0.5303*** (-4.37)	-0.4769*** (-3.57)
거주지역	0.0489*** (2.89)	0.0498*** (2.67)	0.1750 (1.46)	0.2175 (1.65)
입주형태	0.0085 (0.47)	-0.0037 (-0.19)	-0.2734** (-2.10)	-0.4326*** (-3.03)
가구 총소득	0.1176*** (4.85)	0.1540*** (5.44)	0.2873* (1.71)	0.2204 (1.13)
배우자 유무	-0.1403*** (-5.02)	—	0.2092 (1.05)	—
남편 전문직	—	0.0598 (1.55)	—	0.7007*** (2.58)
남편 사무직	—	0.0700 (1.58)	—	0.3166 (1.01)
남편 서비스직	—	-0.0570 (-1.42)	—	-0.1077 (-0.38)
남편 기술직	—	-0.0627* (-1.81)	—	0.2921 (1.19)
남편 생산직	—	-0.0022 (-0.05)	—	0.2061 (0.73)
N	3,474	2,784	3,583	2,872
Adj R^2	.035	.056	0.027	0.035

주. 1. *: p<0.1, **: p<0.05, ***: p<0.01
2. 괄호 안의 값은 t값임.
3. 학교급 가변수의 참조집단은 중졸 이하이며 남편직업 가변수의 참조집단은 무직임.

8은 기부금 비율을 종속변수로 분석한 결과로서 각 모형에 대한 설명력은 각각 3.5%, 5.6%, 2.7%, 3.5%로 나타났다.

우선, 월평균 생활비 중에서 문화비 비율을 종속변수로 하는 모형 5와 모형 6의 구체적인 분석결과를 살펴보면 다음과 같다. 모형 5에서 교육수준이 종속변수에 미치는 영향을 살펴보면, 고졸을 제외한 나머지 학교급에서 종속변수에 유의한 영향을 보였으며, 학교급이 높아질수록 문화비 비율도 높아지는 것으로 나타났다. 즉, 참조집단인 중졸 이하의 여성보다 전문대, 4년제 대학교, 대학원을 졸업한 여성의 경우 월평균 생활비 중에서 문화비가 차지하는 비율이 각각 0.08%, 0.15%, 0.22% 높았다. 또한 나머지 변수가 종속변수에 미치는 영향을 살펴보면 취업여부, 거주지역, 가구월총소득, 배우자 유무 변수가 유의한 영향을 보였다. 다시 말해서 미취업여성보다 직장여성일수록, 배우자가 없는 여성보다 배우자가 있는 여성일수록 월평균 생활비 중에서 문화비가 차지하는 비율이 각각 0.06%, 0.14% 낮았으며, 비수도권에 거주하는 여성보다 수도권에 거주하는 여성일수록, 가구월총소득이 높은 여성일수록 월평균 생활비 중에서 문화비가 차지하는 비율이 각각 0.05%, 0.12% 높은 것으로 나타났다.

다음으로 모형 6에서 교육수준이 종속변수에 미치는 영향을 살펴보면, 전문대졸을 제외한 나머지 학교급에서 종속변수에 유의한 영향을 미쳤으며, 학교급이 높아질수록 월평균 생활비 중에서 문화비가 차지하는 비율이 높아지는 것으로 나타났다. 이를 구체적으로 살펴보면 참조집단인 중졸 이하의 여성보다 대학교, 대학원을 졸업한 여성의 경우 월평균 생활비 중에서 문화비 비율이 각각 0.07%, 0.16% 높아졌다. 반면, 고졸여성의 경우에는 중졸 이하의 여성보다 문화비의 비율이 0.05% 낮은 것으로 나타났다. 또한 나머지 변수가 종속변수에 미치는 영향을 살펴보면 취업여부, 거주지역, 가구월총소득, 남편 기술장치직 변수가 유의한 영향을 보였다. 즉, 미취업여성보다 직장여성일수록, 남편이 무직인 여성보다 남편이 기술장치직인 여성일수록 월평균 생활비 중에서 문화비가 차지하는 비율이 각각 0.05%, 0.06% 낮았으며, 비수도권에 거주하는 여성보다 수도권에 거주하는 여성일수록, 가구월총소득이 높은 여성일수록 월평균 생활비 중에서 문화비가 차지하는 비율이 각각 0.05%, 0.15% 높은 것으로 나타났다.

〈표 5-12〉에서 모형 7과 모형 8은 월평균 생활비 중에서 기부금이 차지하는 비율을 종속변수로 하는 모형을 분석한 결과이다. 우선, 모형 7에서 교육수준이 종속변수에 미치는 영향을 살펴보면 모든 학교급이 종속변수에 정(+)적으로 유의한 영향을 보였다. 이를 더 구체적으로 살펴보면 참조집단이 중졸 이하의 여성보다 고등학교, 전문대, 4년제 대학교, 대학원을 졸업한 여성의 경우 월평균 생활비 중에서 기부금이 차지하는 비율이 각각 0.16%, 0.25%, 0.23%, 0.54% 만큼 높아지는 것으로 나타났다. 또한 나머지 변수가 종속변수에 미치는 영향을 살펴보면, 취업여부, 입주형태, 가구월총소득이 유의한 영향을 보였다. 즉, 미취업여성보다 직장여성일수록, 월세나 전세에 거주하는 여성보다 자가를 소유한 여성일수록 월평균 생활비 중에서 기부금이 차지하는 비율이 각각 0.53%, 0.27%만큼 낮았으며, 가구월총소득이 높은 여성일수록 월평균 생활비 중에서 기부금이 차지하는 비율이 0.29%만큼 높아지는 것으로 나타났다.

다음으로 모형 8에서 교육수준이 종속변수에 미치는 영향을 살펴보면 모든 학교급이 종속변수에 정(+)적으로 유의한 영향을 보였다. 더 구체적으로 살펴보면 참조집단이 중졸 이하의 여성보다 고등학교, 전문대, 4년제 대학교, 대학원을 졸업한 여성의 경우 월평균 생활비 중에서 기부금이 차지하는 비율이 각각 0.31%, 0.90%, 1.36%, 2.23%만큼 높아지는 것으로 나타났다. 또한 나머지 변수가 종속변수에 미치는 영향을 살펴보면, 취업여부, 입주형태, 남편 고위전문직 변수가 유의한 영향을 보였다. 즉, 미취업여성보다 직장여성일수록, 월세나 전세에 거주하는 여성보다 자가를 소유한 여성일수록 월평균 생활비 중에서 기부금이 차지하는 비율이 각각 0.48%, 0.43%만큼 낮았으며, 남편이 무직인 여성보다 남편이 고위전문직인 여성일수록 월평균 생활비 중에서 문화비가 차지하는 비율이 0.70% 높아지는 것으로 나타났다.

3절. 연구 시사점 및 제언

첫째, 여성의 고등교육은 정기 건강검진과 주관적 건강상태에 긍정적인 영향을 미친다. 즉, 고학력 여성일수록 정기 건강검진을 받을 가능성이 높아지고, 건강할 가능성이 높아지는 것으로 나타났다. 이는 교육을 많이 받은 여성들은 그렇지 않은 여성에 비해 상대적으로 의학 정보를 쉽게 얻을 수 있어서 보다 나은 의료 서비스를 선택할 수 있고, 또한 경제적으로 여유가 있을 가능성이 높기 때문에 정기 건강검진을 받는 비율이 높을 것으로 생각된다. 그리고 교육수준이 높을수록 금연, 금주, 적절한 수면 및 식사, 정기 건강검진과 같은 바람직한 생활습관을 가지고 있다는 많은 선행연구가 있다. 이러한 생활습관은 고학력 여성의 건강상태에 긍정적인 요인으로 작용하기 때문에 고학력 여성일수록 건강하다는 연구결과가 나왔을 것이라 사료

된다.

둘째, 여성고등교육은 전반적 생활만족도에 긍정적인 영향을 준다. 다시 말해서 고학력 여성일수록 전반적 생활만족도에 정(+)적으로 유의한 영향을 미치는 것으로 나타났다. 고학력 여성일수록 자신이 원하는 직업을 갖거나 하고 싶은 일을 하는 경우가 많다. 따라서 교육수준이 낮은 여성보다 상대적으로 자아 성취감과 만족감이 높고, 경제적으로 여유가 있을 가능성이 높기 때문에 결과적으로 교육수준이 높은 여성일수록 생활만족도가 높아지게 되는 것이다. 또한 고등교육을 받은 여성들은 낯선 환경에서 적응을 잘하고 스트레스에 효과적으로 대처할 수 있는 능력을 가지고 있기 때문에 생활만족도가 높은 결과가 나왔을 것이라 생각된다.

셋째, 여성고등교육은 기혼여성이 합리적인 소비에 대한 의사결정을 하는 데 긍정적인 영향을 준다. 즉, 월평균 생활비 중에서 식비, 교육비, 문화비, 기부금이 차지하는 비율을 분석한 결과, 고학력 여성일수록 월평균 생활비에서 식비와 교육비가 차지하는 비율이 낮아지는 반면, 문화비와 기부금이 차지하는 비율은 높아지는 결과가 나왔다. 이를 구체적으로 살펴보면 교육수준이 높은 여성의 식비 비율이 낮게 나타난 이유는 교육수준이 높아질수록 소득수준이 높아지고, 소득수준이 높아질수록 식비의 비율이 상대적으로 낮아져 엥겔계수가 감소하기 때문이라고 볼 수 있다. 또한 교육수준이 낮은 여성의 교육비 비율이 더 높게 나타난 것은 교육비용 자체를 고학력 여성보다 더 많이 지출한다는 것이 아니라, 월평균 생활비 중에서 교육비의 비율이 상대적으로 높다는 것을 의미한다. 다시 말해서, 고등교육을 받은 기혼여성일수록 월평균 생활비를 식비와 자녀의 교육비에만 치중해서 지출하지 않고, 자신의 자아실현을 위한 문화비나 사회 약자를 위한 기부금 등에도 다양하게 지출하여 보다 가치 있는 소비생활을 하는 것으로 나타났다. 이러한 결과는 고등교육을 받은 여성일수록 보다 합리적이고 효율적인 소비를 하고, 이는 마치 실질소득이 더 높아진 것과 같은 효과를 얻게 된다는 연구결과와 일맥상통한다(McMahon, 1987). 이러한 가정 내의 합리적인 소비행동은 가정의 간접소득 증대에 긍정적인 영향을 줄 뿐만 아니라 가족 구성원의 삶의 질 향상에 기여를 하게 된다(Michael, 1972; Schultz, 1975).

한편, 영미권 국가들에서 수행된 교육의 비금전적 수익과 관련된 선행연구들을 종합해 볼 때 자신과 가족들의 건강증진, 영아사망률 감소, 자녀의 인지능력 및 교육수준 증가, 여가선용, 소비의 효율성, 학습의 순수한 소비 효과 등의 비금전적인 교육수익의 가치는 금전적 수익의 80%에 상응했다. 또한 교육의 비금전적 · 사회적 수익인 인구 성장률, 사회참여 및 시민의식수준 향상, 범죄율 감소, 환경오염감소, 빈곤과 불평등 완화와 같이 바람직한 민주사회가 추구하는 이상들은 1인당 교육투자 증가에 따른 교육기회의 확대를 통해 점진적으로 향상되는 것으로 나타났다. 이와 같은 연구결과들은 지금까지의 수익률 연구에서 측정 불가능한 부분으로서 배제되었던 비금전적 수익을 금전적 가치로 환산하여 고려할 수 있다.

또한 한국노동패널자료로 교육의 비금전적 수익을 추정한 회귀모형들은 일관되게 교육수준 증가가 비금전적 사적 수익에 정(+)의 영향을 준다는 사실을 보여주었다. 생활만족도와 여가 선용에서는 고졸자와 대졸 이상 학력자 간에 통계적으로 유의미한 차이를 보였고 건강 인지도에서는 초등 및 중학교 졸업자와 고졸자 간에 유의미한 차이가 있었다. 이와 같이 실증적으로 규명된 비금전적 사적수익에 대한 정확한 정보가 교육의사결정을 앞둔 개별 경제주체들에게 공개되고 인식

된다면 이러한 비금전적 사적 수익에 대한 정보는 교육을 통한 인적 자본축적에 대한 강력한 유인(incentive)으로 활용될 수 있을 것이다.

나아가 사회적 교육수익에 관한 실증분석 결과에 따르면 대졸 이상의 학력자들은 고졸 이하의 학력자들에 비해 통계적으로 유의미하게 지역사회활동 참여율이 높고, 시민의식수준도 높았다. 특히 이러한 결과들은 개인의 연령, 소득, 직업지위, 결혼여부와 같은 기본적인 매개변수를 통제한 후 측정된 것이라는 점에서 더 주목할 만하다. 이와 같은 고등교육의 사회적 수익, 즉 확산효과(spillover effect)의 존재는 정부의 고등교육에 투자 확대를 위한 근거가 될 수 있다. 현재 우리나라는 초·중등 교육단계에서는 GDP 대비 공부담 공교육비의 비중이 OECD 국가들의 평균과 비슷한 반면 고등교육 재정에 투자되는 비중이 OECD 평균의 40%에 불과하여 가장 낮은 수준이다(최강식·정진화, 2005). 또한 대학교육의 비금전적 수익의 존재는 금전적 수익(소득) 외의 다른 측면에서 교육에 따른 불평등이 심화되어 사회적 형평성을 저해할 수 있다는 것을 암시한다. 따라서 정부는 교육분야의 투자 배분 시 이와 같은 교육의 잠재적인 사회기여도를 고려하여 취약계층에게도 고등교육의 기회가 확충될 수 있도록 고등교육에 대한 투자 방안을 지속적으로 검토해 나가야 할 것이다.

| 참고문헌 |

강남식. (2001). 성주류화 정책과 생산적 복지. 여성과 사회, 12, 209-232.

강성애, 류은영. (2008). 여성인적자원의 활용과 국가경쟁력과의 관계 연구: OECD 국가를 중심으로. 한국인사행정학회보, 7(2), 175-208.

강우란. (2002). 여성인력과 기업경쟁력. 서울: 삼성경제연구소.

_____. (2007). 여성리더계층의 위상과 전망. 서울: 삼성경제연구소.

강은정, 조영태. (2009). 성별 교육수준별 건강수명의 형평성과 정책과제. 한국보건사회연구원. 보건복지포럼, 149, 15-25.

강철희. (1998). 후원활동에 참여하는 사람들의 일반적 특징과 그들의 후원노력에 영향을 미치는 요인들에 관한 연구. 한국사회복지학, 35, 1-30.

공은배, 백성준. (1994). 한국교육투자의 실태와 수익률 분석에 관한 연구. 교육개발, 94호. 서울: 한국교육개발원.

곽영우, 최준렬, 반상진, 김명수. (2003). 교육경제학. 서울: 하우.

곽윤숙. (2003). 여성 인력의 양성 및 활용에 관한 분석. 한국교육사회학연구, 13(2), 1-20.

구현진. (2008). 지역사회주민의 생활 만족도와 이에 영향을 미치는 건강관련 요인 연구. 대구한의대학교 박사학위논문.

권태희. (2006). 여성 무급가사노동의 경제적 가치평가. 한국여성경제학회 정기학술대회, 8, 1-20.

권혜자. (2005). 고용형태별 직업분리의 임금효과. 한국노동사회연구소 제36차 노동포럼.

______. (2007). 여성경제활동인구 천만시대, 경력단절현상은 개선되고 있는가. 한국고용정보원 고용이슈 제11호.

금재호. (2004). 노동시장 이중구조와 성차별: 직종분리를 중심으로. 응용경제, 6(3), 259-289.

김경신, 김오남, 윤상희. (1997). 미혼 남녀의 사랑과 성에 대한 태도 및 배우자 선택 조건. 대한가정학회지, 35(3), 15-30.

김동훈. (2009). 내생성 해결에 기반을 둔 교육투자의 사적수익률 분석에 관한 연구. 미출판 박사학위논문, 연세대학교, 서울.

김미숙. (1995). 한국 기혼여성노동력과 여성노동정책. 사회과학연구, 47(2), 285-304.

______. (2002). 여성의 지위향상을 위한 성 주류화적 접근. 한국행정학회 2002년도 하계학술대회 발표논문집, 781-803.

______. (2006). 한국 여성노동력의 성격변화와 노동정책. 한국인구학, 29(1), 133-156.

김복규. (2006). 여성인력정책 변화와 과제. 한국인사행정학회 미래정부의 미래지향적 인사행정발전방향 세미나.

김영옥. (2001). 여성 IT 인력의 현황과 잠재력 분석. 한국여성학, 17(2), 5-34.

김용성. (2007). 성별 임금격차에 관한 연구. 서울: 한국개발연구원.

김선희. (1990). 가사노동의 경제적 가치평가에 관한 연구. 대한가정학회, 28(2), 73-89.

김세화. (2005). 여성교육과 가계경제수익에 관한 연구. 연세대학교 석사학위논문.

김안나, 이병식. (2004). 한국 고등교육의 보편화에 따른 대학 재구조화의 현황과 정책 방향. 한국교육, 31(2), 415-440.

김암이, 장미자, 한유미, 곽혜경. (1999). 아동의 지식 습득과정에 관한 어머니의 신념과 교육전략간의 관계. 한국영유아보육학, 18, 257-278.

김영화, 허경철, 김정래, 성기선. (1998). 학교교육 효과 분석 연구. 서울: 한국교육개발원.

김정화. (1999). 여성의 주관적 삶의 질과 교육수준과의 관계: 직업활동의 유무에 따른 비교 분석. 보건과복지, 2, 140-158.

김정희. (1993). 한국주부의 가사노동 시간과 경제적 가치 평가. 대한가정학회, 31(4), 37-51.

김진영. (2007). 사회경제적 지위와 건강의 관계. 한국사회학, 41(3), 127-153.

김지하, 백일우. (2008). 교육의 비금전적 수익추정. 교육재정경제연구, 17(1), 149-178.

김지현. (2007). 국내 여성 화학공학 인력의 활용방안. NICE, 25(2), 114-119.

김진영, 김홍균. (2001). 한국에서의 가계특성과 교육의 투자수익률. 공공경제, 6(2), 33-56.

김진영, 한유경. (2009). 한국형 ICL 도입방안과 예산추계. 교육재정경제연구, 18(2), 53-78.

김태기. (2000). 국가인적자원개발 비전과 추진전략. NHRD 비전과 추진전략 연구팀.

김태홍. (1991). 여성노동력 유휴실태와 활용과제. 서울: 한국여성개발원.

김태홍, 김재원. (1995). 고학력 여성인력의 양성과 활용방안. 서울: 한국여성개발원.

김태홍, 김난주, 권태희. (2007). 한국 자원봉사활동의 결정요인과 경제적 가치 평가. 한국인구학회. 한국인구학, 30(3), 83-105.

김현미. (2002). 기혼여성의 자원봉사활동에 관한 연구: 사회복지기관 및 시설 중심으로. 세종대학교 석사학위논문.

김혜경. (2004). 자원봉사 활동 참여여부에 따른 기혼여성의 특성비교: 인구사회학적, 심리사회적, 가족환경변인을 중심으로. 한국가정관리학회지, 22(4), 141-156.

김혜련. (2005). 만성질환 유병과 주관적 건강수준의 사회계층별 차이와 건강행태의 영향. 보건사회연구, 25(2), 3-35.

김혜영, 전기택. (2007). 한국의 여성사회비전 2030 실현은 가능한가?. 한국정책연구, 7(1), 53-17.

김호정. (2007). 순서화 로짓모형: 설문조사에 적용되는 척도의 종류. 국토, 310, 94-102.

김홍균, 문용호. (2006). 부모 및 부인의 교육수준과 교육투자수익률. 재정논집, 21(1), 1-22.

김홍균, 이예리. (2003). 대학의 전공별 교육투자수익률 분석. 공공경제, 8, 3-27.

남기곤. (2008). 부모의 학력과 자녀의 학력 및 직업지위: 국제비교 분석. 교육재정경제연구, 17(1), 61-92.

남은영, 최유정. (2008). 사회계층 변수에 따른 여가 격차: 여가 유형과 여가 및 삶의 만족도를 중심으로. 한국인구학, 31(3), 57-84.

남춘호. (1997). 표본선택편의의 진단과 수정기법. 사회과학연구, 23, 3-30.

노동부. (2006). 2006년 적극적 고용개선 실태조사.

대한의사협의회. (2007). 2007 전국 회원실태 조사보고서.

류재경. (1992). 교육투자수익률의 시간적 변화. 교육행정학연구, 9(2), 33-48.

문숙재, 윤소영, 김은희. (2002). 무보수 가사노동의 국민경제에 대한 기여도 평가. 대한가정학회, 40(10), 161-176.

문유경, 박수미, 강민정. (2003). 젠더에 대한 한국인간개발보고서. 서울: 여성부.

문지현. (1993). 한국여성의 지위인식과 지위향상 태도에 영향을 미치는 요인에 관한 연구. 여성연구논총, 8, 119-152.

박경호. (2007). BK21과 NURI 사업의 성과평가 연구: 내생성 통제방법을 중심으로. 미출판 박사학위논문, 연세대학교, 서울.

박미해. (1991). 한국의 교육계층으로 본 배우자선택. 한국가족학회, 3, 21-29.

박은미. (2008). 한국 여성정책의 역사적 접근방법에 관한 연구. 한국행정사학지, 23, 239-258.

박성준, 황상인. (2005). 청년층 학력과잉이 임금에 미치는 영향에 대한 분석. 노동경제논집, 28(3), 141-166.

박수미. (2002). 한국여성의 인적자본이 취업에 미치는 영향에 대한 연구. 한국인구학, 25(1), 113-143.

박창제. (2008). 중·고령자의 경제적 노후준비와 결정요인, 한국사회복지학, 60(3), 275-297.

박천수. (2005). 우리나라 노동시장과 직무경쟁 이론. 산업/직업별 고용구조조사 및 청년패널 심포지엄 자료집. 서울: 한국고용정보원.

박혜성. (2000). 도시주부의 자산관리태도·자산적정인지도에 따른 노후경제대책 수행에 관한 연구. 숙명여자대학교 석사학위논문.

반상진. (2008). 고등교육경제학. 서울: 집문당.

방하남, 김기헌. (2002). 기회와 불평등: 고등교육 기회에 있어서 사회계층간 불평등의 분석. 한국사회학, 36(4), 193-222.

백선희. (2000). 성주류화의 관점에서 본 저소득 실업자에 대한 분석과 자활사업 정착을 위한 정책 제안. 한국사회복지학, 43, 76-105.

백일우. (2007). 교육경제학 (제2판). 서울: 학지사.

백일우, 임정준. (2007). 국가단위 패널자료를 이용한 교육의 경제성장 기여도 분석. 교육재정경제연구, 16(2), 53-72.

__________. (2008a). 여성고등교육이 청년층 여성의 기대수익변화에 미치는 영향분석. 교육재정경제연구, 17(1), 123-148.

__________. (2008b). 도구변수를 이용한 여성고등교육의 투자수익률 분석. 교육행정학연구, 26(3), 75-94.

__________. (2008c). 인적자본투자로서 여성고등교육에 대한 수익률 분석. 제1회 여성가족패널 학술대회 자료집. 서울: 한국여성정책연구원.

__________. (2009). 여성고등교육이 성별 임금격차에 미치는 효과분석. 교육재정경제연구, 18(1), 1-26.

성문주. (2009). 노동시장 이행에서의 학력효과에 대한 젠더 비교연구. 여성학논집, 26(1), 109-134.

손미아, 오상용, 배상수, 최중영, 윤태영. (2001). 건강관련 행위가 사회계급과 건강과의 관련성에 미치는 영향. 대한예방의학회 2001년도 제53차 추계 학술대회 연제집, 381-382.

신경수, 송일호. (2005). 교육투자가 임금에 미치는 효과에 관한 실증분석. 사회과학연구, 12(1), 79-102.

신경수, 최두식. (2006). 교육투자의 평균수익률 분석. 창업정보학회지, 9(1), 73-95.

신동균. (2005). 사업체 패널자료를 이용한 성차별 분석. 서울: 한국노동연구원.

신현옥. (2005). 정부의 여성인적자원 개발정책. 젠더리뷰, 9, 6-9.

심숙영. (2000). 어머니의 교육수준과 가정수입에 따른 유아교육에 대한 신념과 가정에서의 학습활동. 한국영유아보육학, 21, 241-260.

심윤종. (1996). 한국 직장인의 여가생활. 사회과학, 35(2), 229-266.

안다영. (2004). 로버스트 추정에 의한 다범주 로지스틱 회귀분석에 관한 연구. 숙명여자대학교 석사학위논문.

안주엽, 남재량, 이인재, 성지미, 최강식. (2007). 노동과 차별(II): 인식과 실제. 서울: 한국노동연구원.

양승주. (1993). 기혼여성의 경제활동 참가요인 분석. 서울: 한국여성개발원.

양세정, 여윤경. (2000). 부부의 인적자본과 가계소비지출구조. 대한가정학회지, 38(8), 141-157.

여성가족부. (2006). 여성인력개발종합계획(Dynamic women Korea 2010) 확정 발표. 보도자료, 7월 4일. 오욱환 (2000). 한국사회의 교육열: 기원과 심화. 서울: 교육과학사.

오혜진. (2002). 자선적 기부참여자의 기부행동에 영향을 미치는 요인연구: 기부금액 및 기부노력을 중심으로. 이화여자대학교 석사학위논문.

우원규, 조영태. (2009). 교육수준에 따른 한국인의 유배우기대여명. 한국인구학, 32(1), 93-111.

우재영. (2009). 순서화 로짓모형을 이용한 농협의 선호도 분석. 농촌지도와 개발, 16(2), 405-438.

윤인진, 배은식. (2009). 여가활동의 변화와 경제활동이 여가활동에 미치는 영향. 여가학연구, 7(2), 89-111.

유경준, 황수경. (2005). 노동시장에서의 차별과 차이. 서울: 한국개발연구원.

유옥란. (2004). 경제발전과 여성의 경제적 지위. 아시아여성연구, 43(1), 237-267.

이갑숙, 손진현. (2009). 여성인적자원의 특성 분석. 공공행정연구, 10(1), 15-

36.
이경희, 김태일. (2007). 대학순위와 전공의 임금효과. 교육학연구, 45(3), 167-197.

이미숙. (1997). 부부의 결혼만족도와 관련 요인 연구: 가족주의가치를 중심으로. 생활과학연구논집, 17(1), 87-105.

이미정. (1997). 인적자본으로서 여성교육의 의미. 한국인구학, 20(2), 135-160.

이상문. (2008). 빈곤계층의 정신건강에 관한 연구. 한국사회학, 42(3), 119-152.

이성우, 민성희, 박지영, 윤성도. (2005). 로짓・프라빗모형 응용. 서울: 박영사.

이옥지. (2001). 한국여성노동자 운동사. 서울: 한울아카데미.

이세용. (1998). 학부모 교육참여와 학업성취에 관한 연구. 한국사회학회 사회학대회 논문집, 43-48.

이수애. (1999). 여성의 사회적 지원과 삶의 질. 여성연구, 7, 177-221.

이영호, 이성은. (2000). 개인특성, 스트레스 및 부부간 의사소통과 결혼만족도의 관계. 한국심리학회. 한국심리학회지, 19(3), 531-548.

이은영. (2009). 여성의 자아존중감과 결혼만족도의 관계성 연구. 중앙대학교 석사학위논문.

이은형, 방정혜, 강현모, 정은경. (2010). 인적자원개발과 개인차원의 조직성과의 관계: 성별 및 유형별 차이를 중심으로. 여성경제연구, 7(1), 77-107.

이정미, 한유경, 최정윤, 김병주. (2009). 내부수익률법에 의한 계열별 대학교육 투자수익률 분석. 교육재정경제연구, 18(2), 27-51.

이창렬. (2000). 지식기반사회에서의 여성인적자원 개발을 위한 교육정책방향에 관한 연구. 부산대학교 석사학위논문.

이혜영, 김미란, 한준. (2006). 학교교육이 사회계층 이동에 미치는 영향 분석. 서울: 한국교육개발원.

이희선. (1995). 아동과의 상호작용에 대한 부모의 신념. 아동학회지, 16(1), 65-78.

이희숙. (2008). 대학특성 및 전공계열에 따른 고등교육 투자 수익률 분석 연구. 교육재정경제연구, 17(1), 33-59.

이희자. (1999). 고학력 기혼여성의 자원봉사 활성화 방안에 관한 연구. 대전대학교 석사학위논문.

장묘욱. (1992). 상담자원봉사자의 자원봉사활동과 관련된 동기에 관한 연구. 이화여자대학교 석사학위논문.

장미혜. (2002). 사회계급의 문화적 재생산: 대학간 위계서열에 따른 부모의 계급구성의 차이. 한국사회학, 36(4), 223-251.

장상수. (1999). 한국 사회의 교육수준별 혼인 유형과 그 변화. 한국사회학, 33(2), 417-448.

장수명, 서혜애. (2005). 이공계 기피현상의 경제적 진단. 교육재정경제연구, 14(2), 25-52.

장수명, 이번송. (2001). 인적자본의 지역별·산업별 분포와 그 외부효과. 노동경제논집, 24(1), 1-33.

전광수. (2003). 교육투자의 사회경제적 효과와 결정요인 분석: 소득, 직업안정성 및 직무만족도를 중심으로. 세종대학교 박사학위논문.

정민자. (1987). 배우자 선택결정에 미치는 요인 및 중요도에 관한 연구. 연구논문집, 18(1), 105-126.

정진호, 이규용, 최강식. (2004). 학력간 임금격차의 변화와 요인분석. 서울: 한국노동연구원.

조소라. (1995). 사회복지기관 후원자들의 후원행위 지속에 영향을 미치는 요인에 관한 연구. 서울대학교 석사학위논문.

조영복, 곽선화. (2000). 고학력 여성노동의 현황과 대책. 부산대학교 경영·발전연구소, 19(1).

조혜선. (2003). 결혼만족도의 결정요인. 한국사회학, 37(1), 91-115.

주재선, 이채정. (2009). 2008 한국의 성인지 통계. 서울: 한국여성정책연구원.

최강식, 정진화. (1997). 여성잠재인력의 활용방안. 서울: 한국노동연구원.

채옥희, 송복희. (2006). 30대 주부의 가사노동 수행과 가정생활만족도에 영향을 미치는 변인, 한국가정과학회지, 9(4), 15-26.

최강식. (2002). 교육투자의 경제적 수익률 분석. 응용경제, 4(2), 229-257.
최강식, 정진욱, 정진화. (2005). 자영업 부문의 소득분포 및 소득결정요인: 분위회귀분석. 노동경제논집, 28(1), 135-156.
최미애. (2005). 로지스틱 회귀에서의 로버스트 추정법 연구. 숙명여자대학교 석사학위논문.
최선희, 정우석, 이자해. (2007). 고용안정성이 임금노동자의 건강상태에 미치는 영향. 한국사회학회 사회학대회 논문집, 311-320.
최정윤. (2008). 저소득층 대학생 지원. 교육복지 마스터플랜 수립연구, 87-112. 서울: 한국교육개발원.
최진이. (2005). 로지스틱 회귀모형과 로지스틱 다층모형의 경험적 비교. 연세대학교 석사학위논문.
한국여성경제인협회. (2005). 여성기업 실태조사. 서울: 한국여성경제인협회.
한국여성개발원. (1992). 여성백서. 서울: 한국여성개발원.
한미정. (1994). 어머니의 신념과 유아의 인지능력 및 사회적 역량과의 관계. 숙명여자대학교 석사학위논문.
한성신, 조인숙. (2007). 한국의 교육투자수익률 및 학위효과. 노동경제논집, 30(1), 1-30.
한지선. (2004). 지속적인 기부행동에 영향을 미치는 요인에 관한 연구. 이화여자대학교 석사학위논문.
홍성희, 곽인숙. (2006). 중년기 남녀 봉급생활자의 은퇴계획 비교분석: 경제적 준비와 건강준비를 중심으로. 한국가정관리학회지, 24(1), 193-207.
황기아, 홍보선. (1996). 부부간 의사소통효율성 및 의사결정유형과 결혼만족도와의 관련연구. 생활과학연구 논문집, 4, 41-65.
황은애. (1999). 도시가계의 소비지출과 소비지출패턴의 결정요인. 대한가정학회지, 37(8), 117-132.
허식. (2003). 산업과 직종에서의 성별 임금격차에 관한 원인분석. 응용경제, 5(3), 57-74.
___. (2007). 지역간 임금격차에 관한 요인분해: 수도권과 비수도권 중심으로. 산업경제연구, 20(1), 1-16.

황수경. (2003). 여성의 직업선택과 고용구조. 서울: 한국노동연구원.

Abbas, Q. (2000). The role of human capital in economic growth: A comparative study of Pakistan and India. The Pakistan Development Review, 39(4), 451-473.

Amemiya, T. (1978). The estimation of a simultaneous equation generalized profit model. Econometrica, 46(5), 1193-1205.

Arai, K. (2001). Internal rates of return to higher education for non-quitters and the role of female higher education. Hitotsubashi Journal of Economics, 42, 1-15.

Angrist, J. D., & Krueger, A. B. (1991). Does compulsory school attendance affect schooling and earnings? The Quarterly Journal of Economics, November, 979-1014.

______________________________. (1995). Split sample instrumental variables estimates of the return to schooling. Journal of Business and Economic Statistics, 13, 225-235.

Angrist, J. D., & Newey, W. (1991). Over-identification tests in earnings functions with fixed effects. Journal of Business and Economic Statistics, 9, 317-323.

Arabsheibani, G. R., & Mussurov, A. (2007). Returns to schooling in Kazakhstan: OLS and instrumental variables approach. Economics of Transition, 15(2), 341-364.

Ashenfelter, O. C., & Rouse, C. (1997). Income, schooling, and ability: Evidence from a new sample of identical twins. NBER Working Paper Series 6106.

Asplund, R. (2000). Private returns to education in Finland. Keskusteluaiheita. Discussion Papers 720.

Baum, C. F. (2006). An Introduction to modern econometrics using Stata. Texas: A Stata Press Publication.

Becker, G. S. (1964). Human capital. New York: National Bureau of Economic Research.

__________. (1971). The economics of discrimination. Chicago: The University of Chicago Press.

Bergmann, B. R. (1974). Occupational segregation, wage and profits when employers discriminate by race and sex. Eastern Economic Journal, 1(1-2), 103-110.

Bhrman, J. R., & Stacey, N. (1997). The social benefits of education. Ann Arbor: University of Michigan Press.

Blackburn, M. L., & Neumark, D. (1995). Are OLS estimates of the return to schooling biased downward? Another look. Review of Economics and Statistics, 77, 217-230.

Blau, F., & Kahn, L. M. (2004). The US gender pay gap in the 1990s: Slowing convergence. National Bureau of Economic Research. Working Paper Series 10853.

Bound, J., Jaeger, D. A., & Baker, R. (1995). Problems with instrumental variables estimation when the correlation between the instruments and the endogenous explanatory variable is weak. Journal of the American Statistical Association, 90(430), 443-450.

Bowen, H. R. (1985). The effects of going to college. In J. H. Ballatine (Eds.), School and society. Palo Alto, CA: Mayfield Publishing Company.

Breusch, T., & Pagan, A. (1980). The LM test and its application to model specification in econometrics. Review of Economic Studies, 47, 239-254.

Buchinsky, M. (2001). Quantile regression with sample selection: Estimating women's return to education in the U.S. Empirical Economics, 26, 87-113.

Card, D. (2001). Estimating the return to schooling: Progress on some persistent econometric problems. Econometrica, 69, 1127-1160.

Carnoy, M. (1995). International encyclopedia of economics of education. Library of Congress Cataloging in Publication Data.

_________. (2005). Globalization, educational trends and the open society. 2005 OSI Education Conference.

Chamberlain, G. (1987). In handbook of econometrics. In Z. Griliches & M. D. Intriligator (Eds.), Panel data (pp. 1247-1318). Amsterdam: North Holland.

Chanana, K. (2003). Visibility, gender, and the careers of women faculty in an Indian university. McGuill Journal of Education, 38(3), 381-390.

Chevalier, A., & Lydon, R. (2001). Estimates of the effect of education on job satisfaction. Mimeo: University of Warwick.

Chevalier, A., Dolton, P., & McIntosh, S. (2001). Recruiting and retaining teachers in the UK: An analysis of graduate occupation choice from the 1960s to the 1990s. London: Center for the Economics of Education.

Cohn, E. (1975). Economics of education. Cambridge, MA: Ballinger Publishing Company.

Daymont, T. N., & Andrisani, P. J. (1984). Job preferences, college major, and the gender gap in earnings. Journal of Human Resources, 19(3), 408-428.

Dougherty, C. (2003). Why is the rate of return to schooling higher for women than for men? Center for Economics Performance. Discussion Papers 581.

___________. (2007). Introduction to econometrics (3rd ed.). Oxford: Oxford University Press.

Edwards, L. N., & Pasquale, M. K. (2003). Women's higher education in Japan. The Japanese and International Economies, 17, 1-32.

Garen, John. (1984). The returns to schooling: A selectivity bias approach with continuous choice variable. Econometrica, 52(5), 1199-1218.

Goldin, C. (1990). Understanding the gender gap: An economic history of American women. New York: Oxford University Press.

Gorodnichenko, Y., & Sabirianova, K. (2005). Returns to schooling in Russia and Ukraine: A semi-parametric approach to cross-country analysis. Journal of Comparative Economics, 33(2), 324-350.

Griliches, Z. (1977). Estimating the returns to schooling: Some econometric problems. Econometrica, 52, 1199-1218.

Grogger, J., & Eide, E. (1995). Changes in college skills and the rise in the college wage premium. Journal of Human Resources, 30(2), 280-310.

Han, S., & Cho, I. (2006). The effect of omitted variables on earnings and education. The Korean Journal of Economics, 13(1), 1-24.

Harmon, C., Oosterbeek, H., & Walker, I. (2003). The returns to education: Microeconomics. Journal of Economic Surveys, 17(2), 115-155.

Harmon, C., Walker, I., & Westergaard-Nielson, N. (2001). Education and earnings in Europe. Cheltenham: Edward Elgar Press.

Hausman, J. A. (1978). Specification tests in econometrics. Econometrica, 46, 1251-1271.

Hausman, J. A., & Taylor, W. E. (1981). Panel data and unobservable individual effects. Econometrica, 49, 1377-1398.

Haveman, R. H., & Wolfe, B. L. (1994). Succeeding generations: On the effects of investment in children. NY: Russell Sage Foundation.

________________. (1995). The determinant of children's attainments: A review of methods and findings. Journal of Economic Literature, 33, 1829-1878.

________________. (2001). Accounting for the social and

non-market benefits of education. In H. John (Ed.), The contribution of human and social capital to sustained economic growth and well-being. Vancouver: University of British Columbia Press.

Heckman, J. J. (1976). The common structure of statistical methods of truncation, sample selection, and limited dependent variables and a simple estimator for such models. Annals of Economic and Social Measurement, 5, 475-492.

_____________. (1978). Dummy endogenous variable in a simultaneous equation system. Econometrica, 46, 931-959.

_____________. (1979). Sample selection bias as a specification error. Econometrica, 47, 153-161.

Heckman, J. J., & Li, X. (2004). Selection bias, comparative advantage and heterogenous returns to education: Evidence from China in 2000. Pacific Economic Review, 9(3), 155-171.

Heckman, J. J., & Polacheck, S. (1974). Empirical evidence on the functional form of the earnings-school relationship. Journal of the American Statistical Association, 69, 350-354.

Hersch, J., & Stratton, L. S. (2000). Household specialization and the male marriage wage premium. Industrial and Labor Relations Review, 54, 78-94.

Hoffer, S. N. (1973). Private rates of return to higher education for women. The Review of Economics and Statistics, 55(4), 482-486.

Ianneli, C. (2002). Parental education and young people's educational and labor market outcomes: A comparison across Europe. Mannheimer Zentrum fur Europaische Sozialforschung. Working Paper No. 45.

IESALC. (2007). Report on higher education in Latin America and the Caribbean 2000-2005. IESALC.

Jann, B. (2008). A Stata implementation of the Blinder-Oaxaca decomposition. ETH Zurich Sociology. Working Paper No. 5.

Johnes, G. (1993). The economics of education. London: The Macmillan Press.

Johnson, G., & Stafford, F. (1998). Alternatives approaches to occupational exclusion. In I. Persson & C. Jonung (Eds.), Women's work and wages. Routledge Research in Gender and Society.

Johnstone, D. B. (2004). The economics and politics of cost sharing in higher education: Comparative perspectives. Economics of Education Review, 23, 403-410.

Kingdon, G., & Unni, J. (2001). Education and women's labor market outcomes in India. Education Economics, 9(2), 173-195.

Klasen, S. (2002). Low schooling for girls, slower growth for all? Cross-country evidence on the effect of gender inequality in education on economic development. The World Bank Economic Review, 16(3), 345-373.

Koenker, R., & Bassett, G. (1978). Regression quantiles. Economica, 46(1), 33-50.

Koenker, R., & Hallock, K. F. (2001). Quantile regression. Journal of Economic Perspectives, 15(4), 143-156.

Krueger, A., & Summers, L. (1988). Efficiency wages and the inter-industry wage structure. Econometrica, 56(2), 259-293.

Laucer, C., & Steiner, V. (2000). Returns to education in West Germany. An empirical assessment. Center for European Economic Research. ZEW Discussion Paper 00-04.

Lee, L. (1979). Identification and estimation in binary choice models with limited(censored) dependent variable. Econometrica, 47(4), 977-996.

Leslie, L. L. (1990). Rates of return as informer of public policy. Higher Education, 20, 271-286.

Li, H. (2003). Economic transition and returns to education in China. Economics of Education Review, 22(3), 317-328.

Machin, S., & Vignoles, A. (2005). What's the good of education? The economics of education in the UK. Princeton and Oxford: Princeton University Press.

Maringe, F. (2006). University and course choice. International Journal of Educational Management, 20(6), 466-479.

Martins, P. S., & Pereira, P. T. (2004). Does education reduce wage inequality? Quantile regression evidence from 16 countries. Labor Economics, 11, 355-371.

McCoy, A., Wilkinson, A., & Jackson, R. (2008). Education and employment outcomes of the Ronald E. McNair Postbaccalaureate Achievement Program Alumni. U.S. Department of Education Office of Planning, Evaluation and Policy Development.

Meng, X. (1998). Male-female wage determination and gender wage discrimination in China's rural industrial sector. Labor Economics, 5(1), 67-89.

Mincer, J. (1974). Schooling, experience, and earnings. New York: Columbia University Press.

Mincer, J., & Ofeck, H. (1982). Interrupted work careers: Depreciation and restoration of human capital. Journal of Human Resources, 27(1), 3-24.

Mincer, J., & Polacheck, S. (1974). Family investments in human capital: Earnings of women. In T. W. Schultz (Ed.), The economics of family. Chicago: University of Chicago Press.

Mwabu, G., & Schultz, T. P. (1996). Education returns across quantiles of the wage function: Alternative explanations for returns to education by race in South Africa. American Economic Review, 86(2), 335-339.

Neuman, S., & Oaxaca, R. (2005). Wage differentials in the 1990s in Israel: Endowments, discrimination, and selectivity. International

Journal of Manpower, 26(3), 217-236.

Oaxaca, R. (1973). Male-female wage differentials in urban labor markets. International Economic Review, 14, 693-709.

Oaxaca, R., & Ransom, M. (1994). On discrimination and the decomposition of wage differentials. Journal of Econometrics, 61, 5-21.

O'Donnell, C. (1984). The relationship between women's education and their allocation to labor market. Studies in Higher Education, 9(1), 59-72.

Olsen, R., Seftor, N., Silva, T., Myers, D., DesRoches, D., & Young, J. (2007). Upward bound math-science: Program description and interim impact estimates. U.S. Department of Education Office of Planning, Evaluation and Policy Development.

Pencavel, J. (1998). Assortative mating by schooling and the work behavior of wives and husbands. American Economic Review, 88, 326-329.

Pereira, P., & Silva-Martins, P. (2002). Is there a return-risk link in education? Economics Letters, 75(1), 31-37.

Peter, K. (2003). A guide to econometrics (5th ed.). MA: Blackwell Publishing.

Pham, T., & Reilly, B. (2007). The gender pay gap in Vietnam 1993-2002: A quantile regression approach. MPRA. Paper 6475.

Psacharopoulos, G., & Patrinos, H. A. (2002). Returns to investment in education: A further update. World Bank Policy Research. Working Paper 2881.

______________________________. (2004). Human capital and rates of return. In G. Johnes & J. Johnes (Eds.), International handbook on the economics of education (pp. 1-57). Cheltenham: Edward Elgar Publishing Ltd.

Reed, W. R., & Hartford, K. (1989). The marriage premium and compensating wage differentials. Journal of Population Economics, 2, 237-265.

Salas-Velasco, M. (2006). Private returns to an university education: An instrumental variables approach. Higher Education, 51, 411-438.

Sargan, J. D. (1958). The estimation of economic relationship using instrumental variables. Econometrica, 26, 393-415.

Sattinger, M. (1993). Assignment models of the distribution of earnings. Journal of Economic Literature, 31, 851-880.

Shah, R. (2007). Impact of higher education on earnings of women in the public sector educational institutions in Pakistan. International Business & Economics Research Journal, 6(11), 117-124.

Shultz, T. W. (1960). Capital formation by education. Journal of Political Economy, 68, 571-583.

__________. (1961). Investment in human capital. American Economic Review, 51(1), 1-17.

__________. (1970). The reckoning of education as human capital. In W. L. Hansen (Eds.), Education, income, and human capital (pp. 302-3). New York: National Bureau of Economic Research.

__________. (1974). Economics of the family: Marriage, children, and human capital. Chicago: University of Chicago Press.

__________. (1975). The value of ability to deal with disequilibrium. Journal of Economic Literature, 13, 827-846.

__________. (2003). Evidence of returns to schooling in Africa from household surveys: Monitoring and restructuring the market for education. An empirical assessment. Economic Growth Center, Yale University. Center Discussion Paper 875.

Stock, J. H., & Watson, M. W. (2007). Introduction to econometrics (2nd ed). New York: Pearson Education.

Thurow, L. C. (1975). Generating inequality: Mechanisms of distribution in the U.S. economy. New York: Basic Books.

Trostel, P., Walker, I., & Woolley, P. (2002). Estimates of the economic return to schooling for 28 countries. Labor Economics, 9(1), 1-16.

Trow, M. (1974). Problems in the transition from elite to mass education. Policies for Higher Education, 51-101. Paris: OECD.

UNESCO. (1998). Higher education in India: Vision and action. UNESCO world conference on higher education in 20th century. Country paper.

Vella, F. (1994). Gender roles and human capital investment: the relationship between traditional attitudes and female labor market performance. Economica, 61, 191-211.

Waldfogel, J. (1998). The family gap for young women in the United States and Britain: Can maternity leave make a difference? Journal of Labor Economics, 16(3), 505-545.

Walsh, J. R. (1968). Capital concept applied to man. In M. J. Bowman, et al. (Eds.), Readings in the Economics of Education (p. 460). Paris: UNESCO.

Wambugu, A. (2003). Essays on earnings and human capital in Kenya. Kenya: Goteborg University.

Wei, X., Tsang, M., & Chen, L. (1999). Education and earnings in rural China. Education Economics, 7(2), 167-187.

Weisbrod, B. A. (1962). Education and investment in human capital. Journal of Political Economy, 70, 106-123.

______________. (1964). External benefits of public education: An economic analysis. Princeton, NJ: Industrial Relations Section, Princeton University.

Williams, G., & Gordon, A. (1981). Perceived earnings functions and ex ante rates of return to post compulsory education in England. Higher Education, 10, 199-227.

Willis, R. (1986). Wage determinants: A survey and reinterpretation of human capital earnings functions. In O. Ashenfelter & R. Layard (Eds.), Handbook of labor economics. Amsterdam and New York: North Holland.

Wimmer, B. S., & Chezum, B. (2003). An empirical examination of quality certification in a lemons market. Economic Inquiry, 41(2), 279-291.

Wooldridge, J. M. (2002). Econometric analysis of cross section and panel data. Cambridge, MA: MIT Press.

______________. (2009). Introductory econometrics: A modern approach (4th ed.). OH: Thomson Higher Education.

| 찾아보기 |

ㅊ

ㅋ

ㅌ

ㅍ

ㅎ

저자 소개

백일우(白日宇) 연세대학교 문과대학 교육학과 졸업(문학사)
연세대학교 상경대학 경제학과 졸업(경제학사)
연세대학교 대학원 경제학과 졸업(경제석사)
UC at Berkeley 교육학과, Ph.D.
현재 연세대학교 교육학부 교수

임정준(任廷濬) 서강대학교 문과대학 영문학과 졸업(문학사)
Creighton University 영문학과 졸업(문학석사)
연세대학교 교육학과, Ph.D.
현재 서울대학교 치의학대학원 연구교수

아산재단 연구총서 제358집
어선교육투자에 대한 교육경제학적 탐색 값 14,000원

2013년 10월 30일 1판 1쇄

저 자 백일우 · 임정준
발 행 인 임 동 규
발 행 처 **집 문 당**
주 소 110-360 서울특별시 종로구 돈화문로 82
등 록 1971. 3. 23. 제300-2012-69호
영 업 부 (02)743-3192~3 팩스(02)742-4657
전자우편 sale@jipmoon.co.kr
편 집 부 (02)743-3096~7 팩스(02)743-0227
전자우편 edit@jipmoon.co.kr
홈페이지 www.jipmoon.co.kr

ISBN 978-89-303-1623-1
978-89-303-1500-5(세트)

이 도서의 국립중앙도서관 출판시도서목록(CIP)은 서지정보유통지원시스템 홈페이지(http://seoji.nl.go.kr)와 국가자료공동목록시스템(http://www.nl.go.kr/kolisnet)에서 이용하실 수 있습니다.(CIP제어번호: CIP2013019559)

아 | 산 | 재 | 단 | 연 | 구 | 총 | 서

1 전환기의 중국경제
김윤환 외 | 단국대 경제학과

2 폴란드 경제의 변천 개혁과 그 전망
김광수 | 숭실대 경제학과

3 재소한인
이광규 외 | 서울대 인류학과

4 소련산림과 임업
홍성천 외 | 경북대 임학과

5 아세안의 정치경제
김국진 외 | 외교안보연구원

6 태국의 사회변동과 경제발전
최석만 외 | 전남대 사회학과

7 중국의 사회경제 통계분석
신한풍 외 | 고려대 통계학과

8 중국의 정치와 경제
박두복 외 | 외교안보연구원

9 동유럽의 개혁과 시장경제의 도입
허만 외 | 부산대 사범대학

10 동유럽의 개혁운동
박영신 | 연세대 사회학과

11 현대 러시아 연구
기연수 외 | 한국외대 노어과

12 전략적 선택과 기업의 국제경쟁력
이장호 | 서강대 경영대학

13 협동사회의 정착과 정부의 역할
이종범 외 | 고려대 행정학과

14 한국 제조기업 생산성의 동적 분석
노부호 외 | 중앙대 경영대학

15 분배의 정의
변형윤 외 | 서울대 경제학과

16 도덕적 행동의 강화
이훈구 외 | 연세대 심리학과

17 관료부패와 통제
김해동 외 | 서울대 행정대학원

18 한국경제의 내실 있는 성장
정창영 외 | 연세대 경제학과

19 한국국민정신운동의 역사와 발전방향
박수명 외 | 부산대 사범대학

20 한국대학생의 가치성향과 상담효과
이영희 외 | 숙명여대 교육학과

21 가출청소년과 학교관리체제
안창규 외 | 부산대 교육학과

22 동북아 정세변화와 한·일관계
한승조 외 | 고려대 정치외교학과

23 언론과 부정부패
정대철 외 | 한양대 신문방송학과

24 한국의 고등학교 교육
이원호 외 | 부산대 교육학과

25 가족과 방송
김학수 외 | 서강대 신문방송학과

26 재정개혁의 전망과 재산세제의 개편 과제
오연천 | 서울대 행정대학원

27 청소년을 위한 전자게임 프로그램의 규제 및 평가체계 개발
박혜원 외 | 울산대 가정관리학과

28 정신장애자 가족의 사회심리적 특성
이근후 외 | 이화여대 의과대학

29 가족의 관계역동성과 문제인식
이광규 외 | 서울대 인류학과

30 현대인과 한국전통음식
승정자 | 숙명여대 식품영양학과

31 기업의 초고속정보통신망활용
안중호 | 서울대 경영학과

32 지역발전을 위한 교육자치제의 개선방안
김남순 | 조선대 사범대학

33 전환기의 공무원 가치관
조경호 | 울산대 행정학과

34 지방자치와 사회복지의 과제
김영모 | 중앙대 사회복지학과

35 WTO체제하의 지방중소기업 지원정책
최명주 외 | 계명대 통상학부

36 현대한국의 시민운동
이효선 | 중앙대 사회학과

37 기업 세계화의 단계 및 정도의 측정
허영도 외 | 울산대 경영학과

38 가족복지를 위한 가족주치의 시범사업의 효과
이혜리 외 | 연세대 가정의학교실

39 한국대학생의 삶의 만족도
김재은 외 | 이화여대 교육심리학과

40 지역경제와 지역산업구조의 개편방향
정기화 외 | 전남대 경제학부

41 중국기업의 소유형태별 경영특성
노철화 외 | 부산대 무역학과

42 남북한의 인성 · 사상교육
한승조 외 | 고려대 정치외교학과
43 연계적 뇌기능 조언을 위한 의료용 멀티미디어 시스템의 설계
유선국 | 연세대 의용공학교실
44 다민족국가의 민족문제와 한인사회
최협 외 | 전남대 인류학과
45 저소득층지역 청소년 여가문화와 소집단 활성화
박문수 외 | 서강대 사회학과
46 삶의 질의 국제비교와 지역간 비교분석
이재기 외 | 울산대 경제학과
47 21세기 지역주민의 삶의 질
양종회 외 | 성균관대 사회학과
48 삶의 질에 대한 국가간 비교
조명한 외 | 서울대 심리학과
49 외국인 노동자의 노사관계와 사회적 적응
석현호 외 | 성균관대 사회학과
50 한국의 사법제도와 발전 모델
정종섭 | 건국대 법학과
51 고령화사회와 중상층 노인의 사회활동
조성남 외 | 이화여대 사회학과
52 한국의 서비스 시장 개방정책
한홍렬 | 한양대 경제학부
53 한국과 AFTA간의 교역증진 및 경제 협력방안
손일태 외 | 경희대 경제통상학부
54 물류비 절감을 위한 무역업체의 정보화전략
이영수 외 | 경북대 경제통상학부
55 사회주의 체제전환과 사회정책
오정수 외 | 충남대 사회복지학과
56 남북통일 이후 농업생산체계 개편
홍성규 외 | 건국대 농업경제학과
57 국제화와 세계화
하영선 외 | 서울대 외교학과
58 IMF 개혁정책의 평가와 한국경제의 신(新) 패러다임
조동근 | 명지대 경제학과
59 구조개혁과 실업대책
박동운 | 단국대 경제무역학부
60 21세기 신노사관계
심윤종 외 | 성균관대 사회학과
61 학교에서의 집단 따돌림
이춘재 외 | 가톨릭대 심리학과
62 한국노인의 정신건강실태와 건강증진
조맹제 외 | 서울대 의과대학
63 혁명과 개혁 속의 중국 농민
김광억 | 서울대 인류학과
64 중국의 경제환경과 한국기업의 진출 전략
지용희 외 | 서강대 경영학과
65 김대중 대통령의 시스템 사고
김동환 | 중앙대 공공정책학부
66 실업과 가족해체
최일섭 외 | 서울대 사회복지학과
67 합리적 부채비율 조정방안
오상근 | 동아대 경제학과
68 한국 중산층의 생활문화
문숙재 외 | 이화여대 소비자 · 인간발달학과
69 계층간 갈등상태에서 최적소득세
김진욱 | 건국대 경상학부
70 글로벌 경쟁력 제고를 위한 기업전략과 조직구축
이만우 외 | 고려대 경영학과
71 의료보험과 국민연금의 관리효율화를 위한 통합방안
사공진 외 | 한양대 경제학부
72 정부개혁의 과제와 전략
박우서 외 | 연세대 행정학과
73 책임운영기관 제도에 관한 비교분석
김근세 | 가톨릭대 행정학과
74 새로운 패러다임하에서의 한국기업의 바람직한 지배구조
최운열 외 | 서강대 경영학과
75 현대 한국사회의 계층구조
양춘 외 | 고려대 사회학과
76 한국의 산업정책과 산업구조조정
강인수 | 숙명여대 경제학부
77 기업구조조정
김석진 | 경북대 경영학부
78 지식경영을 위한 인적자원 개발 및 관리체계
장영철 | 경희대 경영학부
79 뉴 비즈니스 모델
전성현 | 국민대 정보관리학부

80 중산층의 정체성과 소비문화
함인희 외 | 이화여대 사회학과

81 외국관광객 유치를 위한 마케팅 전략
박상규 | 강원대 경영학과

82 한국인의 세대별 문학의식
이동순 | 영남대 국문과

83 공공부문의 효율성 평가와 측정
김재홍 외 | 울산대 사회과학부

84 한국 청소년의 정치의식과 형성요인
김광웅 외 | 숙명여대 아동복지학과

85 한국 대학생의 정치의식
배한동 | 경북대 윤리교육과

86 산업의 정보화와 산업발전
이기동 | 계명대 통상학부

87 한국 제조업의 고용조정 분석
이종원 외 | 성균관대 경제학부

88 지식자산에 대한 경영전략적 평가모형 개발
배재학 외 | 울산대 컴퓨터·정보통신공학부

89 관광사업을 위한 한국적 이미지의 휴식복 개발
채금석 | 숙명여대 의류학과

90 한국 정치제도의 개혁
신정현 | 경희대 사회과학부

91 e비즈니스와 아웃소싱 전략
정승화 외 | 연세대 경영학과

92 집단 따돌림의 진단 및 치료방안
홍준표 | 중앙대 인간생활환경학과

93 16대 총선과 낙선운동
조기숙 | 이화여대 국제대학원

94 부동층 유권자 행태 분석
진영재 | 연세대 정치외교학과

95 사이버 공동체의 성공요인
이재관 | 숭실대 경영학부

96 온라인 소비자 행동의 이론과 실증
윤성준 | 경기대 경영학부

97 글로벌 시대 정약용 세계관의 가능성과 한계
차성환 | 한일장신대 역사사회학과

98 러시아의 체제전환 과정에서 나타난 국가의 역할과 그 전망
이상민 외 | 부산대 정치외교학과

99 남북한의 경제발전 수준과 산업구조 비교, 그리고 경제교류 협력방향
주성환 | 건국대 경제학과

100 집단따돌림과 교육해체
한준상 | 연세대 교육학과

101 공적연금제도의 효율성과 개선방안
유금록 | 군산대 행정복지학부

102 벤처기업-대기업의 성공적인 협력 모델
나중덕 | 경산대 경영학과

103 북한의 재외동포정책
조정남 외 | 고려대 정치외교학과

104 사이버 공동체 형성의 역동적 모형
장용호 | 서강대 신문방송학과

105 기업이론과 기업의 소유지배구조
김일태 외 | 전남대 경제학부

106 가축분뇨 자원화를 위한 공동이용조직에 대한 농가선호도 분석
유덕기 | 동국대 생명자원경제학과

107 개혁정책과 전문가 집단
이경원 외 | 제주대 행정학과

108 현대 한국사회의 이중가치체계
신수진 외 | 이화여대 가정관리학과

109 한국의 산업구조 변화와 기업집단 다각화 전략
김용학 외 | 연세대 사회학과

110 지식정보사회의 경제적 모형 설정 및 사례 연구
김범환 | 배제대 경영정보학부

111 변호사징계세도
오종근 | 한림대 법학부

112 인터넷 특허법
김순석 | 광주대 법학과

113 e-비즈니스 시대의 금융 및 재정정책의 새로운 패러다임
이종욱 | 서울여대 경제학과

114 청소년의 하위문화와 정체성
조성남 | 이화여대 사회학과

115 디지털금융시대의 금융구조변화와 정부규제 및 정책
이충열 | 고려대 경제학부

116 지식경영을 위한 기업의 조직설계방안
김경수 외 | 전남대 경영학과

117 전자금융의 발달과 경제정책의 새로운 패러다임
이명훈 | 명지대 경제학과

118 동아시아의 안보와 유엔체제
강성학 편저 | 고려대 정치외교학과

119 유료 치매노인 그룹홈의 개발과 관련 정책
최정신 외 | 가톨릭대 소비자·주거학과

120 소비자 지향적 문화산업 정책
홍영준 | 호남대 광고홍보학과

121 국제·국가·지방 환경규제의 연계
정준금 외 | 울산대 행정학과

122 현행 회사 합병·분할제도의 평가와 개선방안
옥무석 외 | 이화여대 법학과

123 배려지향적 도덕성과 정의지향적 도덕성
정옥분 외 | 고려대 사범대학

124 기업구조조정에 대한 채권금융기관 및 금융감독기관의 역할과 책임
이중기 | 한림대 법학과

125 실업대책으로서 한국의 법정기준근로 시간 단축
박영범 | 한성대 경제학과

126 프랑스어의 비분리성 소유개념 표현
노윤채 | 연세대 언어정보연구원

127 지방채의 효율적 관리방안
강태구 | 호원대 법행정학부

128 21세기 산업구조 변화와 과학기술정책
임채성 외 | 그리스도신학대 경영정보학부

129 인터넷 쇼핑몰 이용자의 불평행동
예종석 | 한양대 경영학부

130 한국기업의 성과급제도 현황, 효과 및 개선방안
김성수 | 서울대 경영학과

131 전자상거래와 소비자보호
서민교 외 | 경일대 인터넷국제통상학과

132 평생학습 사회에서의 인적자원개발을 위한 사회적 파트너십 구축
김영화 | 홍익대 교육학과

133 한국 공교육의 새로운 구상과 전략
권대봉 외 | 고려대 교육학과

134 한국의 정부개혁
김태룡 | 상지대 행정학과

135 지방정부 생산성 측정의 이론과 실제
이은국 외 | 연세대 행정학과

136 불가 시문학론
배규범 | 경희대 학술연구 교수

137 남북경제교류의 법적 문제
제성호 | 중앙대 법학과

138 경제위기와 청소년 발달
구인회 | 서울대 사회복지학과

139 생명과학기술의 응용과 기본권보호적 한계
정상기 외 | 한남대 법학과

140 경제발전과 정치환경의 한·일 비교분석
정갑영 외 | 연세대 동서문제연구원

141 한국 공교육의 진단
윤정일 외 | 서울대 교육학과

142 우리나라 지방자치 발전을 위한 자치단체장의 역할
정성호 외 | 경기대 사회과학부

143 의료보험제도의 개혁방안
권순원 | 덕성여대 경제학과

144 중등 도덕교육의 현실과 문제
손동현 외 | 성균관대 철학과

145 사이버공동체 발전론
이명식 | 상명대 경영학과

146 남북경협 확대에 대비한 북한 담보제도의 정비방안
박훤일 | 경희대 법과대학

147 한국 공무원 인사제도 개혁
김판석 | 연세대 행정학과

148 교사화법 교육
임칠성 외 | 전남대 국어교육과

149 세계화의 문화정치학
임혁백 외 | 고려대 정치외교학과

150 효과적인 e-SCM을 위한 의사결정 조정 시스템 모형
이원준 | 성균관대 경영학부

151 환경거버넌스
김종순 외 | 건국대 행정학과

152 자동차산업의 인적자원관리
이덕로 | 서원대 경영학부

153 한국과 영국 간 지식기반산업 비교
이명호 | 한국외대 경영학과

154 한국 벤처기업의 기술네트워킹 및 기술마케팅 전략
장영일 | 인제대 경영학부

155 회사변호사의 윤리
오승종 | 성균관대 법과대학

156 미디어교육론
이정춘 | 중앙대 신문방송학과

157 조선시대 서원과 양반
윤희면 | 전남대 역사교육과

158 환경문제와 철학
박찬국 | 서울대 철학과

159 노인보건복지 이론과 실제
김명 외 | 이화여대 보건교육학과

160 북한의 법체계
권재열 외 | 숭실대 법학과

161 생명공학기술의 안전성 확보에 관한 법적 고찰
이재협 | 경희대 법학부

162 청소년복지학
김성이 외 | 이화여대 사회복지학과

163 변화하는 세계, 변화하는 복지국가
조영훈 | 동의대 사회복지학과

164 의리의 윤리와 한국의 유교문화
김낙진 | 진주교대 도덕교육과

165 미국의 통상정책과 통상법
윤충원 | 전북대 무역학과

166 사회복지 프로그램 평가
김학주 | 경상대 사회복지학과

167 환경주의와 지속가능한 발전
정대연 | 제주대 사회학과

168 무역과 환경
김기흥 외 | 경기대 경제학부

169 산업계 유해폐기물의 위험과 관리
김금수 | 호서대 경상학부

170 백범 김구의 지적 계발과정 탐색
문용린 | 서울대 교육학과

171 태평양전쟁 발발 이후 일제의 인적 지배와 그리스도교계의 대응
윤선자 | 전남대 사학과

172 거버넌스 상황에서 갈등관리를 위한 대체적 분쟁해결제도
서순복 | 광주대 법정학부

173 시장경제의 유형과 민주주의
최배근 | 건국대 경상학부

174 일본고전소설 총론
김현정 | 국립한국전통문화학교

175 국어 교육을 위한 국어 문법론
이관규 | 홍익대 국어교육과

176 율곡의 군주론
전세영 | 부산교대 윤리교육과

177 동북아시아 환경협력
정서용 | 명지대 법학과

178 기후변화협약과 기후정책
신의순 외 | 연세대 경제학과

179 인터넷과 국제 학술정보 네트워크-하이퍼링크 분석
박한우 | 영남대 언론정보학과

180 국내 기업복지의 활성화 방안
최수찬 | 연세대 사회복지대학원

181 세계화와 인간안보
김우상 외 | 연세대 정치외교학과

182 세계문화유산 종묘 이야기
지두환 | 국민대 국사학과

183 한국 평생교육의 사회철학적 과제
곽삼근 | 이화여대 교육학과

184 강점모델
정순둘 | 이화여대 사회복지학과

185 글로벌시대의 계약법
박영복 | 한국외대 법과대학

186 배심제와 시민의 사법참여
안경환 | 서울대 법학과

187 동북아공동체
김새한 | 한림대 정치외교학과

188 정치 참여와 탈물질주의
김욱 | 배재대 정치외교학과

189 퍼지전문가회로망을 이용한 금융기관의 사이버 기업여신결정 지원시스템의 개발
권혁내 | 경원대 경영학과

190 환경정책과 환경법
송인성 | 전남대 지역개발학과

191 포스트모던 시대의 평생교육학
한숭희 | 서울대 교육학과

192 현대 한국인의 세대경험과 문화
박길성 외 | 고려대 사회학과

193 서구의 근로연계복지
김종일 | 건국대 사회복지학과

194 사회복지운동론
현외성 | 경남대 사회복지학과

195 외국의 역모기지 사례
유선종 | 건국대 부동산학과

196 옛이야기와 어린이문학
이지호 | 진주교대 국어교육학과

197 노인사회복지관광의 정책과제와 방안
김창수 | 경기대 관광학부

198 복지서비스의 민간위탁 시스템 분석
김순양 | 영남대 행정학부

199 새로운 빈곤층의 대두와 정부의 정책과제
김진욱 | 건국대 경제학과

200 문화행정론
김정수 | 한양대 행정학과

201 스칸디나비아 노인용 코하우징의 계획과 적용
최정신 외 | 가톨릭대 생활과학부

202 북한의 자연생태계
공우석 | 경희대 지리학과

203 통계로 이해하는 러시아
전홍찬 | 부산대 정치외교학과

204 사회복지법인의 경영과 회계
이동규 | 충남대 회계학과

205 의약분업 정책과정
차흥봉 | 한림대 사회복지학과

206 지역공동체와 평생교육
오혁진 | 동의대 평생교육학부

207 아동보호서비스의 실제
한미현 | 백석대 사회복지학부

208 그린마케팅
박재기 | 충남대 경영학부

209 아동권리와 아동복지
이혜원 | 성공회대 사회복지학과

210 국제 이주와 인도인 디아스포라
김경학 | 전남대 인류학과

211 질병과 의료의 사회학
조병희 | 서울대 보건대학원

212 북한이탈주민의 사회통합을 위한 지역복지실천의 모색
이기영 | 부산대 사회복지학과

213 치매노인케어론
조유향 | 초당대 간호학과

214 노인상담입문
서혜경 외 | 한림대 대학원 사회복지학과

215 '통일 이후 통일과정'으로서의 독일 통일영화
이준서 | 이화여대 독어독문학과

216 중국의 사회보장
오정수 | 충남대 사회복지학과

217 환경자원의 경제적 가치와 환경오염의 사회적 비용
김재홍 | 울산대 사회과학부

218 사회복지프로그램의 경제적 평가방법
박창제 외 | 상주대 사회복지학과

219 자유의지와 결정론
안건훈 | 강원대 철학과

220 심리학자들이 쓴 행복한 결혼의 심리학
채규만 외 | 성신여대 심리학과

221 현대 해석학 강의
양해림 | 충남대 철학과

222 한국인의 주거 빈곤과 공공주택
하성규 | 중앙대 도시 및 지역계획학과

223 IMF 경제위기와 한국 출산력의 변화
김두섭 | 한양대 사회학과

224 동아시아의 영토분쟁과 국제법
이석우 | 인하대 법학부

225 독일 복지국가와 사회복지서비스
정재훈 | 서울여대 사회사업학과

226 사회복지사를 위한 실용 비모수통계
엄명용 | 성균관대 사회복지학과

227 피해자학 연구
이윤호 | 동국대 경찰행정학과

228 광고언어창작론
박영준 외 | 부경대 국어국문학과

229 환경규제 패러다임의 전환
한철 | 한남대 법학과

230 고령사회의 노동환경변화와 고용 시스템의 문제점 및 법적 대응
고준기 | 국립군산대 법학과

231 세계화와 소득불평등
이성균 외 | 울산대 사회과학부

232 유비쿼터스 사회의 이해
안중호 외 | 서울대 경영학과

233 국제환경책임법론
박병도 | 건국대 법학과

234 한국의 선거와 민주주의
윤종빈 | 명지대 정치외교학과

235 한국 시민운동의 구조와 동학
조대엽 외 | 고려대 사회학과

236 또래관계
송영혜 | 대구대 재활심리학과

237 해외 한국기업과 현지인 노동자
석현호 외 | 에스콰이아학술문화재단

238 독일 국가복지에서 민간복지단체의 역할과 의미
차성환 외 | 한일장신대 사회복지학부

239 청정공학
조정호 | 동양대 생명화학공학과

240 한국전통연희론
심상교 | 부산교육대 국어교육학과

241 정신장애와 가족
서미경 | 경상대 사회복지학부

242 빈곤통계의 작성과 활용
김주환 | 동국대 정보통계학과

243 인터넷과 한국정치
강원택 | 숭실대 정치외교학과

244 북한의 시장경제이행
정영화 외 | 서경대 법학과

245 시스템사고로 본 지속가능한 도시
문태훈 | 중앙대 도시및지역계획학과

246 실버산업과 유비쿼터스 컴퓨팅
고일상 | 전남대 경영학부

247 재활상담과 사례관리
나운환 | 대구대 직업재활학과

248 영유아교육기관에서의 장애 이해 교육
유수옥 | 우석대 유아특수교육과

249 장애의 사회적 의미와 사회통합
박수경 | 대진대 사회복지학과

250 경제분석의 수리적 기초
조인성 | 공주대 경제통상학부

251 비영리부문의 비교연구
김승현 | 서울산업대 행정학과

252 고등교육경제학
반상진 | 전북대 교육학과

253 과학윤리교육의 이론과 방법
조희형 | 강원대 과학교육학부

254 결혼이민자가족의 이해
김오남 | 대불대 사회복지학과

255 동아시아 국가의 공공부조
신동면 | 경희대 사회과학부

256 특수아동 진단 및 평가
이나미 | 대불대 특수교육과

257 계약형 사회복지와 권리옹호시스템
이명현 | 경북대 상주캠퍼스 사회복지학과

258 실내공기질 및 위해성 관리
양원호 | 대구가톨릭대 산업보건학과

259 충남 방언 문법
한영목 | 충남대 국어국문학과

260 교육권론
노기호 | 군산대 법학과

261 도시경관계획론
임승빈 | 서울대 조경 · 지역시스템공학부

262 교통의 새로운 패러다임
김형철 | 경원대 도시계획 · 조경학부

263 노인의 삶의 질 향상을 위한 주거환경 디자인
천진희 | 상명대 디자인대학 실내디자인전공

264 사회복지와 문화
박병현 | 부산대 사회복지학과

265 장애인복지의 이론과 실제
이선우 | 인제대 사회복지학과

266 창의성 개발을 위한 디자인교육 콘텐츠
김선영 | 인천가톨릭대 조형예술대학 환경디자인학과

267 구성주의 사회복지 실천 기술론
고미영 | 서울신학대 사회복지학과

268 장애아교육학
김기흥 | 부산교육대 유아교육과

269 지역사회복지와 자원부문
한상진 외 | 울산대 사회학과

270 환경관리회계
육근효 | 부산외국어대 회계학부

271 인권 관점에서 보는 장애인복지
유동철 | 동의대 사회복지학과

272 정신증상
송지영 | 경희대 의과대학병원 신경정신과

273 사이버공간의 사회심리학
이성식 외 | 숭실대 정보사회학과

274 노인에 대한 사회적 돌봄과 돌봄 서비스의 질 보장
최희경 | 신라대 가족노인복지학과

275 아동 심리치료의 실제
신현균 | 전남대 심리학과

276 사회복지와 위험관리
노충래 | 이화여대 사회복지전문대학원

277 국제 탄소시장의 이해
양승룡 | 고려대 식품자원경제학과

278 타자의 초상
신문수 | 서울대 영어교육과

279 한국정치와 환경정치
나정원 | 강원대 정치외교학과

280 북한이주민
윤인진 | 고려대 사회학과

281 음주의 사회경제적 비용
정우진 외 | 연세대 보건대학원

282 지방정치와 동북아 도시거버넌스
박재욱 | 신라대 행정학과

322 사회자본과 자원봉사
김태룡 외 | 상지대 행정학과

323 농촌교육복지연구
박삼철 | 단국대 교양학부

324 사회정체성 평가 차원에 대한 국제 비교조사
이명진 | 고려대 사회학과

325 캐나다 복지국가 연구
조영훈 | 동의대 사회복지학과

326 한국의 소수자운동과 인권정책
전영평 외 | 서울대 행정대학원

327 한국과 미국의 보육서비스 전달체계와 품질 비교분석
김근세 외 | 성균관대 국정관리대학원

328 한국사회의 소득불평등과 국민 의료이용
이용재 | 호서대 사회복지학과

329 정보시대의 인간안보
조화순 | 연세대 정치외교학과

330 가족의 사회경제적 특성과 아동발달
김광혁 | 전주대 사회복지학과

331 초 · 중 · 고등학생의 학업소진 진행과정 및 경로분석
이상민 | 고려대 교육학과

332 다문화사회의 사법통역
이지은 | 이화여대 통역번역대학원

333 동아시아 지역주의
유현석 | 경희대 정치외교학과

334 환경친화적 공공시설관리와 지역공동체의 삶의 질
이소영 | 중앙대 실내디자인 · 주거환경학과

335 의료보험의 법정책
김나경 | 성신여대 법과대학

336 양극화 시대 가족해체와 청소년의 적응에 관한 한국과 미국의 비교 연구
오승환 외 | 울산대 사회복지학과

337 기업의 사회적 책임과 지역경제사회발전 연구
허영도 외 | 울산대 경영학부

338 노인의 삶의 질 향상을 위한 온라인 소셜 네트워크 구축 방안
김진우 | 연세대 경영학과

339 청소년 생활역량
윤명희 외 | 동의대 평생교육학과

340 외국인 배우자의 다양성과 국제결혼의 안정성
김두섭 | 한양대 사회학과

341 정보인권의 규범구체화
이민영 | 가톨릭대 법학과

342 한국 사회복지실천의 고유성
최성재 외 | 서울대 사회복지학과

343 스웨덴의 환경책임 실천모형
최희경 | 경북대 행정학부

344 자율운동과 주거공동체
윤수종 | 전남대 사회학과

345 한국인의 공공봉사동기
김상묵 | 서울과학기술대 행정학과

346 한국 이혼가정 아동의 성장
김혜숙 | 경인교육대 교육학과

347 동양 사상과 노인 복지
홍승표 외 | 계명대 사회학과

348 노동과 사회보장의 연계
오문완 | 울산대 법학과

349 학습장애 위험군 아동의 조기선별을 위한 읽기검사 표준화 연구
김애화 외 | 단국대 특수교육학과

350 신 · 재생에너지에 기초한 녹색성장과 사회통합
김인호 | 이화여대 법학전문대학원

351 문화교류역량과 다문화 경영이 기업 경영성과에 미치는 영향
임병학 외 | 부산외대 경영학부

352 빈곤영유아의 발달과 적응
정익중 외 | 이화여대 사회복지학과

353 민사법질서와 인권
양천수 | 영남대 법학전문대학원

354 성년후견제도와 사회복지제도의 연계
신권철 | 서울시립대 법학전문대학원

355 한국 다문화사회의 이방인
김순양 | 영남대 행정학과

356 현대 시민사회와 소비자계약법
이병준 | 한국외대 법학전문대학원

357 개인의 사회적 정보보호를 위한 공공정보서비스 개선 연구
장향배 | 상명대 경영학과

358 여성교육투자에 대한 교육경제학적 탐색
백일우 외 | 연세대 교육학부

아 | 산 | 재 | 단 | 연 | 구 | 보 | 고 | 서

1 한국인의 도덕성 연구
배해수 | 고려대 국문학과

2 산업화와 청소년 진로
이원호 | 울산대 교육학과

3 공동체의식과 시민운동
김영섭 | 한양대 행정학과

4 한국청년의 삶의 의미 충족도와 만족적 태도
안정수 | 경희대 철학과

5 중국조선족의 사회발전과 한 · 중관계의 위상
손장권 | 고려대 사회학과

6 해송림 "솔껍질깍지벌레"의 천적 및 주요 종의 생태
김규진 | 전남대 농생물학과

7 사회정의와 실천윤리
박종대 | 서강대 철학과

8 동구개혁의 영향
김달중 | 연세대 정치외교학과

9 한국청소년의 의식세계
김문조 | 고려대 사회학과

10 고강도 철근 콘크리트 구조의 실용화
정헌수 | 중앙대 건축학과

11 신기술의 연관형태 및 출현예측의 구조모형
권철신 | 성균관대 산업공학과

12 민간기업의 연구개발을 위한 조세정책
권영훈 | 한양대 경제학부

13 기술개발 활성화방안
송승구 | 울산대 화학공학부

14 부패의 현상과 진단
이문조 | 영남대 정치외교학부

15 연구투자의 지역적 편중화와 부산지역의 기초과학연구 활성화방안
윤웅찬 | 부산대 화학과

16 GATT의 신구 덤핑방지협정과 그 대응방안
전창원 | 동국대 무역학과

17 한국사회의 도덕성 제고를 위한 진단과 처방
황경식 | 서울대 철학과

18 새로운 노사관계 방향
이진규 외 | 고려대 경영학과

19 21세기 동북아 정세예측과 한국의 전략적 대응방안
최평길 외 | 연세대 행정학과

20 소련의 한국에 대한 정책목표분석
신승권 | 한양대 정치외교학과

21 메모리 커패시터용 $Pb(Zr_xTi_{1-x})O_3$ 강유전체 박막의 제작과 특성
장지근 외 | 단국대 전자공학과

22 러시아 국제법학의 전통
김용구 | 서울대 외교학과

23 유럽연합의 현황과 전망
김동현 외 | 성균관대 행정학과

24 중국의 정치동원
송영우 외 | 건국대 정치외교학과

25 산업적 활용을 위한 이동로보트 시스템의 개발
박민용 외 | 연세대 전자공학과

26 중국조선족의 정치사회화과정과 동화적 국민통합의 방향
전인영 외 | 이화여대 사회생활학과

27 공적부조의 이론과 실제
최일섭 외 | 서울대 사회복지학과

28 대외통상환경의 변화와 법제개편
서헌제 | 중앙대 법학과

29 기업금융의 국제화
최생림 | 한양대 경영학부

30 자동차부품공업의 노사관계
김호진 외 | 고려대 행정학과

31 산업화 과정에서의 한국가족의 실태와 전망
정창수 외 | 성균관대 사회학과

32 공무원 가치관 실태와 정립방안
배병룡 외 | 경상대 행정학과

33 해외귀국청소년의 국내적응연구
이장영 | 국민대 사회학과

34 초고속정보통신망에서 LAN서비스 제공방안
이재용 | 연세대 전자공학과

35 WTO체제의 정책적 대응
김병진 외 | 경희대 행정학과

36 유럽의 통합정치
최수경 외 | 충남대 정치외교학과

37 유기질폐기물을 이용한 고단백사료원인 조류의 생산공정
최정우 외 | 서강대 화학공학과

38 초고속정보통신망의 수용성과 정책방향
박영상 외 | 한양대 신문방송학과

39 중국의 강남사회와 한중교섭
조영록 외 | 동국대 사학과

40 세계화시대의 사회 · 문화의식
신행철 외 | 제주대 사회학과

41 국내 외국인 노동자의 문제와 대책
성규탁 외 | 연세대 사회복지학과

42 노인인력 활용정책과 프로그램
김정후 외 | 강원대 법과대학

43 한일간 학술교류 현황과 활성화방안
정홍익 외 | 서울대 행정대학원

44 계량모형에 의한 한일 경제관계의 이해
김명직 외 | 한양대 경제학부

45 직장인의 음주행태와 삶의 질
진기남 외 | 연세대 보건행정학과

46 유통정보 시스템의 구조와 설계
정용길 | 충남대 경영학과

47 남북통일 이후 사회통합을 위한 교육의 역할
인기싱 외 | 고려대 교육학과

48 대중음악에 심취한 청소년들의 심리적 특성
김인경 외 | 연세대 인간행동연구소

49 멀티미디어 시스템을 활용한 교육환경의 개선방안
김한일 | 제주대 컴퓨터교육학과

50 탈냉전기 한일관계의 쟁점
최상룡 | 고려대 정치외교학과

51 자치시대 새로운 '삶의 질' 지표의 모색
김형기 외 | 경북대 경제통상학부

52 유럽통합의 역내외 협력과 갈등
이호재 외 | 고려대 정치외교학과

53 21세기를 대비한 신노사관계
김재원 | 한양대 경제학부

54 대학의 시간제학생 등록제
안규철 외 | 전남대 교육학과

55 21세기에 대비한 방송통신정책
한진만 외 | 강원대 신문방송학과

56 주민참여를 통한 혐오시설 관리운영방안
박균성 외 | 경희대 법학부

57 여성의 정치적 권리인식과 정치참여
전경옥 외 | 숙명여대 정치외교학과

58 한국인 위장질환과 식생활 · 환경요인 및 *H. pylori* 감염과의 관계
이양자 외 | 연세대 식품영양학과

59 학생과 시민의 자원봉사활동
윤정일 외 | 서울대 교육학과

60 동북아 환경문제와 지역환경협력의 모색
신연재 외 | 울산대 정치외교학과

61 노인 자원봉사활동을 통한 사회통합 프로그램 개발
김동배 | 연세대 사회복지학과

62 물류정보 시스템
김태현 | 연세대 경영학과

63 전자식 문서교환을 이용한 항공화물 운송체계
민재형 | 서강대 경영학과

64 청소년과 성
이근후 | 이화여대 의과대학

65 민족통합과 무궁화호 위성의 남북한 공동활용방안
방정배 | 성균관대 신문방송학과

66 채식주의가 20대 여성의 영양상태와 에스트로겐 대사에 미치는 영향
성미경 | 숙명여대 식품영양학과

67 가상정보공간을 통한 지역개발 활성화 전략
유재천 외 | 한림대 언론정보학부

68 조산아 관리현황 및 정책수립 방안
박상기 외 | 조선대 의과대학

69 남북한관의 의식조사와 통일교육 개선방안
김동규 외 | 고려대 북한학과

70 동양 전통 자연사상 탐구
장동순 | 충남대 환경공학과

71 초고속정보망의 시뮬레이터 구현
한기준 | 경북대 컴퓨터공학과

72 유통원가 시스템의 유효성
정다미 | 명지대 경영학과

73 국악과 문화관광의 만남
정익준 외 | 동아대 국제관광통상학부

74 기업의 지식경영 활용사례
김창은 | 명지대 산업공학과

75 선진국과 한국의 직업교육 · 훈련제도의 특성과 한계
정주연 | 고려대 경제학과

76 제주지역 성인 여성의 자원봉사활동
이상철 외 | 제주대 사회학과

77 M&A와 문화충돌 관리
박원우 | 서울대 경영학과

78 폐금속광산 인근 주민들의 중금속 오염실태
정종학 외 | 영남대 의학과

79 북한 농촌 · 농업실태와 인력자원개발 시스템을 통한 북한 농민의 구호방안
박성열 | 건국대 교육공학과

80 중소 소매점의 경쟁력과 소매성과
채명수 외 | 한국외대 무역학과

81 고령자를 위한 쾌적한 실내온도와 착의량의 설정
정운선 | 안동대 의류학과

82 지역문화 이벤트 PR
박종민 | 경희대 언론정보학부

83 인터넷 지역정보화의 실태와 전략
유평준 외 | 연세대 행정학과

84 여성 삶의 질 향상을 위한 사회교육 활성화 방안
김양희 | 중앙대 가족복지학과

85 벤처기업과 벤처금융
강대석 외 | 충남대 무역학과

86 구조조정기에 있어서 실업대책과 사회안전망 구축
박천익 | 대구대 경제학과

87 한국 유아의 조기교육
이명조 외 | 한국외대 교육대학원

88 남북한 경제공동체 형성전략
이상만 | 중앙대 경제학과

89 지방자치회계의 투명성과 주민의 알 권리
권찬태 외 | 경북대 경영학부

90 정치지도자의 정책리더십
이해영 | 경일대 행정학과

91 경제위기와 한국인의 복지의식
신광영 외 | 중앙대 사회학과

92 북한의 노동
김강식 | 한국항공대 경영학과

93 우리나라 중소기업의 정보기술 활용 현황과 경쟁력 강화를 위한 제안
정승호 | 부산외대 정보시스템학과

94 인간배아복제의 법적 · 윤리적 문제점과 그 해결방안
최병규 | 한경대 법학부

95 가치변화에 따른 투표행태
조찬래 외 | 충남대 정치외교학과

96 인터넷 경매에서의 계약체결과 소비자 보호
이기수 외 | 고려대 법과대학

97 세계화시대 남북한 통합의 방향과 과제
윤민재 | 서울대 사회발전연구소

98 글로벌 시대 지방정부의 문화마케팅 전략
박흥식 | 중앙대 행정학과

99 대졸여성실업의 실태분석 및 대학-노동 시장 간 효율적 연계방안
이은우 외 | 울산대 사회과학부

100 그린 투어리즘의 분석
이응진 | 대구대 관광학부

101 지방자치단체장의 부정부패
오일환 | 한양대 아태지역연구센터

102 산업화가 유교체제하 중국여성의 지위에 미친 영향
천성림 | 배재대 사회과학연구소

103 움직이는 말하기
유혜숙 외 | 나사렛대 교양학부

104 장애학생을 위한 특수교육공학의 활용
김용욱 | 대구대 중등특수교육과

105 지식기반사회의 평생교육 이해와 평생교육 프로그램 개발
박성열 | 건국대 교육공학과

106 N세대의 미술교육
김동철 | 대구교육대 미술교육학과

107 노후계획과 투자
권택호 | 여수대 국제통상학과

108 영화산업
양영철 | 경성대 연극영화학부

109 동유럽의 변혁과 언론의 역활
정대수 | 경남대 정치언론학부

110 환율, 임금, 물가가 국제경쟁력 및 수출입산업에 미치는 영향
하인봉 | 경북대 경제통상학부

111 일본기업의 기술혁신 전략
위정현 | 중앙대 상경학부

112 노후보장정책과 역저당연금제도
조덕호 외 | 대구대 행정학과

113 유비쿼터스 라이프와 미래 사회
김석수 | 한남대 멀티미디어공학과

114 죽음과 관련된 생명윤리적 문제들
구인회 | 가톨릭의과대 인문사회과학교실

115 경제적 세계화와 빈곤문제, 그리고 국가
김준현 | 한일장신대 인문사회과학부

116 한국의 세계불교유산
김종명 | 한국학중앙연구원 한국학대학원

117 복지레저서비스론
고태규 | 한림대 국제학부

118 자생적 철학체계로서 인간중심철학
선우현 | 청주교대 윤리교육과

119 전략적 통합과 한반도 평화체제
김승채 | 고려대 정책대학원

120 환경사법론
전경운 | 경희대 법학부

121 인터넷 자료를 통해 본 한국의 이혼 문화와 사회복지
성정현 외 | 협성대 사회복지학과

122 유럽연합의 사회정책에 관한 연구
문진영 | 서강대 신학대학원 사회복지학과

123 여성건강의 통합적 관점
김혜원 | 관동대 간호학과

124 복잡계 네트워크 과학
강병남 | 서울대 물리천문학부

125 경제적인 3세대 전원주택 개발
박근준 | 호서대 건축공학과

126 사회복지와 인적자원개발
이상일 | 인제대 국제경상학부